想象另一种可能

理
想
国

imaginist

陈志武

金融的逻辑

1

金融何以富民强国

THE LOGIC OF

FINANCE

上海三联书店

图书在版编目（CIP）数据

金融的逻辑 .1：金融何以富民强国 / 陈志武著 .
—上海 : 上海三联书店 , 2018.7（2018.11 重印）

ISBN 978-7-5426-6228-6

Ⅰ . ①金… Ⅱ . ①陈… Ⅲ . ①金融体制—研究—中国 Ⅳ . ① F832.1

中国版本图书馆 CIP 数据核字 (2018) 第 034424 号

金融的逻辑 1

金融何以富民强国

陈志武 著

特约策划 / 何江涛 李利明
特约编辑 / 陈凌云 孟志成 王家胜
责任编辑 / 殷亚平 钱凌笛
装帧设计 / 里 巷
内文制作 / 马志方

出版发行 / 上海三联书店
（201199）中国上海市徐汇区漕溪北路331号
邮购电话 / 021-22895557
印 刷 / 山东临沂新华印刷物流集团有限责任公司

版 次 / 2018 年 7 月第 1 版
印 次 / 2018 年 11 月第 2 次印刷
开 本 / 635mm × 960mm 1/16
字 数 / 292千字
印 张 / 24
书 号 / ISBN 978-7-5426-6228-6 / F.775
定 价 / 68.00元

目 录

第二部分　金融的逻辑

第四部分　股市的逻辑

第五部分　文化的金融学逻辑

序言

金融是什么

金融到底是怎么回事？危机之后，金融市场是否会终结？人类社会为什么需要金融市场？金融交易除了让华尔街、金融界赚钱之外，对社会到底有没有贡献、有没有创造价值？金融的逻辑是什么？

2007 年 7 月，美国出现次贷危机。到 2008 年秋，次贷危机进一步演变成全方位的金融危机。在 2008 年 9 月 15 日雷曼兄弟公司倒闭之后，美国的金融危机不仅裂变成全球金融危机，而且转变成十足的经济危机，对全球经济形成严重冲击，给多国带来失业大增、政治动荡的严峻挑战。

这个时候，我们自然想知道：金融到底是怎么回事？危机之后，金融市场是否会终结？人类社会为什么需要金融市场？金融交易除了让华尔街、金融界赚钱之外，对社会到底有没有贡献、有没有创造价值？如果有的话，是如何贡献的？如何创造价值的？金融的逻辑是什么？

一

我跟金融结上缘，完全是巧合。或者说，整个人生都是一系列巧合，随机事件组合在一起，形成系列，就构成了你我的人生。

1986 年 1 月，我从国防科技大学毕业，拿到系统工程硕士学位。由于那时我的英文较好，学校不让离校，于是，毕业即留校。只是到那时，我已对工程没有兴趣。权衡之下，就要求分到政治教研室工作，这样，至少能名正言顺地看些社会科学类著作。在那时候，全国没有几个政治学、社会科学类的研究生，就这样，我创造了历史，成了第一位进入国防科大政治教研室的硕士毕业生。去那里之后，具体工作主要是给教研室老师分苹果、送花生、收钱，等等。

到 3 月份，我收到耶鲁大学管理学院的录取通知，给我奖学金和生活费用，让我进入其博士班。由于该博士项目包括金融、财会、市场营销、管理经济学以及运筹学，说去了之后我可以选择其中任一学科作为研究方向。这么多选择，一下把我弄糊涂了，当时，除了经济学和运筹学之外，我确实不知道其他学科是什么。

那时，崔之元在国防科大读数学本科，我跟他在一起写文章、译书。问他："什么是 finance？"他说："是金融。""那，什么是金融？"他接着再给了一个解释，只不过，我确实没听懂，也就更不明白了，没记住他的解释。我想，反正我的兴趣是要用数理方法研究政治、经济与社会，所以，不知道"什么是金融"也无妨。

就这样，1986 年 8 月 28 日，我稀里糊涂地来到耶鲁大学。第一学期，要上的课程没有多少选择，不管你今后学哪科，都要上线性代数、概率论与统计、微观经济学以及效用函数理论。第二个学期上的是非线性代数、计量经济学、博弈论、微观经济学。这期间，我发现，原来要跟随的那位导师教授年纪已经较大，他所做的研究课题有些过时了。同学给我建议："不要选择博弈论政治学或者数理经济学了，还是学金融经济学吧。"

但是，"什么是金融"呢？

二

到今天，按照我的定义，金融的核心是跨时间、跨空间的价值交换，所有涉及价值或者收入在不同时间、不同空间之间进行配置的交易都是金融交易，金融学就是研究跨时间、跨空间的价值交换为什么会出现，如何发生，怎样发展，等等。

比如，“货币”就是如此。它的出现首先是为了把今天的价值储存起来，等明天、后天或者未来任何时候，再把储存其中的价值用来购买别的东西。但，货币同时也是跨地理位置的价值交换，今天你在张村把东西卖了，带上钱，走到李村，你又可以用这钱去买想要的东西。因此，货币解决了价值跨时间储存、跨空间移置的问题，货币的出现对贸易、商业的发展是具有革命性的创新。

像明清时期发展起来的山西“票号”，则主要以异地价值交换为目的，让本来需要跨地区运物、运银子才能完成的贸易，只要送过去山西票号出具的“一张纸”即汇票就可以了！其好处是大大降低了异地货物贸易的交易成本，让物资生产公司、商品企业把注意力集中在他们的特长商品上，把异地支付的挑战留给票号经营商，体现各自的专业分工。在交易成本如此降低之后，跨地区贸易市场不快速发展也难！

相比之下，借贷交易是最纯粹的跨时间价值交换。你今天从银行或者从张三手里借到一万元，先用上，即所谓的“透支未来”，明年或者 5 年后，你再把本钱加利息还给银行或张三。对银行和张三来说，则正好相反，他们把今天的钱借出去，转移到明年或者 5 年后再花。

到了现代社会，金融交易已经超出了上面这几种简单的人际交换安排，要更为复杂。比如，股票所实现的金融交易，表面看也是跨时间的价值配置，今天你买下三一重工股票，把今天的价值委托给了三一重工（和市场），今后再得到投资回报；三一重工则先用上你投资的钱，今后再给你回报。你跟三一重工之间就这样进行价值的跨时间互换。但这种跨时间的价值互换又跟未来的事件连在一起，也就是说，如果三一重工未来赚钱了，它可能给你分红，但如果未来不赚钱，三一重工就不必给你分红，你就有可能血本无归。所以，股票这种金融交易也是涉及既跨时间、又跨空间的价值交换，这里所讲的“空间”指的是未来不同的赢利或亏损状态，未来不同的境况。

当然，对金融的这种一般性定义可能过于抽象，这些例子又好像过于简单。实际上，在这些一般性定义和具体金融品种之上，人类社会已经推演、发展出了规模庞大的各类金融市场，包括建立在一般金融证券之上的各类衍生金融市场，所有这些已有的以及现在还没有但未来要创新发展的金融交易品种，不外乎是为类似于上述简单金融交易服务的。金融交易范围从起初的以血缘关系体系为主，扩大到村镇、地区、全省、全国，再进一步扩大到全球。

为什么人类社会的金融交易规模与范围发生了这么大的变迁？跨越时间、跨越空间的价值交换所要解决的人类问题是什么？其发展的基础条件是什么，或者说，金融市场靠什么才能发展？

三

虽然到今天我对金融的定义和理解是这样，但刚开始，我接触金融的视角却是另一回事。1987 年秋季，也就是在耶鲁大学读博士的第二年，我兴奋地等到了上“金融经济学”课程的时候。一开始，教授既没讲金融是怎么回事，也没介绍人类的金融发展史是如何如何，而是一上来就把所有金融交易由随机变量来描述，亦即，不管是股票、债券、借贷签约，还是其他任何金融交易合同，都可以由随机变量来表达。老师说，正因为所有的金融交易都是由金融合同来完成的，都涉及今天和未来不同时间之间的价值交换，而未来又充满不确定性、充满随机事件，所以，通过把任何金融交易合同的细节条款转换成不同的未来随机事件、分析清楚在每种事件出现时交易双方的得失，由此得到的交易双方得失跟未来事件的关系，就是概率论中讲到的随机变量。

于是，金融学所要研究的就是如何实现这些随机变量的交易、如何为这些随机变量定价的问题。老师说，金融市场的作用之一就是对未来定价、对交易风险定价。

对于当时还没有进入主题状态、没有了解金融交易实质的我，那些课是一头雾水。搞数学推导、为这些随机变量做定价模型，我还可以，因为在中南大学读计算机专业和国防科大读系统工程时，学过不少数学，到耶鲁的第一年学了更多。只是从那时一直到 2001 年前后，我研究的对象与其说是“大社会境况中的金融市场”，还不如说是数学世界里的随机变量和随机过程。对于我这个还比较喜欢数学的人来说，那不是一件坏事，也是中国教育体系出来的人的一种优势。可是，那也让我离真实的世界较远，不能够从金融作为“大社会”中的一分子的角度来研究。

那些年的学习中也不乏观念上的冲击。最大的冲击莫过于价值论，一件东西、一种经济活动的价值由什么决定？交易行为本身是否创造价值？按照我们从中学、大学政治经济学中学到的劳动价值论来理解，一件物品有它的固有价值，即生产它所要花的时间乘以社会单位劳动时间的成本。也就是说，只有劳动创造价值，交易不创造价值。

但是，**在 1987 年的“金融经济学”课上，我学到，任何东西或证券不存在什么“固有价值”，只存在相对价值**。也就是，只有相对于人的效用而言，才有价值这回事。东西或证券的价值取决于它能否让个人的效用提高，包括消费效用、财富效用、主观幸福或满足感。这等于说，即使要花百亿元投资、十万劳动力一年的时间才能建好的漂亮形象大楼，如果没有任何人或机构要用它，那么，那栋楼也会一文不值；花费再多的机器设备，如果没有人要，也一文不值；再怎么费苦力做成的衣服，如果没有人愿意出价钱买，也只是一堆废布。这个观念对我帮助很大，特别是终于让我理解，原来**计划经济时期只顾生产、不顾所产东西有没有人要或者有没有市场，很多时候不是在创造价值，而是在摧毁价值。原来，没有派上任何实际用场的一代代银河计算机，也是一堆废铁，是在摧毁价值**。等等，等等。

反之，即使一样东西没有花多少投资或者多少劳动时间，它的价值照样可以很高。最具体的例子是像百度、腾讯、无锡尚德这样的公司，这些公司都只有不到十年的历史，而且都是由几十人创办起来，也没有自己的高楼大厦（至少几年前没有），但市值都是几十亿美元，不仅远高于其实际投入的资金和时间成本，而且比那些投资花费巨大、拥有众多厂房设备与高楼大厦、经营运作了几十年的企业，例如武钢、一汽、二汽等，更值钱。之所以这样，是因为价值取决于这些公司能带来的效用，或者说收益，而不取决于其建设成本，跟建设所需的劳动时间关系不大；换言之，价值由未来的收益而定，不是由过去的成本决定。

效用决定价值，而不是劳动成本决定价值，这对于理解金融的逻辑极为重要。一个最典型的例子是投资银行中介服务，假如张三要创办一个造船厂，就像江苏熔盛重工集团三年前创业时候一样，他手头已经有20亿美元的造船订单，只是需要两亿美元投资。如果造船厂做成了，公司的价值能涨到20亿美元以上。问题是，张三自己无法找到投资者。在另一方，温州、香港等地很多个人和机构有很多空闲资本存在银行，赚3%的年利息，他们找不到风险相对能接受但回报很好的投资机会。

在这种情况下，需要资金的创业者找不到投资方，而愿意投资的又找不到合适的项目，经济发展就会受阻。投资银行家李四的作用恰恰是把他们两方牵到一起，利用他平时在张三和投资方中间建立的信任，让他们两方做成投资交易。这对张三和投资方来说，是双赢，张三的造船业务能扩张、个人财富能大大增加，而投资者的未来回报预期也远优于银行存款利息。为促成这种金融投资交易，虽然李四可能只花了5天时间，劳动付出有限，但是，由于张三和投资方都信任他，他的信用服务于双方，为张三、为投资方分别创造了数亿美元价值（他至少是使这种价值前景成为可能），那么，李四得到1000万美元（相当于所筹两亿美元资金的5%）的佣金是应该的。当然，5%的佣金或许有些高，但是，正因为李四给交易双方带来这么大的未来财富前景，他贡献的价值显然应该跟这种未来财富前景相连，而不该由他花的劳动时间决定。

四

从金融作为“大社会”中一分子的角度研究金融，那还是2001年之后的事。回过头看，那之后的学术思考和研究，让我更加认识到金融发展的价值。转折点出现于2001年暑期，那次回国旅行，让我看到中国社会变化如此之大，激发我研究市场发展、关心社会转型的问题。

2002年6月至12月间，我在清华大学经济管理学院访问，其间上一门“金融经济学”课程。课程内容基本跟我从1991到2001年间在威斯康星大学、俄亥俄州立大学以及耶鲁大学所授博士班的课程相同，那就是，先假定各类金融市场已经很发达，属于已经给定了的前提，我们唯一要做的是如何为金融资产定价、如何在资本市场上运作、如何利用证券产品把投资和风险配置得更好，等等，讲课的重点是推导金融数学模型、市场经济模型。之后，在北京大学光华管理学院也讲过类似课程与内容。

几次讲下来，我意识到，对于金融市场还处于发展之中的国内同学来说，这些理论不仅很超前，而且的确难以把这些理论跟他们的生活以及未来就业联系上，因此，他们对课程的反应一般，应属情理之中。

但是，那些教学经历和观察也启发了我的思考，如果说今天的中国人还不能像金融理论模型中的消费者那样，能够在众多信贷、保险、投资、养老、理财金融产品中去挑选并找到最理想的投资理财组合的话，那么，在更传统的古代、近代社会中，人们又是如何生活、如何规避一辈子中方方面面的风险，做好养老、病残时期的生活安排呢？金融经济理论是不是对于没有外部金融市场的传统社会的人就不适用呢？

有一点是肯定的，不管是古代还是现代，单个人生存下去的能力是很低的，天灾人祸、生老病残时你都需要其他人的帮助。所以，为了能够更顺利地活下去，也为了生命的延续，个人必须跟其他人进行跨时间、跨空间的利益交换，即，人与人之间的金融交易是人类活下去的必须。比如，原始社会时期，人靠捕获野生动物、采掘野生果菜养活自己，那种生产方式下，个人时常会数天猎不到动物，如果不是在部落之内人人共享猎摘成果（亦即，部落成员之间隐性地进行跨时间的价值交换），许多个人很快会饿死。

因此，人际间的金融交易是任何社会都必须进行的，只是实现人际金融交易的形式、方式很不一样，今天我们熟悉的外部市场提供的金融证券只是其中之一。原始社会里，"部落公有制"是一种实现形式，那种安排下，个人没有自己的空间、没有自己的财产，也没有自己的权利，但好处是，在大家都没有自我的架构下，所有东西和果实都共享，让彼此活下去的能力最大化。

农业社会里，人际金融交易也以人格化的隐性方式实现，其交易范围缩小到家庭、家族这些血缘体系内。家庭、家族之内不分你我，养子就是为了防老，子女即人格化了的保险品、信贷品和养老投资品；亲戚间"礼尚往来"就是我说的跨时间价值交换的代名词。得到一份礼就让你"欠一份人情"，下次回送礼时你才还了那份"人情"，所以，那种金融交易安排下，交易头寸是以"人情"记下，而不是以显性金融合约的形式记录的。

当子女是实现跨时间价值转移的最主要方式时，农民规避风险和养老的境况就不是由保险产品的好坏、股票的多少、基金的投资组合决定，而是由儿子的数量和质量决定，所谓"多子多福"。"四世同堂"之所以是一种理想境界，也因为这样一来，进行人际隐性金融交易的范围就可以尽可能地大。所以，越传统的农业社会，会在医疗技术允许的条件下尽可能让人口膨胀。

中世纪时期的欧洲，教会是血缘之外，或者说与血缘网络并行的互助结盟组织，其结盟的基础不是血缘，而是对上帝、对耶稣的共同信仰。教会跟家族、宗族类似，一方面起到经济上的互助、互保，也就是，实现成员间的跨时间利益交换，即金融交易，另一方面是促进成员间的情感以及其他非物质交流，给成员提供安身立命的信仰基础。

因此，现在我们熟悉的由金融市场提供的信贷、保险、证券、基金等金融产品，并非人际间跨时间、跨空间金融交换的唯一形式，只不过，它们是超越血缘、超越社团组织的非人格化的实现形式：在金融市场上，那些金融公司不管你姓什么、是谁的儿子、读过多少书、有什么意识形态、保留什么政治信念、信过什么宗教，只要你具有交易信用、有支付能力，他们就会跟你做金融交易。

那么，为什么并非所有的社会都选择发展外部化、非人格化的金融市场呢？为什么在传统的中国没有出现现代证券市场呢？这又涉及人际金融交易的性质、所要求的信用支持架构。仔细思考一下，我们会发现，正因为金融交易是跨时间、跨空间的人际价值交换，是把交易双方在不同时间的收入进行互换，那么，彼此信任是交易是否成功的关键之关键，信用和交易安全是核心基础。换言之，金融交易跟一般商品交易有本质差别，商品交易往往是现货，以现金交易，所以，交易双方即使素不相识，问题也不太大；但是，金融交易一般不是现货交易，而是价值的跨期支付，不能是一锤子买卖，所以，没有互信、没有保证金融契约执行的制度基础，就没有金融交易的发展。

现代股票市场、债券市场、基金市场等，是伴随着现代法治制度的出现而发展起来的。也就是说，没有支持陌生人之间交易的现代商法、合同法、证券法等方面的发展，就不会有今天我们熟悉的那些外部化了的金融证券市场；反之，金融证券交易在陌生人之间的深化进程，也带来了更多、更深层次的法治要求，促进了后者的演变。

在这个意义上，人际间金融交易范围的不同，对社会的文化价值体系、对正式与非正式制度的要求也会不同。

这就是为什么现代之前，几乎所有的农业社会都有立足于血缘的文化和社会秩序，儒家文化也不例外。血缘关系是一种个人出生之前无法选择的关系，出生在哪家、谁是你的父母、谁是你的兄弟姐妹、谁是你的爷爷奶奶，等等，这些都不是你能挑选的，也是你一辈子不能改变的。这种稳定和不可选择性，对于还没有外部非人格化法治体系的传统社会来说，是最有利于建立并维护诚信的基础，血缘关系的永恒即是信用。所以，儒家的"孝道"是一种基于血缘的跨时间、跨空间人际利益交换安排，而"三纲五常"所规范的"名分等级"秩序则是支持这种交易体系的文化制度保障。"三纲五常"的安排之下，社会中每个人都有其名分、等级，越位就是"犯上"，甚至朝廷法律也明文规定不孝子该杀。这种刚性秩序当然能增加"孝道"下的人际隐性金融交易的安全，父母不用担心在子女身上的投资会没有回报，兄不用担心弟的回报。因此，传统中国社会中，人们普遍对儒家建立的这种刚性交易体系"放心"，家庭、家族内的金融交易风险小，这也是这一体系能运作两千多年的原因。

只不过，儒家的这种刚性体系过于偏重父母、兄长作为"投资者"的权利（甚至权力），压制子女、年幼者的权利。只要你出生的时间晚，哪怕是晚一点，你这一辈子的地位就永远低于先于你出生的人。以至于"五四"新文化运动，呼唤着"打倒孔家店"、解放个人。特别是，在这样一种隐性金融交易安排下，"养子防老"等于把子女当成了经济工具，家庭的建立、养子等，都过多地受利益驱使，令利益和感情无法分离。其结果只能是淡化家庭的情感功能，侵蚀亲情间的情感氛围。

因此，虽然家庭、教会、金融市场都能提供人际间的跨时间利益交换，这几种交易安排之间也的确有极强的替代性，但是，它们的利弊差异极大。比如，在儒家“孝道”体系下，人更多是作为投资、保险、信贷交易的载体存在，人首先是经济工具，而人性价值、个人权利和个人自由被牺牲太多。一个人可以因“不孝”而被处死，等于说人存在的唯一价值就是金融交易的载体，就是他的金融工具作用，就是体现“养子防老”，不承认超越金融交易载体的人权。

相比之下，由非人格化的金融市场代替儒家“孝道”体系之后，压在家庭、家族之上的经济交易功能会逐步从家庭、家族剥离，信贷、保险、投资功能都可由金融市场取代，这就是为什么我说，**金融市场正在把中国家庭从利益交换中解放出来，让家庭的功能重点定义在情感交流、精神世界上，家应该是情感的天地，是精神上的安身立命之所，而不是利益交换场。金融市场就是这样让中国文化走出儒家的刚性体系。从这个意义上讲，“五四”运动主张的“打倒孔家店”、解放个人，还必须有家庭之外金融市场的发达，否则，“孔家店”还是无法被打倒。**

五

开始从社会的角度理解金融、从金融的角度理解社会变迁之后，我的思想世界顿时热闹了许多，原来文化就是这样随着人类生存的需要而演变、调整的，或者说，文化价值的目的第一是最大化人活下去的概率，第二是最大化个人的自由。也就是说，当生产能力低下、金融交易工具不发达的时候，人们会为了生存而愿意牺牲一些个人自由，比如，以前人们愿意接受部落公有制、儒家“三纲五常”刚性社会秩序。但是，一旦物质生产能力足够高、金融市场足够发达，继续牺牲个人自由、个人权利就没必要，社会文化必然会做相应的调整，这也是中国今天的经历。

这是什么意思呢？刘教授是广州一所大学的历史学教授，他研究中国历代契约的变迁史，其学问之深令在下佩服。2005 年，刘教授来耶鲁大学访问一年。其间，他讲到自己的亲身经历：2004 年，在上海的内弟结婚，要花 120 万元买 150 平方米的房子。他的内弟小王和未婚妻都在金融公司工作，年收入加在一起 18 万，他们手头的积蓄有 30 万，所以，买房子还缺 90 万元。那 90 万元怎么找到呢？

一种可能当然是小王从银行做按揭贷款，如果做 30 年到期、年息 5%的按揭，小王今后的月供大约 4832 元，年供不到 6 万，他们当然能支付，但占小王夫妻未来年收入的三分之一。

不过，小王和未婚妻不愿意做按揭贷款，他们跟父母说，如果做按揭贷款，不是让他们一结婚成家就背上月供的包袱吗？小王的父母想想，觉得也是，不能让年轻夫妻背上这么重的包袱！正好他的父母年纪 60 出头，已退休，手头有 60 万养老用的积蓄。就这样，小王父母拿出手头 60 万的积蓄，刘教授夫妇把手头仅有的 20 万积蓄贡献出来，另一位亲戚出 10 万，给小王买上 150 平方米的房子。

当然，刘教授的故事对中国人很普通，没有什么稀奇。只是这种安排改变了小王大家庭的关系和性质。第一，刘教授现在一想起这事就恼火，作为历史学教授，自己的收入不高，20 万的积蓄是他当时所有的钱。他说自己在广州的房子还不到 70 平方米，凭什么他要用自己所有的积蓄供他内弟买那么大的房子？所以，从那以后，提起他内弟，他首先想到的是自己过去的积蓄，而不是他跟内弟的感情有多么好，况且因为那笔钱，刘教授跟夫人的关系也变得紧张！

第二，本来，小王父母可以把自己的60万养老钱做投资理财，等更年老之后，自己能有钱养活自己，也能有自己的尊严。但是，现在钱都给了儿子，今后的养老就只能靠儿子、女儿了，也就是说，不管今后跟儿媳、女婿是否处得好，都没有别的选择，只好跟他们一起住，或者靠他们供养，等着他们给钱。这样，本来可以自立养老的小王父母，今后就只能看别人的脸面养老了，不能有自己的自主生活空间，不能想怎么花钱就怎么花了。

同样糟糕的是，正因为小王这么容易就得到90万元的帮助，他无法感受到靠自己劳动养活自己的责任，那看似"免费午餐"的90万，只会培养懒惰。

而如果小王是通过90万按揭贷款，表面看会给小王夫妇带来月供压力，但是，这种压力不是坏事，会迫使小王奋发向上，培养"自食其力"的个人责任。同时，这也让其父母留住养老钱、年老后有自尊的财产基础，可以理直气壮，不需要看子女的脸面。另外，对刘教授夫妇来说，他们的关系就不会出现紧张，也当然不会让刘教授一想起内弟就想到自己失去的积蓄。

实际上，这两种安排，给每个人带来的自由度也截然不同。试想，小王拿了亲戚的90万买了大房子，他们夫妻俩今后消费什么东西，亲戚自然有权过问、有权管，就像刘教授抱怨小王的房子比他自己的大很多一样！等小王父母更老、靠子女的钱养老时，他父母花钱也会受到儿子、儿媳、女儿、女婿的监督，花别人的钱能那么自由吗?

总之，**儒家主张的靠血缘网络内部来互通有无，来实现人际金融交易，最终不能激励每个人奋发向上，培养的是等待"免费午餐"、搭便车的精神。比较而言，外部金融市场更能逼着每个人去"自食其力"，也为个人空间、个人自由的最大化提供基础。**

六

小时候，父母都会教我们不能借钱花、要“量入为出”，还有就是要多存钱。在中国文化中，借钱总是件很负面的事，透支、负债、欠钱等是一些贬义词。或许正因为此，证券类金融市场在我们的历史上没有机会发展，一直受到抑制，金融学更是不能走上正堂。

这些年我学到，借贷类金融交易原来是帮助借方把一次性大的开支平摊到今天和未来许多年月上，让一次性大开支不至于把个人、企业或者国家压垮。就像小王买房要 120 万元，这种开支的确很大，但买下之后，不只是今天享受，未来许多年也会享受其好处，所以，通过按揭贷款把这些支付压力平摊到未来 30 年，不是让“享受”和“成本”在时间上更匹配吗？这本应该是一件纯经济的正常事情。

到今天，借贷金融对个人、对家庭、对企业的贡献，仍然被低估。但是，如果做客观分析，我们会发现借钱花也可以是好事，在某些情况下，甚至是更好的选择。

在国家层面，过去我们总认为，国库真金白银越多的国家，就越强大；要借钱花的国家，是弱国。冲击我这种观念的是下面这段历史。如果我们把公元 1600 年左右的国家分成两组：一组是国库深藏万宝的国家，像明朝中国在那时国库藏银 1250 万两（尽管明朝当时快要灭亡）、印度国库藏金 6200 万块、土耳其帝国藏金 1600 万块、日本朝廷存金 1030 万块；另一组是负债累累的国家，像西班牙、英国、法国、荷兰、各意大利城邦国家——那么，从 400 年前到 19 世纪、20 世纪，哪组国家发展得更好呢？**当年国库藏金万贯的国家，除日本于 19 世纪后期通过明治维新而改变其命运外，其他的到今天还都是发展中国家，而当时负债累累的却是今天的发达国家！**

莫非中国以及其他发展中国家今天又是外汇储备数万亿美元，而西方发达国家负债累累，在未来几个世纪还要重演过去数世纪的历史？关键看中国今后如何利用债券市场以及其他证券市场了，看中国是不是从这次全球金融危机中因噎废食、得出“抑制金融创新是上策”的结论了！

回过头看，正如我在《治国的金融之道》一文中谈到，我们中国是这么喜欢存钱，以至于在第一次鸦片战争之后，1842 至 1848 年间朝廷每年的财政盈余还在 1500 万两银子以上，这种年年财政盈余状况一直持续到 1895 年。按理说，第一、第二次鸦片战争失败的教训，即使没有逼着朝廷把未来的收入借过来加快国力发展，也至少使他们愿意把岁入都花掉搞发展，而不是还想着往国库存钱！到最后，晚清也像宋朝、明朝末年那样，战争开支和赔款实在太大，在历来因为不用发债融资而使中国债券市场没机会发展的状况下，朝廷无法用债券把那些大支出的压力平摊到未来。过不了支付压力这一关，清朝就只好垮台。

这些历史不断引发我对金融的兴趣和思考。为什么借债花钱使西方国家不仅没垮，反而强大起来？后来我认识到，美国就是近代最好的例子。不只是今天的美国虽然负债全球第一却是最强大的国家，美国立国之初就是靠负债幸存下来，这应该跟中国各朝代的经历正好相反（中国历朝之初国库满满，但之后每况愈下，到最后财政危机终结朝代；而美国立国之初就负债累累，之后不断利用债券市场透支未来，而且还透支越来越多，可是其国力却越来越强）。

我们一般熟悉美国于 1776 年 7 月 4 日宣布脱离英国独立、1787 年的制宪会议通过美国宪法这些政治史实，但未必了解金融借贷对美国历史的支柱作用。美国独立的起因当然是英国对北美殖民地的征税权失控，殖民地人必须向英国交税，但却没权选举代表进入英国议会，去参政、议政、立法。这一背景很重要，因为这决定了美国独立战争以及之后政府的开支不能靠大规模加税来弥补：如果新成立的政府也要加税，为什么还要独立呢？所以，各届大陆会议（Continental Congress，独立运动、独立战争期间的决策机构）只能靠多印纸币、借债，来找到财务支持。但是，那时既没有联邦政府，更没有收税机构，“大陆币”、战争债难以有市场，在 1776 至 1787 年间不断出现的债务困难，几次都差点让独立运动破产，迫使北美重回英国的怀抱！

稍微细看，我们知道，1763 年开始，英王乔治三世通过一系列法案勒紧对北美殖民地的控制，加大征税，由此激发殖民地人的反抗，导致诸如 1773 年“波士顿倾茶事件”（Boston Tea Party）、1775 年莱克星顿（Lexington）枪击案等关键性事件，使得北美对英国的敌意一发不可收拾。1775 年 6 月 15 日，第二届大陆会议选举华盛顿作为大陆军总司令，正式与英军作战。

1776 年 3 月 17 日，为了避免战争对波士顿伤害太大，华盛顿请求把战场转移到纽约。英军接受请求，转移战场。当第二届大陆会议于 7 月 4 日宣布美国独立时，华盛顿正在纽约曼哈顿南端，其军队士气得到了及时的鼓舞，因为就在那时，英国皇家海军正在结集 100 多艘战船、3 万多正规军，集中攻打守在曼哈顿、几乎没有受过正规训练的华盛顿的 1 万大陆军，而且大陆军也没有任何战船。8 月 27 日，皇家海军轻而易举地夺下长岛，大陆军惨败。之后，华盛顿采用边退边打游击战的办法，开始了跟英军的拖延战术。

实际上，宣布独立不久的美国，更大的挑战不在跟英军的战场上，而是在经费的来源上。起初，第一届大陆会议考虑过在各州征税，但因上面讲到的原因很快被否决。独立战争开支主要靠以下几方面来源：第一，由政府发行“大陆币”，在1775至1780年间共印了37次“大陆币”；第二，由大陆会议政府发行债券，1775年发行首批公债用于买军火；第三，十三州（殖民地）的份子贡献，由各州自己发行战争债提供；第四，从法国借来的贷款；再就是给士兵、给供货商写欠条。

但在1780年末之前，政府债已经没人买了；各州也弹尽粮绝，不愿再发债奉献了；大多数士兵的服役期到年底就结束，不愿再收欠条作军饷；眼看大陆军就要失败，几乎没有人再愿意接受大陆币。

就在独立运动要夭折之际，华盛顿派助理前往法国，成功说服法国国王再借美国250万法国金币。法国贷款没到之前，这一消息让后来成为美国第一任财政部长的亚历山大·汉密尔顿先将其做抵押，立即通过再贷款得到救命钱，让独立军维系到次年9月。最终，在法国海军的支持下，大陆军于1781年9月在南方港口城市约克镇打赢关键一战，从此扭转独立战争的局面，迫使英国于1783年9月签署《巴黎条约》，承认美国独立。一个年轻国家就这样靠举债幸存下来。

1783年独立战争正式结束了，但是，建国的挑战却刚开始。如果说今天的全球金融危机是因美国联邦政府、地方政府、企业、家庭写“借条”太多，因债务泛滥而产生的，那么，1783年时的美国货币、“借条”、债券种类并没少多少，仅各类战争债、州政府债、社区债所用到的支付货币就五花八门，诸如“老大陆币”、“新大陆币”、墨西哥银元、西班牙银元、英镑，有的债券干脆就没注明以什么货币支付。整个金融市场一片混乱，许多债券的价格不到其面值的10%，基本无人问津，商品市场也没有秩序。这种乱局严重影响人们对美国前景的信心，挑战新共和国的命运。

1790 年 1 月，年仅三十三岁的财政部长亚历山大 · 汉密尔顿，向国会递交一份债务重组计划，宣布在 1788 年宪法通过之前美国发行的所有债务，包括联邦与地方政府发的各种战争债、独立战争中军队签的各类借条，全部按原条款一分一文由联邦政府全额兑现。为了实现承诺，联邦政府发行三只新债券，头两只债券年息 6%（一只于 1791 年 1 月开始付息，另一只到 1801 年才付息），第三只债券只付年息 3%。换言之，由这三只可以自由交易的债券取代原来五花八门的战争债，大大简化了新国家的债务局面。

今天看，汉密尔顿的债务重组举措，好像只是一种简单的债务证券化运作，但是，他的天才创新在于，这三只债券埋下了纽约证券交易所，也就是“华尔街”的种子，因为这些债券从 1790 年 10 月上市交易后，加上次年由汉密尔顿推出的“美国银行”（Bank of the United States）股票，立即将市场的力量聚焦在这四只证券，强化价格发现机制，提升流动性，集中展现市场活力。从此，美国资本市场一发不可收拾，为之后的工业革命、科技创新效劳。

美国金融之父汉密尔顿的创举的意义也在于，他让这三只债券成为反映美国未来前景的晴雨表，债券价格就是市场对美国未来的定价。汉密尔顿兑现过去所有战争债的承诺，振奋了市场对美国未来的信心，这些债券价格随即猛涨，为更多的政府融资广开财路！

债券市场先于其他证券市场发展，而债券市场又起源于战争融资需要，早期英国以及其他西欧国家是这样，后来的美国还是这样。

那么，从美国的经历中，我们或许可以理解为什么 230 年前负债累累的美国以及 400 年前债负压身的西欧国家，反而在那之后胜过当时国库满满的中国、印度。我的思路包括以下两方面：

第一，国库钱越多、朝廷银库越满，国王、皇帝肯定能专制，而且也会更专制，因为他们不需要靠老百姓的钱养着；相反，越是朝廷欠债累累的国家，其国王、政府就必然要依赖老百姓交税、有求于百姓，这最终能制约国王的权力、促进民主与规则的发展。如哈佛大学教授理查德·派普斯（Richard Pipes）在《财富与自由》（*Property and Freedom*）中所说的，之所以民主法治能在英国兴起，就是因为在英国皇家把土地权逐步卖掉之后，国王不得不每年与掌握征税权的议会交涉。就像在当初美国一样，一旦国家负债累累，而老百姓又不得不交税的时候，连那些本来不关心政治的公民也不得不关心政府的权力和自己的权利，交税是提醒公民权利、感受政府权力的最具体方式。无需征税也能自己富有的君主或者政府，其制度必会走向专制。

第二，就如当年美国三只国债所表现的，这些国债的存在与交易给市场提供了评估其政府政策与制度优劣的具体工具，通过国债价格的上涨下跌，立即反映出市场对国家未来的定价。只要国家的负债足够高、只要继续发债的需要还在，国债价格的下跌必然逼着政府对其政策或法律做出修正。公民投票是民主制度的重要形式，但投票无法天天进行，而证券市场对国家的监督、评估、定价却是每时每刻的！美国和英国的兴起如此，其他西欧国家的经历要么也如此，要么就被金融市场所教训！

负债累累的政府是一个权力难以扩张的政府，因为负债后，一方面政府就得面对债券市场，另一方面就得征税，就得面对纳税人。或许，负债、债券市场、征税、纳税人，这些也都是民主宪政的砖瓦。金融不只是能帮助一个国家平摊一时的支付压力，还能促进制度的良性发展。

七

回头看，对金融的认识、理解，花了我二十余年时间。1986 到 2001 年间的数理金融理论训练和研究，给了我分析人、社会、经济的科学方法和基本框架，让我认识到人生一辈子效用函数的最大化是人的行为的终极目的，而达到这一目的的手段和工具在不同时期、不同社会不一样。这一分析框架或许就是一把钥匙，帮助我认识社会、文化、历史还有其他，包括反思和审视我们习以为常的许多观念，也包括再思考企业和国家的治理战略。

本书汇集的正是这些年反思、审视、研究、讨论的结果。

2009 年 2 月 17 日

[第一部分]

资本化的逻辑

☆ 中国的钱为什么这么多

☆ 为什么中国钱多了许多人并不感到富有

☆ 西方的兴起是因为掠夺的银子多吗

☆ 掠夺对西方的崛起贡献有多大

☆ 资本化是美国资本主义的核心精神

1980 年冬，故宫，红旗车，初期的市场经济羞答答地面对世人。李晓斌摄 / 供图：CFP

第 1 章

中国的钱为什么这么多

跟以往历史时期比，今天的世界到底是怎么回事？是不是已经有一种全球金融大泡沫，而且会像一些人预测的那样不久要破灭？这些的确是新时代的新现象，我们不妨借这种难得的历史时期，来重新审视资本的奥秘，以看清当今经济的根本特征。

"流动性过剩"，"钱太多"，这是时下时髦的话题。实际上，在全球范围内，中东石油"钱"、俄罗斯与加拿大自然资源"钱"、美国高科技"钱"等，到处是"钱"，以至于开放式基金、对冲基金、私人股权基金公司，随便就有几百亿、几千亿美元管理，中国工商银行在海外上市不费吹灰之力就融资 219 亿美元！在中国，"钱"更是多得不得了。如果按广义货币与 GDP 之比来衡量，那么，1980 年中国的广义"钱"量只是 GDP 的 22%，相对于每一块钱的 GDP 只有 0.22 元钱在流通。从那以后，随着市场化改革的深入，中国经济的"钱"化程度直线上升，到 2003 年达到最高，流通的"钱"量是 GDP 的 1.9 倍，相对于每一块钱的 GDP 产出差不多有 2 元钱在流通，社会上的确到处是钱！

从表面看，今天世界的钱似乎太多，有一种非理性繁荣，尤其是中国的货币供应水平是历史上少有的，也比世界其他国家都高。就以 2006 年为例，日本的广义货币相当于 GDP 的 140%，美国的广义货币为 7 万亿美元，相当于 GDP 的 50%。

不过，单纯从货币供应占GDP之比还不能判断“钱”是太多还是太少，关键要看通货膨胀率的高低。如果通货膨胀不是问题，货币供应、资本供应再多也没问题，这就是现在各国中央银行都以通货膨胀率为货币政策的目标的原因。虽然各国货币供应多，但目前主要国家的通货膨胀率却都在2%至3%左右，这说明货币供应多得有因。

可是，这么说并没有从根本上解释为什么中国的“钱多”、世界的流动性“过剩”不是问题。为什么“钱”多、资本多而通货却不膨胀呢？跟以往历史时期比，今天的世界到底是怎么回事？是不是已经有一种全球金融大泡沫，而且会像一些人预测的那样不久要破灭？这些的确是新时代的新现象，我们不妨借这种难得的历史时期，来重新审视资本的奥秘，以看清当今经济的根本特征。以往，我们更关注过去200年工业革命对人类社会的影响，却忽视了发生于过去150年的金融革命。不认识这场金融革命，就难以认清资本的奥秘，当然也就不能深入理解美国经济的本质以及正在中国发生的经济与社会变革。

—— 钱、资本和财富

我们先要回答一个问题：什么是钱、资本、财富？简单讲，“钱”主要是一个货币的概念，流动性最好，可直接用于交换，并同时又是市场交换的结果，是具有最普遍接受性的价值载体。钱既可以是纸币，也可以为东西，比如金银、丝绸，只要大家都认就行。资本也是活的价值，尽管其“活”性较钱低，但它是能够生产价值的价值。而财富既包括流动性的，也包括不流动的价值，即死的有价物，一般的财富并不一定能产生财富。从契约理论的角度讲，财富往往是物、是“东西”，货币是把“东西”卖掉之后的价值载体，而资本更多是“东西”的“产权证”，它是广义的货币，是与具体的“东西”相对应的产权。

最能区分这三者的“东西”要算土地。土地是财富，但它不一定是资本，更不一定是钱。首先，土地必须能买卖交易，否则它既不是钱，也不能转换成资本。比如，如果土地是国有，就不能被买卖，土地顶多是财富，不是资本，也不能变成钱，更生不了多少钱。如果土地是私有并且能被买卖，那么土地与钱之间只有一次交易相隔，土地就能随时变成钱，就像钱了。当然，即使私有土地可以买卖，除了直接出售之外土地还不一定能转换成资本。也就是说，只有在产权保护制度和契约权益保护相对可靠的情况下，土地即使不卖掉，也可以被抵押转换成资本。这时，土地的“产权证”就最重要，“产权证”的流动性使土地权成为资本，以资本的形式让土地所承载的财富赚更多的钱。

另一个典型的例子是未来收入。比如，个人的未来收入是财富，但是如果没有金融工具把未来收入做票据化、证券化变现，那也顶多是可以感觉到但不能花的财富，也不是资本。通过将部分未来收入以“产权证”（抵押）形式流动起来，未来收入流也能成为资本。

财富不一定能一下子变成钱，财富的范围比资本大，资本比钱的范围大。问题是：什么决定财富、资本与钱之间的相互距离呢？一个国家对“东西”、对未来收入流进行资本化的能力，也就是市场、契约与产权制度，决定了这三者间的距离。从根本上讲，货币是将“财富”卖掉的所得，资本是以产权契约、金融票据、证券契约等形式将“财富”资本化的所得，是资产和未来收入流的“产权证”。只不过，通过这些“产权证”，把本来就已存在但是“死”的“东西”和未来收入流变活了。在这个意义上，只要金融票据、证券、货币是相对于实在的价值而发行的，金融化在增加价值载体的流通性的同时，本身并不必然导致通货膨胀或经济危机。

—— 市场化改革让中国的钱多了

在 2007 年一次交谈中，《纽约时报》驻上海的记者说到，中国今天似乎充满了互相矛盾的现象，让人难以理出头绪。一方面，腐败这么严重，许多钱被贪污浪费，或以形象工程烧钱，或通过国有银行继续向不断亏损的国企输血；可是另一方面，在上海、浙江、江苏、北京等许多地方，在空气中你能处处感受到那种日夜不息的创业干劲，谁都在谈生意、做投资赚钱。而且，现在中国人的钱的确很多，买房有钱，投资有钱，到境外旅游有钱，买奢侈品、买高档车有钱。这到底是怎么回事？中国这种增长到底能持续多久？为什么在市场制度、法治秩序还欠缺的中国，其经济仍然能持续增长这么多年？

这位朋友做记者许多年，在中国已经两年有余，碰到、看到、听到的事当然很多，但中国的事让他对这个社会、对今天的世界一天比一天更着迷：中国为什么在庞大行政机构的控制下还这么有活力？这些年中国的“钱”为什么这么多？

中国这些年的经历可以从许多方面去理解，如果简单点讲，是由于“改革开放”，但从更深的层面，我们可以从“钱化”和“资本化”的角度来理解中国这些年的经历。过去 30 年的改革开放大致可分成两个阶段：第一阶段是从 1978 年至 20 世纪 90 年代中期，其核心是给老百姓买卖东西的自由，他们有选择生产什么、到哪里卖、如何卖的自由，包括劳动力市场与创业市场上的自由，那是从计划到市场的“市场化”或说“钱化”阶段。20 世纪 90 年代中期开始，特别是 1998 年之后至现在，可以概括为“资本化”时期，就是让企业资产（包括有形资产和未来收入流）、土地和各类自然资源、劳动者未来收入流，都可通过产权化、证券化或者金融票据化转变成流通的金融资本。**一个国家可以卖的东西越多，或者已经资本化或能够被资本化的资产和未来收入流越多，它的“钱”自然就越多。**

当然，“市场化”阶段使中国“钱”多，这好理解。在计划经济时期，人们普遍没“钱”。而之所以没“钱”，并非完全由于没有“东西”，而是由于那时的市场化水平极低，几乎没有“东西”可以通过市场换成“钱”，也没有什么出口贸易，经济被“钱”化得太少，所以，那时候张三可以有“东西”、有一双手，也有许多时间，但他没有“钱”。“文革”时期在农村，大人出差旅行时，都得带上一袋大米、菜，以及被子、席子等，而不能带“钱”。也就是说，那时候要东西有，但要钱则没有。我们不妨想象一下，如果出差旅行要靠自己带粮菜、被褥，一方面旅行在外的时间不可能太久、走的距离不能太远，另一方面能够跨地区运输的货物也必然有限。因此，**“钱”化程度低的社会自然是人口流动少、跨地区贸易有限的社会。**

1978 年后的市场化改革，使几乎所有的“东西”都可以在市场上交易，包括各类农产品、制造品、劳动力、房产，等等都可交易，市场的交易自由度在逐年上升。不管是国内贸易、出口贸易，还是简单的日常市场交易，这些都需要货币支付。对“钱”的需求上升了，自然地，“钱”的供应必然要上去。因此，在“东西”产出相同的情况下，市场化程度越高，货币相对于 GDP 的比例必然会升高。与此同时，外贸出口在逐年猛增，这本身就加快了中国资源和劳动力的变现规模和速度，必然也使中国钱多。

1980年，北京，卖鸭的小贩。朱宪民摄 / 供图：CFP

不过，“钱”多的原因还不只如此。一方面，货币化的上升催化人口流动、催化跨区域贸易。也就是说，如果市场很发达、“钱”的供应不稀缺，张三出差之前可先把自己产的粮食、蔬菜、家禽等在本地市场卖掉，换成“钱”，然后带着“钱”而不是“东西”出差，每到一家目的地餐馆、酒店用现金支付即可。到今天，当然连现钞都不用带，信用卡更方便，远道旅行就容易得多。因此，货币化发展对人口流动、异地贸易是一种根本性的催化剂。许多人会说，虽然货币化带来方便，可是各地市场物价差别很大，张三家乡的大米、蔬菜、肉食比外地更便宜，所以，权衡之下，还是自带食物、被褥合算。这当然有道理，但这恰恰说明市场化的重要性，如果市场化发展足够到位，如果跨地区的“投机倒把”商业运作畅通无阻，那么，到最后，各地之间的物价可能会因为运输成本还有差别，但那种价差会低于异地运输成本。在这种情况下，张三当然会选择先将“东西”换成“钱”，带“钱”出差。从某种意义上讲，只要有人还选择带粮菜出

1982 年 3 月，广州市等待招工找活干的外地青年。李晓斌摄 / 供图：CFP
改革开放的第一阶段是从 1978 年至 20 世纪 90 年代中期，其核心是给老百姓买卖东西的自由，他们有选择生产什么、到哪里卖、如何卖的自由，包括劳动力市场与创业市场上的自由，那是从计划到市场的“市场化”或说“钱化”阶段。

差，那说明中国的市场化程度还有待加深。

另一方面，人口流动的增加、异地贸易的上升也反过来增加对“钱”的需求，又刺激中国经济货币化水平的提升。当一个村、一个镇、一个社会的人不远游、不外出的时候，他们对“钱”的需要会很少，金融在经济中的分量会很低。可是，一旦远游盛行，一旦异地就业日益普遍，金融在经济中的地位会越来越高，“钱”相对于经济产出的比例就越高。换句话说，即使人均收入没有上升，人口流动及异地就业的逐年增加也会让货币供应量增加，更何况 GDP 在快速增长呢！这种因真实需要而增加的货币供应，当然不一定带来通货膨胀。

城市化和工业化是社会“钱化”的另一个催化剂。1800 年时，美国 95% 的人口生活在农场上，过着自给自足的生活，由于吃住都靠自己的农场，许多农民连续数周见不着一分“钱”，也用不着

"钱"，最多与邻村农民以货易货就够了。那时，全美国的货币供应才 2800 万美元，农业经济不需要"钱"。反过来说，农业经济也就没"钱"。19 世纪的工业革命在城市创造了众多更高收入的就业机会，美国人逐渐离开农场进入城市，靠领薪水过日子，这时，人们的吃住行都要靠"钱"买。对货币的需求因非农的发展、因城市化而自然地猛增，到 1900 年基础货币供应量升至 24 亿美元。到 2006 年，美国经济已完全以服务业为主，农业占 GDP 不到 2%，服务业在 GDP 中的份额超过 80%，对"钱"的需求自不用说，2006 年仅基础货币供应量就高达 1.3 万亿美元，比 1900 年的水平上了许多层楼！

中国的城市化和工业化在过去近 30 年也在飞速发展，1978 年中国的城市人口占 16%，到 2004 年超过 40% 的人生活在城镇；1978 年时，农业占中国 GDP 的 41.3%，到 2002 年则只占 14.5%。**就像美国社会的经历一样，工业和服务业的发展以及城市化当然也使中国社会的货币化程度上升，"什么都需要钱"**！这不是一种价值判断，也不表明中国人本质上更自私、更自利了，而是工业化与城市化后生活方式、工作性质的必需。农村人的温饱可以通过自己的双手、不用现金就能实现，而城市人连基本温饱都要用钱买。所以，**因工业化和城市化而增加的货币供应不是在制造虚假繁荣，由产业结构调整而增加的货币供应也是"钱多得有因"**。

——"资本化"带来经济增长

市场化改革只是缩短了"财富"跟"钱"之间的距离，而"资本化"改革则是过去十几年中国"钱"越来越多的更重要原因。也就是说，第二阶段改革的直接效果是将以下四大类"财富"转换成

“资本”，使中国的金融资本大增。第一是企业财产和未来收入流，第二是土地和自然资源，第三是社会个人和家庭的未来劳动收入，第四是政府未来财政收入——这四类财富是任何国家的核心资本源。但，并不是所有国家都能把这些资产、未来收入流转变成资本，能这样做的前提条件是这些资本源的产权被明确界定、能被买卖，最好是能以产权契约的形式自由买卖。

前面谈到，1978 年时，中国所有土地和自然资源是国有，不能交易买卖，所以那时的土地、自然资源没有资本价值。企业基本是国有或集体所有，它们的资产和未来收入流当然也不可以买卖，更何况这些产权也没清楚界定过。那时老百姓的未来劳动收入流是否能被“资本化”呢？当然不可能。作为社会主义大机器中的“螺丝钉”，老百姓换工作、结婚都没有自我决定的自由，都要领导批准，个人的双手、大脑也属于国有财产，个人的未来劳动收入不可能被金融票据化。所以，**改革开放前的中国是一个有财富但没有资本的社会。**

虽然在第一阶段改革中商品交易自由、劳动力交易自由在中国慢慢恢复，人们可以选择辞职换工作，也可以选择以自我创业的形式使用自己的劳动力，但还不等于有资源资本化、企业资本化、收入流资本化、人力资本化了。正如前面所说，在财富、资产、未来收入能资本化之前，它们首先必须被产权化，产权的范围和归属要清晰，而且这些产权必须可以通过票据化形式自由交易、流通起来才变成资本。

从 20 世纪 80 年代末开始，首先是股份制企业形式的恢复，在一片争论中股票市场于 1990 年推出。对此后的资本化改革来说，当时围绕股份制和产权的讨论是非常基础性的铺垫工作，没有那些讨论，就没有后来资本化改革所需要的认知储备和法律制度上的深化。

1984 年 11 月 18 日，飞乐音响向社会发行 1 万股，成为新中国第一只公开发行的股票。
供图：CFP

当然，在明晰了产权制度的同时，企业产权还必须从国有转变成可以私有，否则，明晰后的产权只要还是国有，就不能真正做市场化的交易，从而就不能被资本化。好在从 20 世纪 90 年代初到现在，一方面是国有企业不断民营化，私有经济不断发展，另一方面是股市也在发展，包括境内股市和境外股市。这两方面的发展大大强化了中国经济资本化的能力，到今天 A 股市值达到 17 万亿元，境外上市公司市值近 1.5 万亿美元，相当于 11 万多亿元人民币，境内外股市共为中国经济提供了超过 28 万亿元人民币的资本！上市后的公司股票本身就是新的资本供给，新资本供给量等于股票价格。

这 28 万亿元的金融资本代表的是什么呢？其中一部分是这些公司有形资产的价值，比如厂房、设备等等，相当于公司的账面值或说净资产，反映公司过去的投入，但这只是公司市值很小的一部分，更大部分是公司未来收入的折现，是对未来收入的资本化。以无锡尚德为例，它的市值是 53 亿美元，但其净资产只有 6.6 亿美元，是公司总市值的八分之一，所以，有 46.4 亿美元是无锡尚德未来收益的贴现值。如果没有股市这种未来收入折现机器，今天这 46.4 亿美元的资本供给是没有的，中国的“钱”就会少 46.4 亿美元！中国银

1991 年，上海证券交易所开业，朱镕基出席开业仪式。 供图：CFP

行 A 股价格是每股净资产的 3.8 倍，其中 2.8 倍是未来收入预期的贴现，因此中国银行近四分之三的市值是未来收入资本化的结果！

也就是说，一个国家可以有千千万万个无锡尚德公司，但是，如果没有股市这种未来收入折现机器，这些公司的未来收入流再多，这个国家也不见得有多少金融资本。比如，在 20 世纪 80 年代中国还没有股市，中国企业也不少，只是不能在境内或到境外上市，所以中国当时没有能力将未来收入流转化成资本，中国就很缺资本，只好靠引进外资。

除股市之外，各类企业债也是将企业未来收入流做证券资本化的方式，可惜中国企业债市场规模还只有 2000 亿元左右，仅为 GDP 的 1%。当然，企业的短期银行贷款和商业票据也是对企业未来收入的资本化，只是期限往往较短，资本属性相对较低。

—— 土地、资源与未来劳动收入的资本化

第二个资本源是土地、自然资源和房地产。在 1998 年住房市场化之前，由于住房基本属于单位、不能交易，这块财富数额巨大但也

是死的。

从 1998 年开始，土地以两种方式在资本化，其一，各地政府每年将部分土地出售，供房地产开发或者工业建设，这是土地的直接货币化，本身还不是资本化。按北京大学平新乔教授的估算，仅 2004 年，全国地方政府大约有 6150 亿元的“土地财政收入”，这当然为腐败、浪费提供了极大的空间。土地使用权由政府出售之后，这种使用权在二级市场上可以交易，让使用权证具备了资本的属性，而且是相对独立于土地之外的资本，使全社会的资本供给也因此增加。换言之，那些土地照样存在、不会跑掉，但其使用权作为可交易的契约具有单独的资本价值。

其二，房地产商品化带出的不只是住房交易这种实物市场，而且在住房私有并可交易的情况下，房产又可拿来做抵押借贷，通过住房按揭贷款，将房产所占用的土地、房子本身的资产以及业主自己的未来劳动收入作金融资本化。也就是说，虽然住房按揭贷款的质押物是房屋，但真正用来做支付保障的不是房屋，而是买主的未来工资收入，所以，住房按揭贷款体现的主要是买主未来劳动收入的资本价值，而这种资本化也是在土地使用权私有、房地产市场化之后才有的事。因此，**从本质上看，1998 年的房地产改革是一个具有划时代意义的转折点，为中国的土地、资源以及老百姓未来劳动收入的资本化开了大门**。1997 年时的住房按揭贷款余额是 190 亿元，2006 年底升到 2.2 万亿元，也就是说，所有住房按揭贷款票据所代表的资本总值为 2.2 万亿元，这是许多家庭未来收入流的折现值。所以，那次改革为今天提供了至少 2.2 万亿的金融资本，如果没有住房按揭贷款，人们未来的收入照样会有，但却无法变成今天的资本了。

第三个资本源是众多个人的未来收入流。虽然住房按揭贷款已

1989 年 2 月 15 日，北京首批公开出售商品房登记第一天，共出售 350 套，房地产交易所的门还没开，已有上千人排起队。供图：CFP

将劳动者的部分未来收入资本化，但那只是一小部分，**2.2 万亿的住房按揭贷款只是中国 GDP 的 11%，而美国的 13 万亿美元按揭贷款是其 GDP 的 100%，所以中国的个人收入资本化空间还很巨大**。其他消费信贷还在起步阶段，汽车信贷、信用卡借贷、学生信贷等都可看成是将个人未来收入流提前资本化的金融契约，这些工具当然也增加中国的资本供应，但目前的消费信贷规模还只是 2000 多亿元，是中国 GDP 的 1%，相比之下，美国消费信贷为 3.5 万亿美元，是美国 GDP 的 30%。

—— 美国为什么更有钱

中国这些年所经历的转型与变革从许多方面给我们难得的学习机会。原来，一个社会可以有很多“东西”收入，但并不一定有“钱”；只有在充分市场化、交易充分自由的规则下，“东西”才能更可靠地转换成“钱”，才能“钱化”。同样，一个社会可以有很多资源与“资产”、很多未来收入，但它可能没有金融资本，只能靠从资本化能力强的国家引进外资；只有在产权明晰、产权与契约权利保护可靠的情况下，人们才会认可金融票据、证券等权证的价值，未来收入与资产才可以被资本化。资本化的效果是加快资源的配置速度，降低配置成本，提升配置效率。

从许多方面看，中国过去 30 年以及在不久的未来所要经历的金融化发展是美国过去 150 年的缩影。正如前面所说，1800 年以农业为主的美国，其经济的金融化水平极低，货币供应才 2800 万美元，是工业革命和城市化使美国经济的金融化程度猛增。除美国经济货币化的变迁历程之外，更启发人的是美国经济“资本化”发展的故事。虽然证券市场在 18 世纪末就出现在美国，但金融市场的大发展却是 1860 年后的事情。到 1900 年时，美国各类证券与金融票据（包括银行存款单、债券、股票、保险、基金等等）的总价值是 640 亿美元，相当于当时 GDP 的 3.2 倍，也就是说，相对于 1 美元的 GDP，有 3.2 美元的金融票据与证券在流通。1945 年，各类金融票据和证券的总值为 1 万亿美元，是 GDP 的 4.6 倍；到 1970 年金融票据与证券的总值升到 4.8 万亿美元，是 GDP 的 4.6 倍；1980 年时，金融票据与证券的总值创下新高，达到 14 万亿美元，是 GDP 的 5 倍；可是，在 2006 年，金融票据与证券的总值达到 129 万亿美元，是 GDP 的 9.7 倍：相对于每 1 美元 GDP，有近 10 美元的金融票据与证券在流通！这 129 万亿美元中，股票市场占 21 万亿美元，债券占 28 万亿美元，住房按揭贷款占 11 万亿美元，消费者贷款占 2.5 万亿美元，这些都是对资产和未来收入流资本化的结果。

美国社会的金融化程度在历史上从来没有这么高过，高度金融

化带来的是前所未有的金融资本供给，有了这么多流通起来的金融资本，科技创新、对外投资、个人创业所需要的资本当然不成问题。美国经济的“钱化”和“资本化”能力也让其自然成为全球金融中心，以至于其金融业以及相关行业增加值占 GDP 的份额超过 35%。资本化的结果是：美国的财富能够以比其他国家快得多的速度创造更多新的财富。

哪个国家都有土地，有资源，也有各种未来收入流，但并不是所有国家都能将这些财富转变成资本，许多国家甚至也不知道将这些资产与收入流资本化的意义。其实，**美国经济跟其他国家的差别不在别的方面，就在于它有着让任何资产、任何未来收入流都能提前变现的证券化、资本化体系。**一般的看法是把过去 200 年美国经济的奇迹归功于工业革命和科技创新，完全忽视金融技术对美国经济的根本性贡献。可是，如果离开美国式的金融资本模式，我们真的很难理解为什么美国的创新、创业能量这么大。更何况，虽然美国式资本化会大大增加流动性、增加“钱”的供应量，却不一定会带来通货膨胀。**之所以美国式的资本金融不会带来通货膨胀，是因为股票、债券、按揭贷款等产权型金融资本都与具体的资产或未来收入流相对应，不是凭空发行。**这和一般的货币金融有明显的差别，政府的信用货币更容易被滥发，也就更容易导致通货膨胀。换言之，美国式金融资本的发行是市场行为，受市场制约，因此滥发空间较小；而传统的信用货币由政府发行，由于政府的权力垄断地位，它更容易滥发钞票。所以，今天由资本市场带来的流动性“过剩”跟传统经济中货币发行过剩，是两个不同的概念，这就是为什么今天全球资本供应的确多，但物价却不飞涨。

以前，当中国人说“张三有钱”，意思是“张三过去赚了很多钱，

并还剩下许多”，是一个“过去”的概念。但在美国，人们说“盖茨有钱”，这不仅包括他过去剩余收入的总和，还包括盖茨未来各种收入的折现值，是一个“过去”加“未来”的概念。也就是说，盖茨500亿美元财富的大部分是未来收入的折现值，更确切说，是微软未来收入的折现值的一部分。因此，当中国人的“钱”指的只是过去的收入，而美国人的“钱”包括过去加未来的收入，那么，即使中国人和美国人的过去与未来的收入完全一样，美国人也显得更有钱，中国照样需要从美国引进外资。之所以如此，关键在于美国有着让人们能放心进行证券、票据交易的制度架构和金融中介体系，是资本化技术改变了“钱”的含义。这就是资本化的奥秘！

好在中国也在加速资本化的运作，在GDP增长的同时，也在利用美国式的资本化机器给中国社会创造大量的金融资本，让美国式的资本秘诀在中国发挥作用。在政府、企业和个人将未来收入流通过资本化变现的能力增强之后，“钱”的含意在中国也在改变，今天中国人可以花的“钱”也包括过去剩余的收入加部分未来收入的折现值。结果是中国的钱也越来越多。

中国已尝到资本化的好处，但总体资本化水平还很低，美国股市、债市以及住房按揭贷款的市值分别为GDP的1.56倍、2.1倍和0.9倍，而中国相应的比值为0.8倍、0.01倍和0.11倍，所以**中国资本化的空间还很大，还可以为中国经济增长提供许多年的金融资本。只不过，土地还是国有，几乎所有大型企业也还是国有，这些会继续抑制中国资本化的深化。特别是，如果想要产生出最大限度的资本，产权保护、契约权利保护等法治架构还必须改善，否则，只能做些粗糙的资本化运作，难以深化。**

——资本化是中国经济未来增长的主要推动力

讲到最后，我们可再把中国和美国在1978年时的境况做简单对比，以此来理解中国改革开放的经历。1978年时，美国的企业资产与收入流、土地与资源、老百姓未来收入流不仅都是私有并能自由交易，而且相当一部分已证券化、金融化成资本，所以这些年美国能做的资本化空间越来越小。

相比之下，中国则恰好在另一个极端，1978年时中国是什么都国有，从而不能买卖交易，更没有被资本化。所以，在1978年之后，即使不算外资的进入，中国政府每年只要让部分国企民营化并把它们未来的收入证券化，或者出售部分国有土地的使用权并让土地产权自由交易，或者通过住房按揭贷款、消费信贷、信用卡等让老百姓将部分未来收入资本化，每年做一点这三类资本化运作中的一个或两个，即可给中国提供大量的资本，即可让中国的“钱”多很多。这也就是对中国过去十几年经济增长的资本化解释。

当然，如果换个角度看，也可以说，**企业国有、土地国有以及人力资源国有在过去抑制了多少资本，机会成本大得无法估算**。虽然过去十余年的资本化改革已为中国的经济增长提供了关键性的推动力，未来的持续增长还只能靠更多资产、更多收入流的资本化，只有进一步的资本化才会给内需增长提供动力，才会有个人创业、创新所需要的资本支持。**为了使中国更有“钱”，土地和国有企业都应该进一步民营化，为进一步资本化开路。**

2008年10月26日，南京一家银行的住房贷款业务吸引买房子的消费者。供图：CFP

第 2 章 为什么中国钱多了许多人并不感到富有

> 原来由亲情、友情实现的互助互惠式隐性金融交易被钱化之后，如果替代性的显性金融保险、信贷、养老、投资产品又无法跟上，中国人在钱多的同时，可能反而对未来更感到不安，这不仅使中国的内需无法增长，使中国经济增长继续依赖出口，也让中国人的幸福感下降。

中国正在经历的转型总是一个说不完的话题，因为正在发生的事情太多、太广，也太快，对于有兴趣研究人、研究社会的学者来说，这是个千载难逢的研究机会。还是以我们在前面谈到的“中国的钱为什么这么多”这个话题为例，我们看到，商品交换的日益市场化、经济活动的进一步钱化、财富和未来收入的快速资本化，这些都使中国的钱和金融资本越来越多。

但是，除此之外，正在经历的中国社会结构与文化转型也在给中国带来很多钱。具体讲，就是原来许多通过亲情关系、友情关系所实现的隐性经济交易和隐性保险信贷投资交易，都逐步被显性的市场交易取而代之，被直接钱化、金融证券化了，其结果必然使中国的钱和收入大大增加，同时当然也对金融业的发展提出挑战。**原来由亲情、友情实现的互助互惠式隐性金融交易被钱化之后，如果替代性的显性金融保险、信贷、养老、投资产品又无法跟上，中国人在钱多的同时，可能反而对未来更感到不安，这不仅使中国的内需无法增长，使中国经济增长继续依赖出口，也让中国人的幸福感下降。**

——靠亲情实现的隐性交易逐渐由市场取代

人类自古就难以以个体生存，人际经济交易、感情交换历来是人类得以存活的主要保障形式，必须通过彼此间的利益交换，特别是在不同时间、空间之间的人际利益交换来最大化我们的生存概率，来让我们对未来的生活保障（包括养老）有安全感。但是，人际交易，尤其是跨时间或空间的人际交易必须以相互信任为前提，否则，交易的不安全使我们即使有需要，也不会去跟他人做不同时空间的价值交换，不会去互相保险、互相借贷、互相养老、互相投资。

在市场规则、信用交易保障体系均不发达的社会里，人们主要依靠以血缘建立的家庭、家族为跨时空利益交易的场地，或者说家庭、家族就是隐性的内部金融市场。在传统中国社会里，血缘是这些族内、亲情内部利益交换的信用基础，而儒家“三纲五常”名分等级秩序便是信用交易的具体文化制度保障。“孝道”文化是这种个人未来生活安全保障体系的另称。

“养子防老”，亲戚间“礼尚往来”，生老病死时的相互帮助，这些都是保险、养老、信贷、投资等的具体实现形式，“血浓于水”的信念是用以强化这种体系的信用基础的文化价值。这些当然都是不能称作“利益交换”的跨时空经济交易活动，是只能做但不能这样说的经济活动，因此，这些经济交易所创造的价值从来不能以货币单位计算，没有被“钱化”，自然没有记入 GDP 之中。家庭、家族之内的经济交易或者说“互相帮助”、“互相照顾”再多，这种价值交换由于没以钱来核算，人们自然不会感到“钱多了”。

不过，**随着中国社会结构的转型、文化价值观的变化，原来靠血缘、亲情实现的隐性金融交易正在由金融市场以显性金融交易的形**

式取而代之。原因有几个方面：第一，人口流动大大增加，例如在江西出生但到北京、上海、广州生活的人口比例越来越高，人口流动起来后，由血缘、家族提供的经济保障和养老互助功能越来越不可靠，正式的金融交易产品必须取而代之；第二，多年来所执行的独生子女政策也使单纯的家庭、家族养老互助体系无法胜任，特别是人均寿命的上升，使年轻的夫妻很容易要负责上两代12位老人的生活，因此，以血缘为基础的保障体系的效果越来越低；第三，在文化价值观上，中国人越来越追求个人自由和经济独立，把未来的生活保障尽量掌握在自己的手里，通过各种金融品种的组合安排把未来各类经济需要事先设定好，以此最大化自己经济上的独立。

越来越多的中国人开始依赖金融市场，而不是只依赖家庭、家族达到保障未来生活的目的，这当然也使中国的市场交易额大大增加，钱自然也多了。

就以中国的保险业为例，寿险、财产险、人身险、意外事故险、健康险等各类保费的总额，在2006年底为2万亿元，到2007年5月底大约是2.5万亿元，5个月增长25%。也就是说，如果是在传统中国社会里，这些保险品种都会以人格化的形式在家庭、家族以及朋友网络间实现了，隐性地实现了，那么，这2.5万亿元金融资产就不会在中国经济中出现，全社会的金融资本供给量就会少2.5万亿元，保险业的公司收入和从业者的收入也不会有，中国的钱量当然也会少许多。换言之，正是由于这些保险功能已逐步走出血缘、走出友情，由保险行业取代，中国的金融资产多了2.5万亿元，中国的货币收入也因此增加了许多。

信贷行业、养老行业、基金行业、证券行业的增长，也部分得益于由传统家庭、家族实现的隐性金融交易正在被逐步显性化。也正由于这些经济利益交易功能会进一步走出血缘网络，中国的各类金融业今后必然会更快发展。与此同时，钱的供应量就必然要更快增加，今后的钱只会更多。

——靠友情实现的交易越来越由市场取代

在血缘关系之外，朋友网络是另一个能为信用交易提供支持的基础架构，这也是一种相当人格化的小范围利益交易体系。以前，当张三要搬家或者因外出要带大件行李时，他可能要找朋友帮忙，朋友往往会一叫就到，也不会要求报酬，自然不会用钱支付。但是，朋友之间有一个隐性的共识或默契，那就是在这次来帮忙的朋友下次也要搬家或者也要外出有行李时，张三必须也能随叫随到。

同样道理，张三生病发烧不能起床时，他的可靠朋友会带他去医院；但是等他的朋友生病时，他也必须提供帮助。张三如果一时缺钱，朋友可能会帮忙，但当朋友有类似需要时，张三也必须以类似帮助去回报。

以上所举的友情帮助表面上看不是经济交易，而是友情，但实际上都是隐性的跨时空利益交换，具备投资、保险或信贷的经济功能。市场越不发达的社会，这些隐性利益交换会越普遍，靠亲情、友情来进行跨时空的利益交易是传统社会的普遍特征。这些交易不要钱，却是典型的经济交易，也因此使传统社会“钱少”。

到今天的中国，许多这类交易也被市场交易显性化了，被“钱化”了。比如，中国现在有许多搬家公司，张三搬家不必找朋友，而是更愿意花钱找搬家公司；暂时缺钱或者要购房子等大件时，可以找信贷机构；去火车站或机场时，不必找朋友送，而是找出租车；外出旅行时，不必找朋友家住，而是更自在地住在酒店，**“在外靠朋友”原来是市场不发达的结果！**

这样一来，我们中国人以前很多在友情名义下所从事的“经济活动”，今天正在被一一市场化，使许多原来没有收入意义的友情“经济活动”今天以“钱”结算了，直接对每个人的收入有贡献了，个人的收入都会因此而增加，个人“钱多了”；在国家层面，为支持市场化程度的上升，货币供给量也必须增加，这就很容易产生表面上的“流动性泛滥”的境况。

在这里，我们必须认识到，这种过去是隐性的经济活动今天被“钱化”之后，每个人的“钱”收入当然会增加，但这种新增的收入只是表面的，并不一定是真实的收入增加，因为这类收入和投资原来就有，只是没有被“钱化”而已，是隐性的。**今天在市场化发展深化之后，这些经济活动被市场取代了，同样的经济交易被显性化了。这就是为什么许多人在钱包鼓起来的同时，却并不一定感到更富有，原因在于市场化发展后“什么都要钱了”。**

——金融市场必须加快发展

在原来由亲情和友情实现的隐性养老、隐性经济互助、隐性意外事件互保以及其他人际利益交换被市场取代、被“钱化”之后，人们的收入是增加了，钱也多了。但是，如果各类品种的保险、养老、医疗、投资、理财产品不能够发展到位，那么，中国人在钱多的同时，可能反而对未来充满不安。

道理很简单，原来大家都把注意力和经济收入投放在家庭、家族和朋友网络上，今天不计经济成本的互相帮助和相互援助，是对自己未来经济安全的投资，是在买人格化的保险，或是在放贷，这些为个人提供安全感。当这些经济活动被逐步市场化、“钱化”之后，人们在家族、朋友网内的这些投入会越来越少，亲情和友情更多的会以感情交流为主，而不是以经济利益交易为核心。那么，在这种时候，如果金融产品的丰富程度又有限，钱多了以后的中国人就会难以安排好未来的各种经济需要，反而会对未来深感不安。

从最近我跟杜俊林同学组织的调查中看到，像北京这样的大城市，金融产品已日益丰富，市场提供的各类保险、借贷、养老和投资品种越来越多，北京人的家庭已越来越定位在感情交流上，未来生活的保障功能正在进一步从血缘体系中淡出。相比之下，农村中的金融很不发达，农村的家族结构远没有过去那么牢靠，传统的农村社会结构也必然会在未来进一步解体，但是，虽然血缘体系所能提供的经济安全感在农村正在衰退，还好农村的家族形态还在，通过重新对家族网络的投资，农村人还多少能靠着亲戚得到一些经济互助和生活保障。可是，地级市和县城的人们对未来最没有安全感，在传统家族和现代金融市场中间，他们哪边都不靠，因为这些地方的人基本都是近代城市化中进入城镇，已离开了自己的血缘家族网，所以他们不能靠家族、亲戚实现经济互助和安全保障；同时，那些县城和地级市又没有发达的现代金融。在两边都不靠的情况下，这些中小城市的人反而对未来生活最没有安全感。

一方面，市场化、“钱化”出来的钱的确越来越多。另一方面，中国的金融发展水平总体还很低，投资和理财的选择空间很小，只有少数有限的投资渠道。这两方面挤在一起，特别是在政府高度管制金融和国有金融垄断的情况下，各种资产价格扭曲和畸形资产泡沫层出不穷，就不奇怪了。

第 3 章

西方的兴起是因为掠夺的银子多吗

过去，我们只把银子、金子、铜钱看作钱。也正是由于这种“钱”观，到今天还有许多学者认为之所以西方国家在近代兴起，是因为它们从墨西哥等拉美国家掠夺了太多的银子，说是这样才使西方国家有了“钱”！

在前面的章节中，笔者谈到美国之所以更有钱，“关键在于美国有着让人们能放心进行证券、票据交易的制度架构和金融中介体系”。很多读者看了以后有两类反应。第一，**把未来的收入或财富证券化变现，无非是把未来的钱提前花，提前透支，这与以后花有什么区别？**第二，虽然在美国能把未来收入流、把“死”资产作证券化变现，但这并不能让美国“更有钱”，因为钱的供应是由中央银行固定了的，证券化的过程无非是将投资者手中已有的钱转移到证券发行方的手中，这种支付转移并没有产生新的钱。

—— 未来收入资本化之后

把未来的收入今天就资本化变现，其好处在哪里呢？不久前，笔者有幸跟年轻的创业家沈南鹏谈起这个问题，一说到这里他立即领悟到其中的意思。1999 年他创办携程，2003 年在纳斯达克上市使他立即成为亿万富翁。通过上市变现的是携程未来多年的部分收

北京时间 2007 年 4 月 3 日晚 9：30，美国纳斯达克交易所在北京举行开市仪式。图为纳斯达克著名的俯视着纽约时代广场的 7 层楼高大屏幕。供图：CFP

入，所以他的钱不同于中国传统意义上的钱。当然，有了这些通过证券化变现的“未来财富”之后，沈南鹏继而于 2004 年投资分众传媒、创建如家快捷连锁酒店等企业，其中，分众于 2005 年成功上市，如家快捷正在上市申请过程中。去年，他辞去携程的总裁和首席财务官职位，创办美国私人股权基金——红杉（Sequoia）在中国的分公司，开始更多的创投项目。换句话说，正是由于沈南鹏能够把他创办的携程的部分未来收入提前变现，让他今天的“钱”就多了亿万，他在过去几年里能通过利用这些钱做新的投资，从而创造更多的财富，也使他的发展空间进一步扩大。相反，如果他不能将携程和其他企业的收入流权利通过证券化、票据化交易变现，他的创业空间就要小得多。能否把未来的收入流作证券票据化，对企业的意义也是如此。

金融证券技术不仅对个人、对企业的意义重大，对国家的发展也是如此。比如说，为什么在 18 世纪到 19 世纪的欧洲竞争中，英国最后战胜了法国进而主宰世界？**英国之所以在 18 世纪开始远远超过法国，并最终在世纪末战胜法国，其关键之一就在于英国有更发达的金融技术让它更能将未来收入提前变现。**中世纪的欧洲战争不断，慢慢地大家都要靠借国债发展军力，谁能借到更多、更便宜的钱，谁就能拥有更强的军队，特别是海军。1752 年时，英国政府的公债利率大约为 2.5%，而法国公债利率是 5%左右。1752 年到 1832 年间，法国政府支付的公债利息基本是英国公债利息的两倍，这意味着什么呢？要知道 18 世纪中期，英国每年的财政收入有一半是用来支付国债利息的，也就是说，假如那时英国的国债利息跟法国的一样高，那么要么英国必须减少借债、要么英国每年的所有财政收入都用来支付利息，前者会使英国的军力下降，而后者会使其政府破产。两种可能的结局中，哪种都不好。但正因为英国有着比法国远为发达的证券市场，使英国不仅能以未来收入为基础融到更多国债资金发展国力，而且需要支付的融资成本也比法国低一半。更强的证券化能力使英国可以筹到更多的钱用于发展国家实力，使英国从 18 世纪到 20 世纪初都一直拥有世界最强大的海军，让不到两千万人口的英国主宰世界两个世纪。

谁能够以更低的成本把更多的未来收入作证券化变成今天的钱，谁就能在未来拥有更多的发展机会。因此，证券融资不只是简单地把未来的收入提前花，而且能为未来创造更多的发展空间，也会决定在竞争中谁会成功。

——证券化使“钱”更多

把未来收入流、土地之类的“死”财富证券化后，社会中的

“钱”的确会因此增加。这里的关键在于“钱”的定义与内容。日常用语中的“钱”往往指政府发行的货币。但我们知道，世界上由政府统一发行货币只是近现代的事情。在中国，即使到晚清、民国初期，甚至各个县都有自己的纸钱、银铜钱，还有私人钱庄、票号、当铺、杂货店等发行的有价票券，这些不是“官钱”，是“私钱”，但也是整个社会总“钱”量的一部分。换句话说，只要是别人愿意接收并具有流动性的有价物或票据，只要它代表着信用，那么任何物或票据都具有“钱”的本性，也可看作“钱”，其流动性越高，“钱”性就越强。

携程未来的收入流是未来的财富，但不是物，也不是票据，所以不是“钱”。但上市之后，代表携程未来收入流权利的股票就有了极好的流动性，携程公司可以拿其股票去收购别的公司，买任何物资；其股东也可拿股票去换“政府钱”、换“私人钱”，或干脆拿它去“换饭吃”、“换衣穿”。因此，携程股票、分众股票、百度股票也是“钱”，只是它们自身不是“政府钱”。

根据以上意思，未来收入流、“死”财富证券化的效果实际上是让更多的有形和无形财富货币化，让社会中的“钱”更多，达到更高的让财富产生财富的效果。货币化加快资源的配置速度，降低配置成本，提升配置效率。

过去，我们只把银子、金子、铜钱看作钱，是因为在没有保障证券、票据的价值信用的现代制度架构下，只有硬型有价物才有可能成为通货或者说“钱”，社会只认实物“钱”。所以，铜银开采量的多少，加上铜银的进出口量，就决定了中国有多少“钱”，以至于在中国近代史上多次由于银子被运出国太多，而致使中国没“钱”了，给中国带来经济危机。也正是由于这种“钱”观，到今天还有许多学者——比如畅销书《白银资本》的作者——认为之所以西方国家在近代兴起，是因为它们从墨西哥等拉美国家掠夺了太多的银子，说是这样才使西方国家有了“钱”！

作为一种金属，白银本身没有太多的工业价值。但正因为许多国家在不同时期用白银作为货币，所以它就特别值“钱”。而之所以白银被用作“钱”，就是因为没有发展出支持票券信用的制度。换言之，**只要有了便于金融票券交易的制度，金银作为“钱”的价值就没有了**。这也是为什么随着现代政治法律制度的兴起，金银作为“钱”的价值越来越低。

因此，一个国家有没有“钱”取决于它能不能将各种未来收入流和“死”财富作证券化、票据化，不取决于它有多少金银。而能否进行广泛的证券化和票据化交易又受制于它的制度。所以，**制度的优劣决定一个国家“钱”的多寡**。

这幅画描绘的是西班牙殖民者皮萨罗征服印加帝国的情景。西方掠夺墨西哥等拉美国家的确是史实，但，我们仍需仔细推敲：掠夺对西方的崛起贡献到底有多大？

第 4 章

掠夺对西方的崛起贡献有多大

掠夺在先，发展在后。这样的结论下起来当然简单直接，爽快过瘾，也符合我们在中学和大学接受的历史教育的逻辑。只不过这种结论经不起仔细推敲。

前一章（原题为《西方的兴起真如〈白银资本〉所言吗？》）的初稿刊登之后，引发了一些反响。没想到的是有这么多人自然认定西方的兴起靠的是掠夺，认为是掠夺给他们带来了第一桶金，然后才有金融市场的发达，才有科学技术进步，才有他们的现代化，才有他们的文化进步，等等。总之，是掠夺在先，发展在后。这样的结论下起来当然简单直接，爽快过瘾，也符合我们在中学和大学接受的历史教育的逻辑。只不过这种结论经不起仔细推敲。**如果西方的兴起或崛起靠的是掠夺，为什么成吉思汗的蒙古掠夺之后没有留下任何东西？为什么最早征服美洲大陆并从拉美掠夺了大量金银的西班牙后来没有成为西方，更没有成为世界长久强盛的国家呢？**以当今的中东国家为例，为什么它们藏在地下的“意外”石油财富没让它们成为世界强国呢？其实，道理可能很简单，**掠夺来的意外财富除了挥霍之外，往往不会有人珍惜，不会给人带来积极改进的压力，反而使人、使社会变懒。**

关于西方兴起的原因，当然是一个大题目，几千字无法讲清。如果西方的兴起真如《白银资本》所说是掠夺墨西哥等拉美国家的白银所致，那么16世纪之前的西方应该还没什么发展。还是以笔者在上两章谈到的金融发展题目为核心，这就是说，将未来收入流、将“死”财富证券化成钱等等这样的证券金融技术的发展应该是16世纪之后的事。当然，在逻辑上，这种推断难以站住脚，因为如果在16世纪之前西方还没有胜过世界的发展，为什么他们有能力从16世纪开始征服这么多其他国家呢？

我这里没有任何意图为任何国家过去对他国的侵略辩护，只是觉得在中国今天探讨长久持续发展道路之时，有必要对过去大国兴衰的起因有尽可能客观的认知。下面我们从两方面探讨本章的主题，首先看证券金融技术到16世纪末的发展状况及它们对西欧国家的影响，然后再谈英国跟西班牙的差别，**为什么掠夺了许多金银财宝的西班牙从17世纪初就开始没落，而17世纪初才开始介入美洲大陆的英国却越来越强盛？**

——金融技术推动了西欧文艺复兴

以前我们谈到，美国有着让任何资产、任何未来收入流提前变现的证券化、资本化体系。它的这种金融与制度体系当然不是过去一两个世纪才发明创造出来的。金融技术革命早于工业革命，但受到1780年开始的工业革命的进一步推动。将未来收入提前变现的证券化技术最早出现在1262年的威尼斯，后在西欧国家逐渐发展。

在金融品种方面，12世纪之前的西欧跟当时的中国一样，以某种有价物或收入流为抵押的私人借贷是主要的金融交易，这种债据往往没有流动性。跟中国不一样的是，从那时开始，意大利的城邦国家由于战争开支的不断上升，它们必须拿未来的政府税收做抵押向民间借债，当时的这种政府公债往往是强行分摊到个人，是他们必须购买的短期"爱国债"。这种公债的期限一般很短。

可是，到13世纪中期，威尼斯、佛罗伦萨和热那亚这三个城邦国已发行太多短期政府公债，靠简单的到期再借、一次接一次地把短期债务续接下去的做法已经难以奏效，它们必须推出长期债，把利息和本金的支付压力平摊到未来许多年，逐年支付。换言之，此时的城邦国政府必须找到把未来许多年的税收提前变现的办法，必须做长期融资。按照杰弗里·伯伊崔（Geoffrey Poitras）的《金融经济学早期历史：1478—1776》（*The Early History of Financial Economics：1478–1776*）一书的介绍，1262年，威尼斯政府第一个把众多短期债合到一起，由一只意大利文称为"Mons"的长期债券基金持有，然后再把该基金的份额按股份证券的形式分售给投资者，这种股份的意大利文名称是"Prestiti"，它可以在公众市场上随便转手交易。这算是现代资产证券化、股票市场、债券市场及公众基金的前身。当时的意大利人当然没想到这一创新的意义所在。威尼斯和佛罗伦萨发行的Prestiti从1309年至1502年的年度价格序列，是世界至今能找到的最早证券价格时间序列。

起初，威尼斯的Prestiti只有威尼斯人可以买卖。到14世纪中期，外国人也可买卖这些债权基金股份，并很快成为特别受西欧人欢迎的投资品种。

由城邦政府以未来税收做质押向大众发行公债这项证券技术，在13至14世纪从威尼斯、佛罗伦萨和热那亚往西欧其他国家传开。出于公共设施建设和战争的融资需要，法国的赛力散、荷兰的弗里敦城邦政府于13世纪末发行人寿年金债券，法国国王也偏好通过出售年金债为战争融资。到16世纪中叶，意大利、法国、荷兰、德国已发展出有相当规模的中央政府和地方政府公债市场。以法国为例，到 1576 年，其国债总额达 1 亿法郎，到 1595 年为 3 亿法郎。在当时，这种债券市场规模已是非常大。英国的公债市场起步最晚，那是 1688 年光荣革命之后的事。

随着债券市场在 16 世纪的进一步发展，期货和期权交易于 1550 年在比利时的安特卫普证券交易所、荷兰的阿姆斯特丹交易所出现，进一步推动证券市场在西欧发展。

因此，**到 16 世纪末西班牙人和葡萄牙人从美洲大举运回金银的时候，意大利、法国、荷兰、德国、比利时等西方国家将未来收入、将资产证券化的能力已非常强，他们已有能力把未来的收入变成那时的钱，有很强的“生钱”的能力，已经比其他国家更有“钱”了。**

公众证券市场那么早在西欧发展，而不是在中国或其他国家出现，其根本原因是当时西欧城邦国家要不断为战争融资。由于到 13 世纪这些城邦国家的王权已受到公民一定的约束，不能随意向老百姓加税，所以公债差不多是他们唯一可行的资金来源。相比之下，像当时中国这样的专制王朝就没有受到这种约束，也就不必采用国债融资，结果，证券市场那时就没有出现在中国。

有一种说法是，16、17 世纪从美洲掠夺过来的白银给西方国家提供了大量通货，这种通货使西方的跨国贸易能更顺当地进行，我们一会儿再回到这个问题。我们首先需要看看在美洲白银到来之前西欧国家的商业信用票据发展情况，特别是跨国贸易是靠什么结算的，这种发展的历史意义非常大，因为证券解决的是不同时间之间的价值交换问题，而商业信用票据解决的是不同空间地点之间的价值交换问题，是两类不同的金融技术。

随着中世纪后期西欧商业的快速发展，跨地区贸易规模上升极

科西莫·德·美第奇，文艺复兴时期著名的佛罗伦萨僭主（非官方国家首脑），大商人。

快。到 11 世纪左右，中国宋朝发明了纸币，但欧洲还没有。由于西欧城邦国家极多，金属货币繁多，如果每笔交易都用硬币支付，而且要求当面点清，这对于规模越来越大的跨地区贸易会是一个极大的挑战，硬币结账不仅会太重，并且运输也太危险。从 12 世纪开始，西欧的城邦定期在法国里昂和香槟、意大利佛罗伦萨、瑞士日内瓦、荷兰阿姆斯特丹等商业中心举办交易会，这些交易会不仅每次交易量大，而且也进一步促进跨地区贸易的提升，这些商业发展当然推动了商业银行业务的增长。

商业银行信用票据就是在那时问世的[1]，现代银行也是起源于那个时候，这些金融技术归功于佛罗伦萨的意大利银行家。他们的商业汇票跟 19 世纪初出现的中国山西票号的作用是一样的，只不过在时间上早 700 年。其运作方式大致是这样的：如果在里昂的张三向威尼斯的李四买进一万件衣服，而威尼斯的王五要向里昂的宋六买

1 参见 Geoffrey Poitras, *The Early History of Financial Economics: 1478–1776* (2000), 以及 Charles Kindleberger, *A Financial History of Western Europe* (1993).

五千张油画，在没有银行的情况下，这两笔交易不仅难做（到底先付钱还是先发货的问题，双方可能都难以相信对方），而且即使双方愿意做，张三要把硬币从里昂运到威尼斯，而王五又要把硬币从威尼斯运到里昂。相比之下，如果由美第奇银行（Medici Bank）为他们提供信用证或汇票，张三和王五可能谁都不用运了，并且法国和意大利各自可以有自己的货币。实际的情况可以复杂得多，但只要美第奇银行在西欧各商业中心设有分行，这些商业交易可以在多边、多国之间进行。

从 13 世纪到 16 世纪，意大利银行和犹太人钱铺基本垄断了西欧商业银行业务。其主要原因是由于整个中世纪，基督教禁止有息借贷，但这一点并没妨碍意大利人，特别是没妨碍意大利的伦巴第人（Lombard）去从事放贷和商业银行业务，以至于从那时开始欧洲人把“伦巴第人”和“商业银行”用成同义词，连英文中的“银行”（Bank）一词都来自意大利文的“banco”（意思是“板凳”，因为银行业者最初是坐在板凳上提供经营钱币业务的）。当然，在犹太教中没有禁止有息放贷，所以犹太人也是欧洲中世纪主要的银行家群体。

因此，**在 16 世纪西班牙从美洲掠夺金银之前，西欧商业银行的发达程度已非常高，也足以解决跨国贸易的货币支付问题。当然，有更多的白银能帮助他们与其他洲做贸易，但是，这些白银对西欧外贸的进一步发展不是决定性的。**

一个佛罗伦萨家族的故事就能帮助我们理解西欧商业银行到 16 世纪的发达程度。美第奇家族从 13 世纪开始在罗马、佛罗伦萨办银行，当时欧洲商业是这么发达，以至于到 1420 年美第奇已是意大利，甚至欧洲最富的家族。这个家族的财力这么强，在 14 世纪之后，它的子孙不仅多次成为佛罗伦萨的首脑（gonfaliere），还出过三个罗马天主教教皇。美第奇家族对意大利文艺复兴、对欧洲走出中世纪、对现代科学有着根本性的贡献。科西莫·德·美第奇在15世纪投入大量财力收藏、翻译、出版被遗忘两千年的古希腊著作，建立欧洲最大的图书馆，帮助欧洲走出黑暗的中世纪；出资培养了许多大画家、雕塑家、建筑家，包括米开朗基罗、弗拉·安吉利柯、布鲁内莱斯基、多纳泰罗、乌切罗、阿尔贝蒂等，这些大师都是文艺复兴的象征。科学家伽利略（1564—1642）也是美第奇家族的家庭教师，在美第奇家族的资助下做出了许多天文学和物理学的重大发现，例如发现了能够证实哥白尼日心说的天文现象。

如果没有美洲的白银，西方国家在17世纪后会怎样？这种历史假设当然无法做。但是，如果说西方的兴起或崛起靠的是从美洲掠夺过来的白银，或者说现代金融证券技术也是发生在西方掠夺白银之后，那显然忽视了欧洲文艺复兴时期（1330—1530）在商业、金融、文化、科技及相关制度方面的发展，也没有领会到古罗马留在西方的民主法治思想，那些发展给了西欧以超前的制度资本和实力。在几何、数学、天文、物理、希腊哲学等研究和教育方面，巴黎大学早在1180年、牛津大学在1214年、剑桥大学在1209年、比萨大学在1281年成立，这些发展是在美洲大发现之前，但它们为西方后来的科技发明培养了必要的人力资本。

一个国家的货币化能力或者说“钱”的多少是其制度资本的具体表现，它的“钱”能否成为“国际货币”也决定于其制度资本。没有哪个国家天生就掌握“国际货币”的发行权，哪个国家有着世人公认最可靠的制度，它的“钱”就值钱。

—— 西班牙与英国：西方国家中不同的故事

说到“西方”，我们（包括笔者）通常把意大利、法国、西班牙、英国等所有国家都包含其中，好像它们都一样且同为一体似的，所以如果是西班牙掠夺了美洲金银，那就是“所有西方国家都掠夺了金银，并且都得到同样一份好处”。这显然很荒唐。

事实上，美国和英国等西方国家并没参与掠夺中美洲的金银，主要是西班牙和葡萄牙在做。但是，西班牙和葡萄牙得到这些财富以后怎样呢？我们不妨看看。

葡萄牙的亨利王子一辈子致力于航海探险，从 1418 年开始每年带领船队出海。到 1480 年，葡萄牙已成功地与印度、中国做过数次海运贸易。为了与葡萄牙竞争，西班牙王室于 1484 年之后开始出资支持哥伦布从大西洋往西航行能更快到达中国的设想。当然，西班牙同意出资有一个前提：所有这些都是以王室的名义，任何利益也由王室所有。换言之，这种海洋贸易只能是“国营”。1492 年 8 月 3 日，哥伦布带着三只船从西班牙由大西洋向西航行。海上颠簸两个多月后，于 10 月 12 日到达中美洲的巴哈马岛。后来人们发现哥伦布找到的不是中国，而是一个新大陆。哥伦布回到西班牙后，王室惊喜万分。这是西班牙帝国迈开的第一步，也是最关键的一步。接下来的数年里，西班牙占领了众多的中、南美洲土地，并很快从殖民地运回大量金银财宝，供王室挥霍。同时，大西洋贸易的权利由王室和权贵阶层垄断，其他社会阶层的人没有机会参与海外发财，限制了不同社会阶层间的流动性。

无论如何，这些金银使西班牙从 16 世纪中期到 1640 年成为世界头号强国，于 1580 年征服葡萄牙。在 1640 年之前，西班牙帝国的版图包含了墨西哥等中南美洲多数领地、葡萄牙、德国、荷兰、意大利南部、西西里以及包括菲律宾在内的部分亚洲国家。但是，就像蒙古帝国的统治一样，好景不长，1640 年葡萄牙首先独立，西班牙帝国开始衰败，一直到最后一个独裁者——佛朗哥将军在 1975 年去世之后，才结束长达三个多世纪的专制和连续不断的战争。西班牙是最后一个走出专制的西欧国家。

1215 年即通过了《自由大宪章》的**英国的经历则不同，它是由民间自发参与大西洋贸易，而不是靠王室出资"国营"。到 16 世纪中叶，英国的冒险家看到葡萄牙与西班牙的海洋贸易成功，也开始蠢蠢欲动。但在当时，民间冒险碰到的第一个问题是：所需要的资本从哪里来？既然从民间融资，而每次航行又需要大量资金，那么有什么办法可吸引众多投资者参股呢？**一种办法是把贸易公司的股份分细，让众多人可以认购。第二个问题是：这种航海贸易的风险太大。根据当时的技术和西、葡两国的经验，航行一趟中国、印度需两年以上的时间，等回到欧洲时不仅一些船只沉没，而且有时会有一半以上的船员沿途死去（因为病毒、海难等）。那么，如果由众多个人共同参股集资，股东们的责任必须是有限的，也就是，每位股东的责任最多是损失掉所投入的股金，不承担更多的风险（亦即，即使有船员在途中死去，股东的责任也是有限的）。这种高风险海洋贸易为现代股份有限责任公司的出现创造了环境，这种融资模式是英国海洋贸易的主要企业组织形式。当时没想到，"股份有限责任公司"这一制度创新居然为随后几百年的股市发展埋下了种子。通过细化后的股份交易，不仅帮助探险创业者融到大量资本，而且以一种高效率的方式把海洋贸易风险分摊到众多投资者身上，达到"人均风险小，总体风险大"的经济效果。

第一个在英国批准的股份有限责任公司是1555年的“莫斯科公司”（The Muscovy Company），其目的是组建船队，探索从大西洋往北穿过俄罗斯、然后走向中国与印度的航线。但是到1630年莫斯科公司便消失了。

1584年成立的“弗吉尼亚公司”（The Virginia Company）从七百多名股东手中融到大量资金，其招股书（可能是世界历史上第一份招股书）声称，公司的目的是开发北美洲，展开横跨欧洲、亚洲、非洲与北美洲间的贸易。该公司后来确实于1607年到达今天美国的弗吉尼亚州，成功占领了今天美国的弗吉尼亚州等殖民地，在美国的建设中唱主角。

其他诸如“马萨诸塞公司”（The Massachusetts Company）、“非洲公司”等也都在那个期间相应成立，虽然这些早期英国公司在商业上基本都不成功，但它们都创造了后来的世界历史。这也说明，作为大西洋、印度洋贸易“学徒工”的英国在整个16世纪只是处在尝试阶段。真正成功的是1599年成立的英国“东印度公司”（The East India Company）。该公司的创始股东有80人，他们选举产生了15人的董事会。1601年2月，东印度公司第一次由五只船组成的贸易船队驶向印度。该公司后来成为英国跨国贸易、经济扩张的主力军，一直运营到1873年才关闭。

这种“以股份有限责任公司从民间融资，然后由民间经营外贸”的模式不仅保证商人有其独立经营海洋贸易的空间，也为英国后来的工业革命做好了公司组织形式上的准备（工业规模化创新与生产也是风险大，需要的资本多），而且还带来另一种意外的效果：既然大西洋贸易给这些股份公司带来利润，而这些公司的利益又由众多股东共享，于是，海洋贸易以及由此引发的相关服务与制造业务创造了一

东印度公司在伦敦的大楼

批非贵族出身的有产阶层。这些新的富有商人自然对他们靠冒险挣来的财富很看重，不希望王室通过随意征税或其他方式来剥夺、侵占他们的私有财产。

由于英国自 1215 年后就有了一个初步的代议政治制度架构，虽然这些新的富有商人多数并无贵族背景，但他们可依赖代议制下的议会对国家立法与管治产生影响。新商人阶层对议会的影响逐渐转变为他们与王室间的利益和权力上的冲突。1629 年，当时的查理一世国王一气之下解散议会，由他在无议会的约束下统治英国。随即，他开始大举征税，导致民间不满。他的专制好景不长，1642 年发生英国大革命。接下来的国王查理二世又开始复辟，试图恢复王室的各种专制特权，包括授予各类贸易垄断权。但他的复辟随后引发了 1688 年的光荣革命。革命之后又恢复议会制，并由新的议会从荷兰请来客籍国王——威廉三世（其妻为英国公主）。这实际上在英国建成了虚君共和制，限制了王权。

两次革命的结果是英国王权被大大削弱，但议会的权力大大增加，为一系列保护私有产权、保证公民平等贸易及经商机会等的立法创造了条件。**两次革命之后，王室的财政与国家的财政开始分离，政党不能从事营利事业（不与民争利），人人都有权从事跨国贸易，确保致富机会人人平等。任何人都可以创业，可从海洋贸易致富，好处不被国家独享，贸易的确在很大程度上改变了英国当时的政治势力格局，新兴的富有商人成为 17 世纪进一步制度变革的主力军。**

——国家持久繁荣靠制度，不靠掠夺

在王权受到制约的民主法治制度下，1688 年后的英国债券市场、股票市场、银行业、保险业都迅速发展，使之在 18 世纪很快赶上并超过法国，成为世界最强的帝国。那时，英国的人口才 1000 万，只是当时清朝中国 3 亿人口的零头，但这并没阻止它主宰世界长达两个世纪。

我们看到，等英国人开始进入西欧海外扩张队伍并于 1607 年抵达北美时，他们能得到的是西班牙人不想要、气候相对恶劣、没有金银储藏的北美地带。**英国人没有像西班牙人那样掠夺美洲金银，英国反倒持久繁荣，社会稳定。**

一些同仁说，虽然是西班牙而不是英国在直接掠夺白银，但西班牙的白银最终还是流入西欧市场，有一些进入英国，那么英国也是因美洲白银起家的。这种逻辑当然不能成立，只要英国是通过公平贸易让西班牙把白银支付过去的，那么英国还是靠国际贸易崛起的。否则，由此推下去，我们中国今天的崛起也是起因于西班牙从美洲掠夺来的白银了。

英国的“民营”海外扩张方式跟西班牙的“国营”所带来的不同结果还表现在其他方面。比如说，当年西班牙的殖民地国家（比如拉美和菲律宾）今天多数还贫困落后，社会到现在还不稳定，而英国过去的殖民地从美国、加拿大、澳大利亚、新西兰，到新加坡和南非，它们都在世界富国之列，原来印度落后，但印度也因其制度加英语优势正在快速增长。**英国和西班牙的经历差别说明了什么呢？——当初的美洲白银如果真是资本，那也只能是“负资本”。**

1882 年的纽约证券交易所（New York Stock Exchange）。如果说英国金融受海洋贸易而激发，而以股市为特色的美国金融则是围绕科技创新而兴起的。图片来源：美国国会图书馆

第 5 章

资本化是美国资本主义的核心精神

当年英国盛世靠的是它的海外商业贸易，而美国盛世靠的是它的科技创新。这两种特色的盛世所需要的金融支持也不同：前者需要的是债务、银行和保险，而后者需要的是以股票为代表的风险资本。这就是美国比当年的英国更需要一个活跃、发达的股票交易和股权融资市场的原因。那么，中国需要什么样的金融？

“百度”公司股票于 2005 年 8 月 5 日在美国上市，其股价当天就从 27 美元的发行价跳到 120 美元左右，使百度创始人李彦宏一下成为 9 亿美元富翁。当然，这故事还不止如此，百度上市的那天共诞生 7 名亿万美元富翁、上百名千万富翁与数量更多的百万富翁，他们中多数人 6 年前还是学生。这太令人激动了！

这个故事的意义包括许多方面，我们不妨从它的示范效应来看，其核心是激发更多的投机动力，引发更多的创新。第一，看到股价在一天内可涨这么多，会有更多人愿意去股市投机，增加股市的交易量和流动性，为更多“百度”上市创造条件。第二，在股市上炒股并不是唯一的投机方式，毕竟靠炒股难以致富，而更能赚大钱的“投机”是去模仿百度的创业者，自己也去开一个新技术公司，做成后也像百度那样去上市。这是最大的投机，当然不一定成功，但看到百度的经历，谁不想去试试呢，连笔者自己也有点手痒痒的。第三，看到百度的成功，更多的风险投资基金会去找未来的“百度”们，把钱投给他们，由他们去花、去创造下一个“百度”或者几十个“百度”。风险投资者当然也是在投机。

由此我们看到，**“投机”是人之常情，也是各种技术创新的原动力，正因为科技创新是在“创新”，所以就有风险，去做有高风险的事就要有投机精神**。我们中国人总喜欢把“投机”看成是非常负面的东西，谈到股市我们就想到要“抑制投机”，其实，如果没有投机，就可能只有“股”但不会有“市”。谈到房产市场，我们也想到要“抑制投机”，同样，如果没有投机，也会只有“房”但不会有“市”，房子就没有“资产”价值。谈到人民币外汇市场，我们也说要“抑制投机”，等等。总之，说“你喜欢投机”意思是“你不务正业”、“你破坏这个那个”。

但是，我们必须看到，**如果美国社会不认同投机的价值，它也就不可能有发达的股票文化，没有发达的股票文化也就不会有美国过去 150 多年的科技发明历史**。正是由于“投机”，在美国历史中就出现过连续不断的股票泡沫，恰恰是这些股票“投机热”为每次大的科技创新提供了大量低成本的资本，鼓励了进一步的技术创新。正是投机者的买卖才使股价不断上涨，使股市交易兴旺，这才使美国过去 150 多年中的千千万万个“百度”故事成为可能。

——美英市场经济的核心差别

当然，**“投机”不只是美国资本主义的精神，而且是所有资本主义的精神，也是财富创造的必要动力。不同的地方在于：美国资本主义的核心精神不仅包括投机，还有它活跃的股票文化。**

还是以百度上市为例。我们试想一下，如果百度的股票没有上市或者根本就像中国的法人股那样不能交易，哪怕李彦宏做得再成功，他的成功果实——财富也只能靠未来许多年的利润一年一年地实现，那是一种极慢的成功果实的实现过程。那种极慢的财富实现过程不容易产生强大的社会示范效应，不能鼓励更多的人去创业、创新，也就会放慢整个社会的科技创新速度。但是，有了美国这样充满活力的股市，由于股票的市场价反映的是其未来收入流的总折现值，通过把百度股票以今天的股价卖出，百度的创业者今天就可把未来多年的收入流提前兑现，股市为创业者提供了一种提前兑现财富的机器。如果这些创业者愿意，通过提前兑现已建成的企业，他们还可继续其他的创业和创新，加快各尽所能的速度，加深各尽所能的深度。因此，股票的高流通性就是这样使美国的创业文化、创新文化以最快的速度发展，大大加快财富的创造速度。

这也是为什么当年英国的百万富翁家族需要很多年、甚至几代人才能富起来，传统社会的财富实现都需要漫长的岁月，但最近成为 9 亿美元富翁的李彦宏才 37 岁，百度的其他亿万、千万富翁甚至大学毕业才几年，**美国的盖茨、戴尔等都是 30 岁不到就成为亿万富翁。正是股市这个折现机器加快了财富的实现速度。这些榜样当然也鼓励人们去发奋创新，从而催生了美国式的快速技术变革。**

今天看来，美国跟其他国家相比，有着最高效、最有力的财富兑现机器，但当年的英国比任何国家更具备条件发展出这样的兑现机器，为什么英国没能做到这一点呢？美国的“股市”机器又是怎么建立起来的呢？

—— 英国如何错失股市发展良机

随着英国在 16 世纪后半叶加入海洋贸易的行列，它的金融业得到极大的推动，到 18 世纪、19 世纪其金融发达程度领先世界，只不过其重点集中在银行、保险和债券市场上，而不在股票市场上，尽管股票交易在同期也有不小的进展。从需求角度讲，从 17 世纪一直到 19 世纪末，英国主要是在世界范围内发展简单的商品贸易。原因很简单，在英国本土人口少，特别是 18 世纪末在英国开始的工业革命又偏偏使他们具有大规模的生产能力，他们生产太多的东西在本国没法消费完，就必须运到国外、找海外市场。正因为英国在海外扩张仅仅是伴随与商品有关的简单外贸商业，所以在很大程度上，英国当时对金融的需求主要停留在保险和信贷业，而且短期交易的很多。

英国当年的债券市场之所以能够非常发达，是因为 17 世纪至 19 世纪英国政府需要大举国债，为其海军建设融资，这种因扩军而产生的政府融资需求促使债券市场最先在英国、荷兰等西欧国家发展，以至于伦敦证交所到 1843 年时超过 90%的上市证券是债券（包括公债、公司债和外国政府债），股票交易只占不到 10%。换句话说，在 18 世纪、19 世纪英国盛世时期，其金融的特色主要是以银行、保险和债券市场而定义的。

实际上，英国当年有机会实现美国式的股市资本主义。在那里，股票交易从 1555 年左右就开始，**17 世纪末期股票交易在伦敦越来越火，到 1720 年的"南海股票泡沫"（**South Sea Bubble**）达到顶峰。但，那次股票泡沫使英国议会通过一项严格限制股份有限公司的法案（The Bubble Act），要求所有新公司上市前必须得到议会的通过，就像今天中国公司上市要先得到证监会批准一样。该法案从根本上扼杀了英国股市的进一步发展，使伦敦股票交易沉闷 130 余年，直到 1850 年后才得以复苏。**从某种意义上，那项法案把以股权文化为中心的创新经济留给了后来的美国。

南海泡沫事件（South Sea Bubble）是英国在 1720 年春天到秋天之间发生的一次经济泡沫，它与同年的密西西比泡沫事件及 1637 年的郁金香狂热并称欧洲早期的三大经济泡沫。“经济泡沫”一语即源于南海泡沫事件。图片来源：美国国会图书馆

——美国股权文化如何发展起来

1776 年美国从英国的殖民统治中独立出来，从那时一直到 1850 年左右，其早期金融发展基本是复制英国和荷兰的金融，也就是侧重发展银行、保险和债券市场，同时也开始股票交易。从 19 世纪初开始，美国将英国工业革命初期中推出的新技术很快地学过来，更确切说，先是把英国的纺织机械化技术学过来。

最初，股市发展缓慢，1800 年时美国共有 335 个股份有限公司，除了 6 个跟生产制造有关以外，其他公司全都是桥梁、土木工程和水利工程公司（占 245 个）以及银行与保险公司（67 个），股票投资者也很少。第一个现代纺织业公司是成立于 1813 年的“波士顿制造公司”，但该公司到 1850 年也不过有 123 位股东。因此，到那时美国股市的发达程度也非常有限，跟英国的证券市场类似，美国

的证券市场也主要以政府公债和公司债为主。

英国金融是受海洋贸易而激发起来的，而以股市为特色的美国金融则是围绕科技创新而起的。最初的起点是交通运输技术。1802年，世界上首次出现蒸汽轮船。此后，远洋运输从帆船改成汽轮，在运输技术上这是一个很大的进步。但是，人们发现蒸汽船再强大也没办法上陆地，这样一来外贸以及国内贸易就基本上围绕着有水、有海的地方发生，这就是为什么美国经济最初是在东海岸崛起，比如波士顿、纽约、华盛顿，原因就是这些城市临近大西洋。

现代火车大约于1804年在英国发明，第一条实用火车线于1825年建于英国。火车的出现给当时的世界带来全新的希望，使最热的科技题目由海运转向铁路。人们发现，有了火车技术，只要把铁路在全美国各地修遍，经济发展就不再只局限在沿海地区了，可以向内地的很多地方扩张。在当时的人们看来，这显然是个新时代的开端。我们现在都谈互联网技术可以改变世界，那个时候人们则认为火车可以改变世界。

在铁路技术概念的刺激下，19世纪中期大量美国铁路公司在新英格兰、芝加哥等地方相继成立，大家认为应该修很多的铁路把美国各地都串通起来，每个人都觉得铁路是新世界到来的象征。所以，那时在纽约和波士顿掀起了购买铁路股票的热潮。于是，1860年后美国证券市场交易的多数是铁路公司股票。**从另一个角度讲，正是当时这么多人对铁路股票的非理性狂热，才使美国的证券市场开始从过去的债券市场变成真正的股票市场。**如果没有那一次股票热的冲击，美国的证券市场可能还要等很多年才能转变。再者，那次铁路股票泡沫把股价炒得很高，使不少铁路股票像今天的“百度”一样成为广泛关注的故事，不仅催生了创业文化，而且为当时愿意冒险

约翰·皮尔庞特·摩根（John Pierpont Morgan，1837—1913），美国金融家，银行家，也是一位艺术收藏家。图片来源：美国国会图书馆

创业的人提供了非常便宜的资本。

接下来的新概念就是 1875 年由美国人贝尔发明的电话，随后贝尔创立“美国电报电话公司”（AT & T）的前身——“贝尔电话公司”，在美国推广电话的使用，AT & T 于 1891 年上市，其股票很快被炒得火热。同一时期，另一位大发明家爱迪生于 1878 年成立他的“爱迪生电气照明公司”，并于次年发明电灯泡，随后发明发电机，创建商业供电厂。他的公司在 1892 年与另一家电力公司合并成立今天美国最大的“通用电气公司”（GE），该公司的股票于 1902 年在纽约上市交易。

19 世纪末期围绕着电话和电力技术的创新，使人们的关注目标由原来的铁路转到电话与电力概念股上来。这一期间，石油和钢铁股票也是股市炒作的热点。当然，除了这些令人激动的概念股推动着美国股票文化的快速发展外，这里还不得不提到 J.P. 摩根，在他于 1870 至 1905 年间改变美国证券业之前，华尔街证券公司规模都很小，往往只有几位合伙人的资金组成，能销售的证券发行量很小。但是，J.P. 摩根于 1871 年加入投行公司——Drexel, Morgan and Company 之后，随即对各类大大小小的铁路公司进行整合，通过一系列并购把它们组合成几个实力较强的大公司。他的技能是如此的高超，1895 年他把其就职的 Drexel, Morgan and Company 重组为他自己的公司——J. P. Morgan and Company。之后，他成功整合“通用电气公司”并把其股票推向股市。他最大成名作之一是于 1905 年左右，找到足够多的资本将众多美国钢铁公司合并，成立“全美钢铁公司”（US Steel Corporation），创造美国历史上第一个 10 亿美元公司。

J.P. 摩根把美国证券公司的销售能力和投行理念提高到新的层次，他的最大贡献是把证券公司的业务从简单的证券经纪上升到包括行业、企业整合的策划与融资全套服务，他创新了现代投资银行的理念。从这个意义上，J.P. 摩根对美国股市文化在更广泛社会中的推动有着关键性的贡献。

1910 年以后又出现了新的投机概念——汽车，福特汽车就是该时期炒出来的。不幸的是，1910 到 1929 年间的汽车股票泡沫最终以著名的 1929 年大股灾而宣告破灭，接下来的经济危机使美国股市沉闷多年。到 20 世纪 80 年代，才又出现了大家熟悉的电脑股票热，英特尔、微软等公司是这时期的代表。到 90 年代则是互联网股票热。**过去 150 年里，美国股市几乎是一部连续不断的股市热潮史，这背后当然是一个个财富创造的故事，同时也一波一波地把美国股市推向成熟，使它的定价和融资能力达到多方位的深化。**

—— 中国需要什么样的金融

1978 年以前计划经济下的中国不存在真正的金融。**经过过去二十几年的恢复，到今天也谈不上中国的金融到底是更像当年英国**

的金融还是今天美国的金融，因为中国银行体系有它固有的问题，股票市场也有它自己的问题。所以，改革的路还很远。

就以时下讨论得比较热的股权分置问题来说，从前面谈的百度故事以及美国金融的特点中我们看到，股票的可流通性是股票生命的根。如果股票不能流通，股票因此没有“市”，那么正如上面所说的，中国的股票就不是严格意义上的“股票”，它既不能像美国股市那样加快财富的实现速度，也不能催化创新文化的发展。当初出于抑制“投机”的考虑，让法人股和国有股不能流通。那时没想到鼓励有能力“投机”的人去“投机”是股市深化的必要条件，也没想到 16 世纪荷兰人和英国人推出“股份有限公司”的用意之一正是为了便于人们去投机。如果想在中国培养更强的创新、创业精神，想把中国社会的创新能力激励得像美国的那样，那么正在进行的股权分置改革当然是必要的一步。

在我们发展自己的股市的同时，中国有创新精神的年轻人今天还不妨继续享受金融全球化带来的好处：先创业，成功后去美国上市，利用美国现成的未来收入流折现机器提前兑现你的创业成果！——看到李彦宏的故事，笔者也恨不得自己再年轻 15 岁，谁不想试试！

当年英国盛世靠的是它的海外商业贸易，而美国盛世靠的是它的科技创新。这两种特色的盛世所需要的金融支持也不同：前者需要的是债务、银行和保险，而后者需要的是以股票为代表的风险资本。这就是为什么美国比当年的英国更需要一个活跃、发达的股票交易和股权融资市场。那么，中国需要什么样的金融？

[第二部分]

金融的逻辑

☆ 治国的金融之道

☆ 政府有钱不如民间富有

☆ 中国人的理财前景

☆ 反思高利贷与民间金融

☆ 中国是否会发生金融危机

☆ 金融现代化为何如此艰难

2010年5月21日，纽约，美国一非营利研究机构——就业政策研究所——在时代广场安装了“战胜债务”巨幅广告牌，警示美国人关注美国巨额债务问题。美国国债已经超过12万亿美元，接近13万亿美元。与此同时，美国依然是当今世界上最强大的国家。巨额的债务，超强的国力，二者之间究竟有怎样的关系呢？供图：CFP

第 6 章

治国的金融之道

> 关于金融技术，特别是证券技术对国家治理的作用，以往认识较少，过去我们集中关注金融发展对企业、对家庭的作用，不太注意证券，特别是长期限债券市场对治理国家的妙处。

历史学者可能很难回避中国历史的周期性：平均四五十年农民起义一次，两三百年改朝换代一次。这种规律似乎两千年没怎么变。对中国未来感兴趣的人们自然会问：历史规律还会不会重复？如果不想让它再重复，那又有什么办法呢？

当然，不同的人会有不同的回答。对科学技术发展史感兴趣的同仁可能会从军事技术角度来谈，他们也许会说，导弹、飞机、夜视仪已使传统意义上的农民起义几乎不可能成功，所以那种靠百姓武装革命达到改朝换代的时代已经结束。试想，在以矛和盾、木棒和斧头为主要武器的年代里，正规军和起义军在武器水平上的确很对称：拿起木棒和斧头，你的武器就跟政府军旗鼓相当！更何况起义军往往热情高涨而政府军是为别人卖命而士气低落，那时革命成功的概率肯定不低。但在今天，正规军与老百姓间的武器不对称已达到极点。原来，地下党可以在白天睡觉晚上活动，但如今的夜视仪已消灭了白天黑夜的差距；原来，后方革命根据地可以长年累月地为革命军提供养兵千日的条件，但今天的飞机和高精度导弹使这类根据地也成为历史。因此，现代科学技术已使昔日的改朝换代周期无法重演，游戏规则已被重新定义。

而我们从金融技术角度也能看到，**金融技术使得现代国家难以重复过去的改朝换代规律，当然，这不是说金融技术把革命的问题根除了，而是它可以降低发生改朝换代的概率。**关于金融技术，特别是证券技术对国家治理的作用，以往认识较少，过去我们集中关注金融发展对企业、对家庭的作用，不太注意证券，特别是长期限债券市场对治理国家的妙处。

——近二十几年持续增长的启示：政府敢于“借钱花”

首先让我们看一下最近的经历。正是由于现代金融和证券的发展，中国过去二十几年的国家理财策略已从本质上不同于传统中国朝廷的手法，敢于利用公债市场把未来的钱借到今天花，也不怕靠财政赤字发展今天的中国经济。这些新的国策使中国经济得以持续增长，使社会至今还没有出现不少专家预测会发生的经济危机和社会动乱。

1978 年开始改革开放之后，以包产到户和联产承包责任制为核心的市场激励使中国经济在 20 世纪 80 年代快速增长，那时的增长是粗放式的，不需要金融的太多帮助，只需要政府退出经济管制并解放个人的创业权利，让市场发挥作用即可。1981 年启动国债，政府开始把一小部分未来财政收入提前到当时花，当年共发行 121 亿元的国债和外债，相当于那时政府全年开支的 9%左右。不管规模大不大，对于一个习惯于反对“借钱花”的社会来说，启动国债这件事本身就是一种极大的观念冲击。

表1：历年财政赤字与新发国债

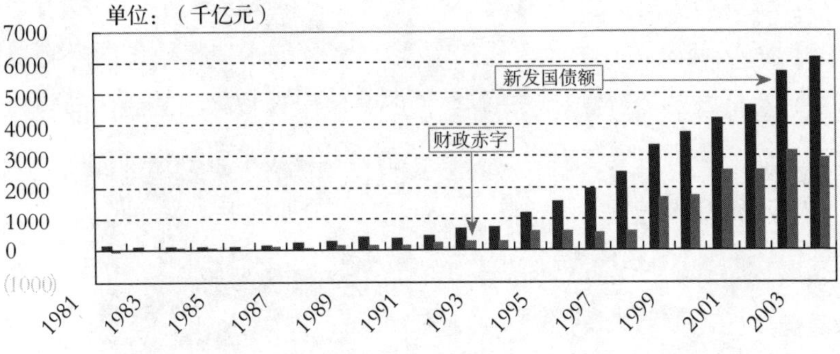

* 数据来源：国家统计局，《中国统计年鉴》

1986 年，国家财政赤字达到 82 亿元，占财政收入的 3.9%。如表 1 所示，那年新发行国债 138 亿元，比上年增长 54%。到 1988 年，财政赤字升到 134 亿元，占财政收入的 5.7%。1989 年，国家财政继续恶化，当年新发行国债 408 亿元。

自 20 世纪 80 年代中期开始，中国经济增长的主要动力一方面来自外资支持的制造业，另一方面来自政府财政和公债支持的基础建设项目。因此，在国家财政恶化的情况下，银行贷款和公债市场成为经济能否继续增长的两个关键之一。在 1989—1991 年经济相对低速增长期间，三年共新发行国债 1245 亿元，给经济增长提供新的推动力。结果，GDP 增速从 1990 年的 3.8%回升到 1991 年的 9.2%。

1994 年，财政赤字上升到 575 亿元，占当年国家财政收入的 11%，创历史新高。为了填补赤字并支持发展，当年国家发债 1175 亿元，也创历史新高。

在 1997—1998 年亚洲金融危机期间，世界都在担心中国经

1988 年 9 月，武汉街头，市民关注证券、国库券行情。许林摄 / 供图：CFP

济，害怕世界经济会被连带拖下水。1998 年，国家发债 3311 亿元，1999 年再发债 3715 亿元。在 1998 年财政赤字高达 1744 亿元（占财政收入的 15%）的情况下，这些公债融资让中国经济在亚洲金融危机期间和之后保持高于 7%的速度增长，并带动世界经济度过那次危机。

截至 2004 年底，国债余额为 29631 亿元，其中内债 28803 亿元，外债 828 亿元。国债余额占 GDP 的比重为 21.6%，低于国际公认的 60%的警戒线，也低于美国约 70%的国债负担率。2003 年国债还本付息总额近 3000 亿元，约占当年财政收入的 14%。

这些国债数据当然不包括国有银行、国有证券公司、国有保险公司以及信托公司的呆坏账，按照一些商业机构的估计，仅银行呆坏账可能有四五万亿元，是 GDP 的 29%至 36%。如果包括这些呆坏账，国家负债在 GDP 的 50%至 58%之间。

从 1982 年到 2004 年，国债余额的年增速在 25%左右。如果

再继续按照这一速度增加国债并以此支撑中国经济的持续增长，那么在达到危机线之前还能维持多少年？如果这种持续多年的财政赤字发生在王朝时期，那情况又会怎样？今天的选择跟过去又有什么区别？

—— 王朝时期的发展模式：最大限度地存银子

不管是宋、明、清还是其他朝代，各朝都遵循一种基本的财政规律，王朝兴起时期都是国库储蓄丰盛，随后递减，再后就是财政日益吃紧，赤字越来越不可收拾，最终致使改朝换代。以往，学者主要以腐败来解释这种周期性规律，基本认为王朝初期腐败不普遍，但正是因为中国历来没有对权力的可靠制约与监督机制，随着专制体系的年龄越来越高，贪污腐败也会越加猖狂，到最后国库空空，迫使朝廷在财政税收上狗急跳墙，然后便是官逼民反，朝廷最终灭亡。权力失控和贪污腐败肯定是改朝换代规律的制度性根源，但除此之外还有国家理财策略以及金融技术上的差别。

由于清朝的财政数据相对较多，过去对其研究得也比较细，我们以清代为例，看看它与当前中国的差别。

从统治者的角度讲，他们最怕的应该是在国家出现危机、社会动乱的时候，国库里没钱，财政上入不敷出。事先规避这种危机风险的手段大致有两种，其一是事先多存钱，往国库中存的钱越多则越好；第二种手段是靠事先尽最大可能地发展国力，不仅把到手的钱都花完用于发展，而且还尽可能借钱发展，透支未来的收入先发展。这两种经济国策实际上类似于宋朝司马光、王安石关于节流与开源的辩论，第一种策略强调“节流”，而第二种国策强调“开源”。过去

表2：清朝户部库存银两的变迁

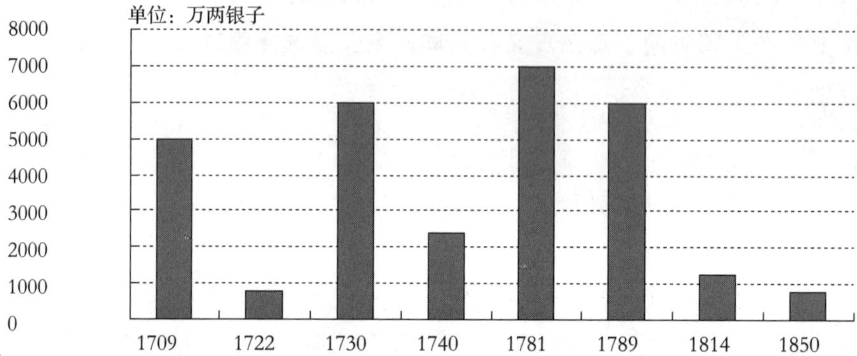

* 数据来源：《中国近代厘金制度研究》，郑备军著，2004，中国财政经济出版社

二十几年中国的发展国策以及美国历年的策略都属第二种，而以往中国各朝的经济方针基本属第一种，这种国策当然也跟儒家理财思想非常一致。

表 2 给出了从康熙四十八年（1709）到道光三十年（1850）户部库存银两的变动情况。按照传统儒家评价国家财富的标准，可以说清朝即使在鸦片战争之后、太平天国起义之前还是非常富有的，这种富有在乾隆后期达到顶峰，1781 年国库存银 7000 万两，到 1789 年为 6000 万两左右！ 1850 年时降到 800 余万两。太平天国起义对朝廷开支带来极大的负面影响，发生货币危机，但即使在 1853 至 1863 年间，户部银库仍然年增 19 万两。这不多，但对传统的中国人来说，那至少比今天承担越来越高国债的中国要好，更比今天负债 9 万亿美元的美国要富有。 只不过，正如我在前面谈到的，那种国库财富只是反映过去收入的钱，它并不能表示清朝未来也会富有。表 2 基本说明，清朝初、中期往国库积累了大量财富，但从那以后就

表3：清朝政府各年收支盈余

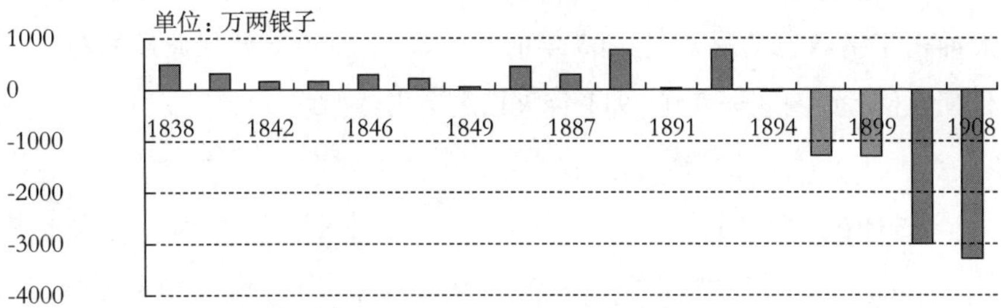

开始每况愈下，印证了王朝财政先富后贫的周期性规律。

我们也可从国家财政收支来细看晚清的发展经历。表3给出1838年后一些年份的财政收支情况[1]。据史载，从康熙中叶开始，每年财政盈余约500万两，乾隆中期以后年均结余在1000万两左右。从表3看到，鸦片战争之前的年度财政盈余也超过500万两，到鸦片战争后的1847年，财政结余为380万两。**甲午战争前的1893年，国家财政结余高达760万两。这些数据说明，虽然按照传统儒家理财观念看晚清的结余可能还太少，但当时的经济国策从根本上讲极其荒谬，在两次鸦片战争都失败同时又面临日本威胁的情况下，朝廷不仅不想法把未来的收入透支来加速发展国力，反而一心放在"节流"上，只想到往国库多存钱。结果是，国力相对其他国家继续衰退。**

1 数据来源：1838—1849年数据引自张国辉《中国金融通史》第二卷；1885—1894年的岁入数据来自申学锋，《清代财政收入规模与结构变化述论》，《北京社会科学》2002年第1期；1885—1894年开支数据源自陈锋，《清代财政支出政策与支出结构的变动》，《江汉论坛》2000年第5期；1896之后的资料引自唐贤兴、卢向国和牛纪伟，《晚清政府贫困化与中国早期现代化的受挫》，《文史哲》1998年第2期。

清朝财政赤字的真正起点是甲午战争之后，1896 年赤字高达 1292 万银两，1899 年为 1300 万两[1]。义和团运动带来的庚子赔款大大冲击了清政府的财政，1903 年的赤字高达 3000 万两！此后的清代朝廷债务缠身，一直到 1911 年灭亡之前仍然如此。

—— 两种国策，两种结局

谈到这里，我们不得不看到，今天的中国和清朝中国所采用的两种经济国策带来了截然不同的结局。**在传统中国财富观念的主导下，清朝的国策是以最大限度存银子，“节流”。在 1896 年之前的两个半世纪，清朝的财政基本都健康，很少有赤字，按传统的标准，那时的中国应该很强盛。但实际的结果是它不堪一击，清朝很快垮了，守财丧命。**

相比之下，在当代中国，自 1982 年开始，不仅年年有财政赤字，而且赤字由当年的 18 亿元增长到 2003 年的 2916 亿元，财政赤字占 GDP 之比由 1982 年的 0.33%上升到如今的 2.5%。正如前面讲到，在此期间国债也从几乎为零增长到今天的余额 2.9 万多亿元。这**种靠赤字推动发展的经济国策当然有悖于传统中国的儒家理财观念，但有了这些赤字和国债之后，今天中国在世界的地位反而比没有赤字的时代强。两种国策，两种结局，这是怎么回事？**

实际上，依照 James MacDonald 在 *A Free Nation Deep in Debt：The Financial Roots of Democracy*（2003 年）一书中提供的资料，如

1　资料引自唐贤兴、卢向国和牛纪伟，《晚清政府贫困化与中国早期现代化的受挫》，《文史哲》1998 年第 2 期。

果我们按1600年时哪国能借到大量公债、哪国没借公债将各个国家分成两组，那么你会发现，**400年前国库里金银万贯的国家今天基本贫穷落后，而当年靠发国债发展的国家今天基本都既有民主和法治，又有发达的经济**。像那时的明朝国库藏银约1300万两，朝廷甚至储存了足够吃9年的谷粮！就怕天塌地陷。可是，越怕天塌下来，天还真的会塌下，不久明朝就被改朝换代。当时的印度国库则储藏了近6000万两金银，坐在那些金银上等着被殖民化。

当然，最有名的靠赤字增长的案例莫过于美国了。美国今天的9万亿美元国债使它在国债竞赛中遥遥领先任何其他国家，但美国利用国际资本市场把别人不愿花的钱借过来，他们是透支过多，可正是这种经济国策使美国保持世界最强的地位。

—— 晚清的财政危机到底有多严重

甲午赔款和庚子赔款对清政府是致命的冲击。日本以及八国联军的侵略行为是任何中国人都不能忘记的，那两次赔款是侵略者强加给中国人民的耻辱。如果我们暂时把对战争以及赔款的道德评价放在一旁，那些赔款所带来的财政危机到底有多严重呢？假如中国当时的证券金融业已很发达，清朝的结局是否会不一样呢？

我们先看一些数据。按照陈锋先生的估算[1]，由于这些赔款以及其他外债支付，清政府在1902年后每年要付约4700万银两，这相当于1903年政府财政收入的44.7%（那年的财政收入为10492万两）。但是，1903年的实际财政赤字约3000万两，占财政收入的28.6%。

1 陈锋，《清代财政支出政策与支出结构的变动》，《江汉论坛》2000年第5期。

跟今天中国的赤字相比，这种规模是否很离谱呢？2000年财政赤字是中央财政收入的18.6%，从1999到2003年间，该比率维持在13.5%与18.6%之间。从这些比值看，晚清的财政赤字并没比今天中国的高太多。如果跟英国早期比，1697年英国政府一年的短期债务支付是它的财政收入的3倍，1710年时是后者的近4倍[1]，但那并没迫使英国灭亡，实际上英国从那以后反而日益强盛。

相对于GDP或国民收入而言，3000万银两的赤字、6.5亿两赔款债务并非像以往历史书说的那么可怕。按照刘光临先生的估算[2]，1880年中国的国民收入约27.8亿银两，老百姓税负约占国民收入的3.2%。以此税率推算，根据1903年的10492万两财政收入，那年的国民总收入约为32.8亿银两。那么，3000万银两的赤字只是1903年国民收入的0.9%，低于1998年后中国财政赤字占GDP的百分比，比如，2002年该比例为3%，2003年为2.5%。

按照32.8亿银两的国民收入估算，6.5亿两赔款债务约为1903年国民收入的20%，比今天2.9万亿元国债余额占GDP的比重（21.6%）还低一点。从这一角度看，晚清的财政与国债状况并不比今天的差。

作为比较，1650年时荷兰的国债总额是国民总收入的1.3倍，1715年之后是2倍多；那时英国国债为其国民收入的80%[3]。但那些

1 James MacDonald, *A Free Nation Deep in Debt: The Financial Roots of Democracy*, Farrar, Straus and Giroux, 2003.

2 刘光临（Guanglin Liu）, *Wrestling for Power: The State and the Economy in Later Imperial China 1000 –1770*, Department of East Asian Languages and Civilizations, Harvard University, 2005.

3 James MacDonald, *A Free Nation Deep in Debt: The Financial Roots of Democracy*, pp.153,186.

负债率并没有使它们灭亡。今天，美国国债余额是 GDP 的 70%，日本的国债余额是 GDP 的 170%。**单从这些数字看，晚清的负债并没有以往说的那么可怕，关键在于当时缺乏缓和财政赤字危机的手段，问题出在国家理财策略上。**

——靠增税缓解财政危机的陷阱

财政危机的出现往往是由于像战争、天灾、人祸等突发或者一次性事件所致，这些事件虽然不是每月、每年发生，但一旦发生，其成本开支一般会很高，容易冲乱正常的开支安排，说不定还会将一个国家置于灭亡之地。这就像一个家庭，假如张三一家的年收入为 5 万元，在正常情况下，这 5 万还够花，甚至还有一点节余；可是，如果张三生场大病，要花 20 万元住院与手术费，这时问题就来了。当然，这种危机也可能因为车祸、地震甚至抢劫而发生，等等。

对于家庭来说，一种事先避险的办法是多存钱，就像过去朝廷一样。但正如前面讲的，这是一种非常低效的办法，一方面意味着牺牲今天的消费机会和创业、投资机会，让张三一家无法尽最大限度地发展，另一方面这样做也不一定能完全规避掉各类风险，特别是难以规避低概率、高损失的风险事件。第二种办法是靠家族里的亲戚和亲人，这就要求张三平时投入家族事务、给家族无私的奉献和帮助，以此来换取他们在你有需要时也给你帮助的隐性许诺，依赖血缘关系达到互相保险的效果。但，这种隐性互保毕竟不是能硬性执行的契约，而且范围小，风险分摊的效果不佳。第三种办法是买各种保险和其他金融品种，这样，张三只要付较小的保险费即可达到医疗保险、财产保险、天灾保险、人寿保险等等，由于保险公司的客户人数多、地理范围广，风险分摊效果最理想。

当然，如果上面这些规避风险的安排都事先没做到，在今天，张三还可找银行贷款，以此把今天这一次性的开支压力平摊到未来的许多年里，让他一家能渡过今天的难关。

对于家庭和个人来说是这样，但一个主权国家就没有这么幸运，即使到今天也没有完全像血缘“家族”这样的国家互相保险共同体，也没有为国家提供各类保险的保险市场。因此，特别是过去的朝廷，它们远远没有那么多可选择的规避财政危机的工具，它们要么像清廷那样尽最大限度地存银子，要么就像美国或者近期中国那样通过借国债加速发展，通过把经济实力这个“饼”做大，以此来强化未来对付危机的能力。然而，传统的中国朝廷只会选择存银子“节流”，而不是先把“饼”做大。

那么，当过去累积的“节流”不足、发生财政赤字时，朝廷是如何找到出路的呢？最惯用的办法当然是增加税赋，反正皇权不受太多制约。以明代为例，明中叶后，政府财政逐渐吃紧，16 世纪中叶（嘉靖朝）每年财政赤字多则 400 万两，少则百万两。到 1567 年，太仓银仅存 135 万两，只够三个月的开支。

自万历四十六年始，“辽东兵事兴……先后增赋凡五百二十万有奇，遂为定额”（张廷玉，《明史》卷 202，中华书局，1974）。但是这些增税并没缓解明廷的财政危机。到 1628 年崇祯帝继位时，财政赤字为 113 万两。据王昊先生引证[1]，为补亏空，崇祯帝在万历年间每亩加 9 厘税赋的基础上，再增 3 厘，共增税 165 万两。这笔税跟万历年间三次加派加起来，共达 680 万两。但是，农民战争不断爆发，

1　王昊，《论崇祯帝》，中国长城网。

军费开支不断上升，增加财政赤字压力。如果再加税太多，会加剧官逼民反的势头，朝廷只好尽量拖欠军饷等债务，崇祯元年时各边欠饷已达 520 万两。到崇祯十年（1638），朝廷仍然拖欠边镇的军费，导致边兵大量投身于农民起义军，把明朝进一步推向崩溃的边缘。到崇祯十一年，战情急转直下，财政危机也日益恶化，“不集兵无以平寇，不增饷无以饱兵”，崇祯帝只好“勉从廷议，暂累吾民一年”，批准加派 280 万两新税。

据王昊《论崇祯帝》一文的引证，当时，崇祯帝还试过一些其他办法来缓和财政危机，包括要求富室勋戚捐助、节省宫廷开支等，但都不成功。

我们看到，在相当程度上，明代前中期经济国策的缺陷，使中国错失发展海外贸易的机会，到崇祯年间，其国力已经太弱，崇祯帝的理财能力再强可能也难以扭转明朝的宿命。再加上崇祯年间，灾荒频繁，遍及全国各地，大大加重了农民的生存困难。在这种时候还要强征新税，如果民不造反，那反而怪了，这当然加速了明朝的灭亡。

靠单一年度的加税来解决财政危机，其最大的缺陷是强化了一次性大额开支对社会当年的冲击，等于是“税负休克疗法”，它无法让朝廷把一次大开支平摊到未来 30 年、50 年的财政收入上，没办法让社会大众为其每年支付一点。比如说，单是崇祯年间拖欠的边饷就超过明廷一年的财政收入，如果这笔钱要在一年内付清，等于是要老百姓多付一倍以上的税，压力太大，没人会接受。通过当年加税来解决财政危机的办法，只能把突发的财政开支在众多老百姓之间分摊，但它无法把一时的支付压力在不同年份之间分摊，后者只有长期限债券等证券才能做到。

——缓解财政危机的金融手段

当然，除了通过征税赤裸裸地向老百姓要钱之外，另外一个历朝惯用的手法是在货币上动手脚。按照刘光临先生考证[1]，宋代是一个使中央集权在经济、军事、社会等多方面大幅扩张的朝代，官府机构不断臃肿，官员数量不断扩充，这当然也使其开支相应地膨胀，宋朝财政几乎始终面临入不敷出的威胁。根据汪圣铎先生的著作[2]，出现财政危机时，宋廷往往利用货币发行来转嫁危机，主要表现在铸行铁钱、大钱和滥发纸币上。"宋仁宗时期，宋夏战争，军费骤增引起财政危机，于是就在陕西铸行铁钱和大铜钱，造成了灾难性的后果。宋神宗时，为了支持西部战争，四川交子开始两界沓行，即增加了一倍的发行量。又企图在河东、陕西发行交子，因与盐钞发行冲突，遭到失败。……宋徽宗时，为了支持西部及后来的对辽战争……发行成本低、面额大的当十钱、夹锡钱，将楮币推向全国，且无节制地扩大发行量，结果造成通货膨胀，经济秩序一片混乱。"[3]

宋朝纸币的发展，不仅有利于在全国范围内调拨财赋、有利于中央集权的运作，而且通过发行纸币朝廷也能更方便地转嫁财政危机，更隐晦地掠夺老百姓的钱财。据汪圣铎先生的引证，到了嘉定年间，纸币"总发行量已超过亿贯。这时，朝廷上下、君臣之间，都已认识到楮币不应再多印。但是，此后发行量还是不断增加，直到10

1　刘光临（Guanglin Liu），*Wrestling for Power: The State and the Economy in Later Imperial China 1000–1770*。宋代的加速集权也是学界的共识，见赵向标、刘松岭、张满弓主编，《中国通史》中卷，新疆人民出版社，2002年。

2　汪圣铎，《宋代货币史》绪论。

3　汪圣铎，《宋代货币史》绪论。

亿贯以上仍不停止”。

不过，即使没有纸币，金属货币也能让朝廷间接转走老百姓的财富。不只是宋、元、明代这样做，晚清和民国时期也这样做。比如，为解决太平天国引发的财政危机，咸丰朝廷于1853年经户部发放官票、宝钞（纸币），同时也铸造大量重量轻、面值大的铜铁大钱。据张国辉先生的引证[1]，当时铸造面值为1000文、500文铜大钱的成本分别只有114文、90文，等于让清廷只需花114文的价值就能从民间获取价值1000文的财物！按照同样的逻辑，1854年户部、工部开始铸造铁大钱。在1853至1861年间，朝廷共铸造等于826万银两的铜铁大钱。随着铜铁大钱、票钞纸币的滥发，城乡物价飞涨。相对这些举措之前的价格比，到1860年香油涨价3倍多，硬煤涨4倍，茶叶涨5倍，猪肉涨6倍，洋烛涨7.5倍[2]。物价猛涨，货币大幅贬值，不仅使百姓生活更加困难，而且让他们的真实收入与财富相对大幅缩水。社会动乱、民怨沸腾自然就不奇怪了。

这种失信的行为不仅加快了朝代更替的周期，而且使早在宋朝发明的纸币难以在中国社会持续使用，让本来可大大加快经济发展、促进专业分工的纸币无法发挥作用，在长达900年的时间里纸币在中国总是时断时续。当然，通过在硬币、票钱上做手脚来缓解财政危机不是中国历朝的独特创造。早在4世纪古罗马，皇帝缺钱时，干脆不用费工夫以更低成色重铸硬币，而是在老硬币上把数字改一下[3]，比如，由10改成100，含金银量不变。中世纪的西欧也惯用这类掠取百姓钱财的手法。整个16世纪，西班牙经常拖欠债务支付，但总

1 张国辉，《中国金融通史》第二卷，中国金融出版社，2003年。

2 张国辉，《中国金融通史》第二卷，第二章。

3 James MacDonald, *A Free Nation Deep in Debt: The Financial Roots of Democracy*, p.136.

体而言不在其货币上打主意。但是，在高额债务和财政压力下，西班牙国王菲利浦三世于1600年开始将其银元由纯银改为银铜混合物（当时叫Vellon），以这种更便宜的混合金属来当全值的纯银使用。从1600至1626年共发行4100万混合银元，给西班牙王室增收2500万至3000万银元，到1628年其货币贬值70%。1650年，西班牙王府干脆也像古罗马皇帝一样，在老银币上把数字改大一下即可。但，这些滥用信用的举措也启动了西班牙帝国的衰败历程，使其世界强国地位很快不再。

虽然**由操纵货币来掠夺大众钱财不像直接征税那么一目了然，但它的缺点跟后者相似：给社会的短期冲击太大，极易导致动乱甚至起义，而且会从根本上破坏社会对政府的信心**。换言之，强制社会把低成色的银钱铜钱或者没有足够金银作保证的纸币认作真金实银使用，由此掠夺的社会财富是短期的、一次性的，但其代价却是长期的。这也是为什么这种办法往往只有狗急跳墙的政府才使用，老百姓在看到朝廷这种行动时往往也知道这个朝廷即将结束了，中国各朝以及民国基本都经历过由纸币、大钱泛滥引发的社会动乱。

由于国家不能发行股票，最理想的缓解财政危机、支持发展的办法是发行长期债券，其期限越长越好，因为如果期限很长（比如100年），就可把一次性的大开支平摊到未来很多年上，大大减轻任何单年的支付压力。比如说，如果是100亿元年利5%的无期国债（该债券永远不到期），那么政府今天得到100亿元用于解决财政赤字或者用于发展，未来每年只要还5亿元。

这里有两点值得记住。第一，从征税的角度讲，今年一次性加税100亿和今天调高一点税率使以后每年税收增加5亿，这两种选择给社会的压力冲击是不一样的，前者是后者的20倍。第二，国债期限到底多长更好？这取决于所支付项目所带来的收益期限。比如，如果国债是用来修路，修好的路的使用期可能只有 5 到 10 年，那么债期可长到 10 年；如果国债是为支持战争开支，那么其目的是保卫国家，成功后会让国家永久性存在下去，这种开支可用无期债券来支付，其成本应该由世世代代的国人都承担一点；其他情况依此类推。

在中国，朝廷因战争开支或财政危机向民间借债，最早可以追溯到两千六百年前的齐国，当时因战争费用，管子建议向民间富人借钱。从那以后，各朝代可能都这样做过。但是，在现代银行于 19 世纪末出现在中国之前，一方面这种私人借贷的规模有限，风险分摊的范围也很有限，传统中国的民间借贷利率在许多世纪里高于 30%；另一方面借贷期限一般是六个月到一年，这么短的期限对缓解朝廷财政危机帮助不大。当然，我们必须看到，如果是民间私人之间借贷发生纠纷，被侵权方可向对方讨债，甚至打官司；可是，如果私人把钱贷给朝廷，在专制皇帝不还债时，你可能只能仰天长叹了。因此，在皇权之下，即使朝廷想借债，也不会有太多人愿意借出。中国一直没有发展出长期限的资本市场，这当然限制了朝廷解决财政危机的能力，使朝代更替的速度加快。

比如，因太平天国引发的财政危机，1853 年政府尝试过内债。据彭泽益先生考证[1]，那次尝试最初只在山西、陕西、广东等省议行"劝借"，亦即向"殷实之家""暂时挪借，以助国用"。在山西，当地官府先向各"饶富之家"示以筹款成数，之后按借数给以印票，分年照期归还。并且还规定，"如有借至十万两以上者，除按年归还本银外，若借债人本身已得功名，准其赏给祖父封典"。在陕西则"捐

1　彭泽益，《十九世纪后半期的中国财政与经济》，人民出版社 1983 年版，第 150—152 页。

借兼行”，规定如能自一万捐至数万、十万两者，随时由官府按照银数，立即奏请奖励。如有不愿请奖者，除由官府按数给予借贷印票，分年归还外，仍按照银数多寡，分别建坊给匾，以示优奖[1]。由于在山西、陕西的试验较成功，此后再推广至江苏、浙江等地。只不过，这些内债并未照数偿还。类似在齐国时期的做法，在内乱结束之后，各省借口“库款支绌”改由官府奏请给奖，有些绅商则由朝廷以官爵进行偿付。这种赖债行为从根本上使晚清政府失信，使甲午战争后再想发行“昭信股份”国债时变得不可能，几乎无人问津。但有一点是肯定的，那批“内债”帮助清廷渡过了一场危机。

从本质上，1853 年晚清尝试的“内债”更像欧洲中世纪的“强制性借贷”（forced loans），当时西欧城邦政府为了战争或基建项目融资把债务强行摊派到有钱商人头上。这些短期债务更多像贷款契约，而不是可交易的证券。

以未来税收流做抵押发行的政府公债证券最早出现在 1262 年的威尼斯[2]。由于那些西欧城邦国家之间没完没了的战争，融资需要不断膨胀，当初惯用的期限不到一年的短期借贷已无法缓解财政压力。以佛罗伦萨为例，1470 年一年的总利息是 36 万金元，超过其全年财政收入[3]，比清政府在 1903 年要付相当于全年财政收入 44.7%的债务利息加本金还要严重得多。这就逼着佛罗伦萨人在金融创新上着手，想法把债务期限延长。

当时，被西欧政府惯用的证券有三种。第一种是人寿年金，只要

---

1 彭泽益，《十九世纪后半期的中国财政与经济》，人民出版社 1983 年版，第 150 页。

2 见陈志武，《再谈西方的兴起》，《证券市场周刊》，2006 年 9 月 4 日。Geoffrey Poitras, *The Early History of Financial Economics：1478–1776* (2000).

3 James MacDonald, *A Free Nation Deep in Debt: The Financial Roots of Democracy*, p.88.

购买者证明其身体健康即可申购，买后在投资者去世之前他每年可得到 5%至 8%的回报，他去世之后政府的支付义务即结束。这种债券广受欢迎。尽管对于具体的个人而言，这种债的实际期限不确定，但对于发债的政府，这些人寿年金债券的平均期限在二三十年间，能达到不错的平摊支付压力的效果，增加政府的负债能力。该债券品种尤其在 15 世纪、16 世纪的荷兰以及后来的英国广泛使用。

第二种是嫁妆礼基金券，一般是在女儿出生几年内，父母即从政府手里买些嫁妆礼基金券，让政府融资。在他们的女儿出嫁前发券方不付任何利息，但在女儿出嫁时父母可得到本金加累计的利息，用作嫁妆礼。但是，如果女儿在 15 年内不嫁或者出家做修女（当时约占女孩的四分之一），那么父母就永远得不到回报，政府就没有债务了。1425 年佛罗伦萨就设立这类嫁妆基金，在威尼斯等南欧城邦也流行。实际债务期限平均在 10 年以上。

第三种干脆就是无期债券，没有到期日。这当然能大大扩大政府的负债能力。

前面讲到，1715 年荷兰的国债余额为其国民收入的 2 倍多，英国的是 0.8 倍，它们主要利用长期限债券渡过财政难关。英国那年的国债大约为 6000 万英镑[1]，其中，1640 万英镑是无期国债，利息在 5%到 6%之间，主要由英格兰银行、东印度公司和南海公司持有；1260 万英镑分别是 99 年期和 32 年期的年金债券（不是人寿年金）；1140 万英镑是彩票债券，32 年到期，年利率至少为 6.84%，但根据抽彩结果利率最高可以到 8%；剩下的为短期和其他长期债。1717

1 James MacDonald, *A Free Nation Deep in Debt: The Financial Roots of Democracy*, pp.186–187.

年后，无期国债和长期年金债利率都被重新调低到 4%左右。

跟同期的西欧政府比，中国宋、元、明的朝廷没那么幸运，无法通过发行无期国债或任何超过一年期限的债券让他们挽救或延长其王朝生命。他们甚至没有晚清中国那么幸运，因为在甲午战争之后，虽然甲午赔款、庚子赔款是无理强加的，但清政府毕竟能从外国银行借到 36 年期限、5%年息的债务，帮助他们渡过亡国的危机，延长了清朝的生命。根据当时人们对国债的根本性否定的态度，借外债当然更无法接受，但那总比让中国成为殖民地好。——我们一会儿再回到此话题。

虽然中国到 19 世纪末还没建立国债市场，日本却已走在前面。据朱荫贵先生考证[1]，在 1870 至 1880 年间，日本政府发行的内外公债总额即达 2.4 亿日元，这些公债用来赎回大名和武士的封建权利、替大名偿还新旧债务，但更重要的是用于修筑铁路、开发矿山和建筑港口及道路，类似 20 世纪 90 年代中后期中国政府公债的用途。此外，1868 年 4 月，明治政府以“振兴产业，发展贸易”的名义发行了 4800 万元太政官纸币，1869 年 9 月再发行 750 万民部省纸币，还有 1871 年 10 月发行的 680 万大藏省兑换券。我们看到，**明治维新时期日本敢于利用公债支持发展，而同期清廷还忙于往国库存银子。结果，到甲午战争时，两国的国力已大相径庭。**

甲午战争失败后，社会方方面面的危机感大升，将“强国”运动推向高潮。

中国的第一个现代银行——中国通商银行——于 1897 年创建，

---

1 朱荫贵，《中日早期现代化中资金问题的比较研究（1870—1911 年）》，中国社会科学院经济研究所。

之后银行业有了较快速的发展。国内债券市场的真正发展起始于民国初期的1914年左右。由于北京政府在一战期间难以举借新的外债，便转向国内发行公债。1912—1926年间，政府共发公债27种，共6.12亿元[1]。经过此后的进一步发展，到1949年，公债市场已具备相当规模。虽然国内债券市场在20世纪50年代后期基本停止了，但在1982年之后又陆续得到恢复。借助于1949年前银行、股票市场以及债券市场的发展经验，这种恢复银行与证券市场的工作进行得较快。由于现代银行金融机构的网络已遍及全国，中国在过去二十几年的公债融资能力不断提高。

现在中国的国债期限最高为30年，这种期限已为中国经济渡过像亚洲金融危机、每年财政赤字这样的挑战提供了方便，使现在的中国比历史上任何朝代更有能力缓解财政危机，减少改朝换代的压力。

——什么情况下靠公债更增强国力

前面讲了这么多，我们可能还是不清楚为什么现在的中国、美国，还有当年的西欧、日本靠债务发展得越来越强盛，而王朝时期的中国、印度、土耳其，还有当年的中东、非洲国家尽量往国库存钱，反而是越存越穷？之所以两种国策带来两种不同结局，部分原因在于把金银存到国库之后，实际上是把本来有资本属性、能进一步生钱的这种金银钱变成了死财富，扼杀了其本来能促进经济发展的流通能力，使这些金银变成了博物馆里的陈列品，而不是资本。

我们这里不是说无论如何都应该借最多的债、无谓地制造赤字。

---

1 张春廷，《中国证券市场发展简史》，《证券市场导报》，2001年第5期。

更不是说无论政府怎样花钱，无论政府的预算过程是否受到民主监督，靠赤字支持政府开支都比存国库更好。一些基本的权力监督与制衡是必要条件。

为了便于理解，我们可以把国家看成一个公司，从公司财务的角度来看待国家理财问题。首先，如果国家借债的利息高于国家投资或开支的项目所能带来的回报率，比如国债利率是 20%而国家投资项目的回报率只有 2%，这里国债利率是成本，投资回报率是收入，那么国家开支的项目每年要亏损 18%。在这种情况下，除了必不可少的国家开支外，政府应该停止、减少开支，尤其不应该通过赤字、国债来让政府浪费钱，应该降低税负。如果是这样，政府的确要尽量存钱，以防未来出现财政危机时要花 20%的利息去借债。在这个意义上，由于中国历朝的民间借贷利率都在 20%、30%或更高，同时因抑商而投资项目很少，回报率也低，像在 1934 年民国时期的土地投资租金回报率一年在 8%至 15%之间[1]，远低于借贷利率，所以各朝代的理性国策是多往国库存钱，少花钱，也少征税。换言之，过去金融市场的不发达迫使朝廷多存钱。

当然，如果政府开支只是用于消费、挥霍而不是花在有回报的资本性项目上，那么其开支的回报率等于零。像近些年有些政府大兴土木，盖各种超级豪华办公楼，这些形象工程项目是纯粹的挥霍消费，带来的是零回报。在这种情况下，不管国债利率多低，也应该极力限制政府开支。

相反，如果国债利率低于国家开支项目的回报率，那么往国库存钱只会阻碍国力的增长，使国家衰退。

1　土地委员会编《全国土地调查报告纲要》土地调查报告第一种，第 30 表，民国二十六年一月。

所以，**决定经济国策的两个关键要素是国债利率和国家投资回报率，前者取决于金融市场的发达程度，后者取决于国家制度是否有利于市场交易**。下面，我们可从这两个角度来审视中国和其他国家的经历。

之所以 1600 年左右靠国债发展的西欧到后来越走越强盛，而当时国库广存金银的国家则随后每况愈下，是因为一方面西欧越来越发达的长期债券市场使其债息不断降低，另一方面它们在大西洋、印度洋的贸易给它们带来日益上升的投资经营回报率。以英国为例，前面讲到，1715 年时它的国债平均利率在 6.3%左右，到 1717 年降至 4%左右。英国在 1688 年光荣革命之后，请来荷兰的王子做其国王，该王子带来的不只是他自己和荷兰亲戚，让荷兰不再跟英国作战，而且把当时荷兰拥有的西欧最发达的金融技术带到英国，其中最重要的可能是金融中介公司的信用增强作用。换句话说，如果是英国政府自己对投资者负责，市场投资者可能对未来的不确定性有所顾忌、怕政府不认账，但是在英格兰银行于 1694 年成立之后，该银行自身是独立法人，也有外部股东（英格兰银行是上市公司），当英国政府把 1000 万英镑的国债委托英格兰银行承销时，这国债的背后不仅有英国的税收、政府信用作支持，而且英格兰银行也是重要的后盾，有该银行提供的增强信用，投资者显然更放心，要求的利息（包含风险溢价）也就低，因为万一出事，英格兰银行的股东要承担损失。那时，东印度公司和南海公司在证券市场的信誉也非常好，所以英国政府先把债券卖给这两家上市公司，然后由它们再以出售股票的形式从市场融资。有了第三方在中间增强信用，政府公债的利息即可大大降低，这两家上市公司实际上也算是证券中介公司。英格

英格兰银行于 1694 年以私营方式成立，1946 年被收归国有，1997 年成为一个独立的公共机构，由政府全资所有但拥有自己独立的货币政策。图为 1900 年左右的英格兰银行。图片来源：美国国会图书馆

兰银行甚至能以 1.5%的年利率帮英国政府借国债！[1] 这是当时任何其他国家做不到的。在这种情况下，只要投资回报率高于 4%，英国通过借国债发展就会是净赚！

中国近几年的国债利息在 3%至 4.5%之间，这种低利息一方面得益于自 1897 年后中国银行业的不断发展，另一方面也得益于现代通讯和运输网络，方便了全国债券销售网络，扩大了银行体系和证券市场的融资能力。在这种情况下，只要政府的投资项目能产生高于 4.5%的年回报率，那么不担心赤字、靠扩大公债融资来刺激发展就是一项强化国力的国策。1978 年改革开放以来，放开了的市场经济加上积极的对外开放使中国经济以平均高于 9%的速度增长，使

1 James MacDonald, *A Free Nation Deep in Debt: The Financial Roots of Democracy*, p.187.

一些项目的投资回报率可能超过国债利率，于是赤字和国债就成了国力上升的催化剂。这可能是最近二十几年虽然中国的财政赤字越来越大而国力却越来越强的道理所在。当然，过去这些年国债投资项目的回报是否真的高于国债利息，这本身是一个值得用数据做进一步研究的问题。

我们也可借助此分析框架来看看甲午赔款、庚子赔款后晚清的选择。我们几乎都指责当时的英、德、法、俄银行以5%左右的利息借给清政府的外债。关于那两次战争以及其赔款本身的事，那是本文之外的话题，我们只谈这些国债融资是否帮助了清朝。在中国当时没有债券市场的情况下，一方面除了外债别无出路，另一方面这种5%的利息在当时的中国是几乎不可能找到的。特别是当时由汇丰银行等帮助发行的铁路外债，其利息也基本在5%上下[1]。按照我们上面的分析，只要当时的项目投资回报率在5%以上，利用这些外资来发展中国经济应该是天大的好事，应该是好国策，那样也可能让国力像最近二十几年一样地发展。实际上，那时期的工业化、外贸行业的确在快速发展，只是由于传统理财观念对债务的抵触，再加上种种民族主义的影响，当时的中国没能借外国人发达的资本市场来最大化自己的国力。

说到底，是应该往国库多存钱，还是不仅把收入都花掉而且要借国债发展，答案取决于长期限资本市场的发达程度，也取决于国家的政治制度和经济制度，前者决定公债利息成本的高低，而后者决定政府投资的效率以及回报的高低。由于金融发展也取决于国家制度资本，所以，最终是制度决定了国策模式。

---

1 Wilhelm Kuhlmann, *China's Foreign Debt : 1865–1982*, 1983, Germany.

——加税或国债：哪种更好

上面的分析中，我们没有把征税问题跟发债决策放在一起来考虑。换言之，**假如国家有高回报率的开支或投资项目，那么所需资金是靠发国债，还是靠征更多的税，哪个更好呢？**我们可能会说“反正羊毛出在羊身上，与其借债，反倒不如由老百姓先交税”。

今天美国的做法或许能帮助我们理解这个问题。美国 2005 年的财政赤字是 3183 亿美元，占财政收入的 15%，跟中国财政赤字占财政收入的百分比几乎一样。2005 年联邦政府的债券利息开支为 1840 亿美元，占全年财政开支约 8%。美国国债余额约 9 万亿美元。

尽管如此，美国政府不仅不增加税率、不要老百姓多交税还债，反而还在布什政府期间不断减税。美国人当然交得起更多税，但政府还是更愿意借债花费，使赤字越来越大。这是怎么回事？这不仅有悖于我们传统的理财理念，而且有悖于一般的常理。——美国这些年的经济国策真的有损其国力吗？

其实不然。我们可以算一笔简单的经济账。**答案的关键还在于政府的融资成本和民间的投资回报率，只要纳税人的投资回报率高于政府公债利息，最优的国策是：少征税，把钱留给老百姓去投资创业，藏富于民，政府尽量用公债来补充财政赤字。**

相反，如果公债利息高于民间投资回报率，那么靠赤字负债发展是下策。同时，如果政府的投资回报低于民间投资回报，政府就既不应该借债发展，也不应该加税，而是要减税和退税。

举例说，假设所得税是 20%，政府公债利息永远为 5%。先假定老百姓的投资回报率今后每年都是 6%。在这种情况下，如果少向老百姓征收 1 万元税，那么老百姓把这 1 万元投资后，第一年得到 600

元税前回报，其中 120 元交税，剩下的 480 元加本金 1 万元重新用于投资；第二年得到 628.8 元税前回报，其中 125.76 元交税，剩下的 503.04 元加本金 1 万元再用于投资；以此类推下去，年复一年，不仅老百姓的财富越滚越大，而且政府的税收也按每年 4.8%的速度增长，政府得到的是一个永久的税收流，这个税收流的总折现值为 6 万元（以政府公债利息 5%作为折现率）。换言之，如果政府通过借债维系开支，把更多钱留给老百姓投资，那么今天每少收 1 万元的税，实际上政府最终得到的是今天值 6 万元的未来收入流，让国家财富净增 5 万元。

如果老百姓的投资回报率是 5%，那么政府通过减税得到的额外好处为零；而如果投资回报率低于 5%，则减税会吃亏。当然，如果民间投资回报远高于 5%的国债利息，那么借国债并同时减税就让这个国家发横财了！其妙诀在于让老百姓的收入变成资本后，就能通过利滚利、钱滚钱让国力和民财同时上涨。当民间的投资回报很可观的时候，政府征税等于是“杀鸡取卵”，害民又损己。

上面的例子当然有一些理想化的假设。比如，在现实中，政府公债利息可能会不断波动，民间投资回报也会时高时低。如果是这样，那么，只有在民间投资回报与国债利率之差更大的时候，“发国债同时又减税”的国策才最优。

不管怎样，这个例子基本反映了美国二战之后经济国策的总体逻辑。美国的资本市场最发达，给美国政府提供了无限的将未来收入证券化变现的能力。由于人们对美国制度的稳定性非常有信心，美元和美国政府公债是世界投资者最为放心的增值保值手段，因此其公债利息近几年保持在 4%左右，这是美国老百姓所无法得到的融资成本。换句话说，如果美国民间要借钱投资，他们需要支付的利息远比美国政府要支付的利息高，在这种情况下，与其由个人或私人公司去借钱，还不如由美国政府代替老百姓借，并同时通过减税让老百姓把钱留着自己去投资！那么，美国民间的投资回报如何呢？以美国股市为例，从1926年至今，平均年回报率为10%；在二战以后，平均年回报12%。相比之下，这期间的政府公债利息平均在6%左右。也就是说，1926年至今，民间投资回报率与政府公债成本间的差平均在4%，二战后为6%。

外国人和外国政府喜欢买美国国债，美国政府用低息借到这些钱后，通过减税把钱转给美国老百姓去做股票等生产性资产的投资，这种策略的效果是让美国财富超速增长。这即是自己有鸡再“借鸡生蛋”的效果。

由此，我们终于明白了美国靠赤字、靠国债、靠减税做强的道理了。从1940年之后，除了少数几年外，美国基本年年有赤字，而且越来越大，然而国力也越来越强。

那么，**什么时候要开始逆转靠赤字发展的国策呢？一旦民间投资回报率相对公债利率太低，即是放弃赤字的时候。**

—— 中国做强之路能走多久

本章的分析让我们大致能看清过去西欧、美国，今天中国的国策逻辑，也是日本在明治时期以及自1990年后的经济政策逻辑。发展证券市场特别是长期限资本市场，让政府退出经济管制、放开市场的空间，这是其中的两个关键。

如果中国继续靠国债促进内需增长，以此带动增长，那么这种模式还能持续多少年呢？这当然是个难以回答的问题。**假如中国今**

天占 GDP 21%的国债发生在清朝或任何其他朝代时期，改朝换代可能会难以避免了，但多谢现代证券金融技术，中国实际国力比那些朝代时都强。相对今天美国、日本以及西欧的国债负债水平而言，中国的不算高，还有一些赤字空间。但是，在进一步靠公债发展之前，有必要审视一下今天所处的状况。

第一，据《福布斯》杂志的计算，今天中国人的税负排世界第二，政府财政收入占 GDP 的 20%有余。这个比重看起来跟美国联邦财政收入也占 GDP 的 20%不相上下，但在开支上，美国的财政一多半用于社会保障、医疗保险等福利，而中国的财政开支用途不在这些。牺牲太多民间的致富机会，无异于"杀鸡取卵"。这些年的税收以两倍于 GDP 增速的速度上升，加税不受立法制约，这种税负必须降低。

根据中央财经大学民间金融课题组 2006 年初对 27 个省市借贷利率的调查，全国民间借贷利率平均为 16.4% [1]，其中借方以企业为多，这说明他们的资金使用后回报率至少在 16.4%以上，远高于 4%左右的国债利率。减税让更多的钱留在民间，显然会创造更多财富。

第二，过去二十几年，特别是 1994 年后，相当一部分公债被投到各类形象工程，或者是这些债券融资虽然没有直接投入形象工程，但间接地让政府一些挥霍性工程的上马成为可能，造成了大量浪费。比如，2005 年国家审计署的审计结果表明，部分城市基础设施国债项目（包括污水处理）效果差，城建项目中有许多由于规划不当、管理不善、设备不合格以及工程质量缺陷等原因，存在严重的损失浪费问题。这些项目的投资回报是否赶得上 4%左右的国债利率，显

1　田光宁，《调控背景下民间金融繁荣生存：平均利率 16.4%》，《中国经营报》，2006 年 9 月 10 日。

然是个大问号。

第三，给政府部门更多的钱花，就必然创造更多的贪污腐败机会，也必然导致更多的地区间、城乡间以及社会群体间的机会不平等[1]。特别是在缺乏实质性权力制约、财政预算过程又不透明的情况下，政府开支的分配不可能做到公平、公正。

不同国家以前的不同经历或许可以给我们一些启示。20 世纪 30 年代和 40 年代的民国政府也得到当时快速发展的国内债券市场的帮助，加上对银行的国有控制，让政府能同时发公债、操纵货币，以多种方式解救财政与金融危机，但是，由于军政府权力不受实质性制约，腐败盛行，债券市场帮助民国政府平摊支付压力的能力再大，也无法对冲掉制度缺陷所注定的命运。**1997—1998 年亚洲金融危机期间，许多人把印尼、马来西亚、泰国、韩国遭遇的困境归结到外债，说是这些国家对外债的依赖使它们受重挫。从表面看好像如此，但其根本原因不是它们的外债太多，而是它们普遍缺乏对权力的制度化约束，暗箱操作滋生腐败，政府财政和外债被当权者私用。**

相比之下，美国近 9 万亿美元的国债中，外债约 2 万亿美元，占近四分之一。而且，从国债规模讲，今天日本国债是 GDP 的 170%，意大利、比利时国债都超过 GDP 的 120%，美国国债是 GDP 的 70%。这些国家没有因高额国债或外债而产生金融危机、社会动乱，可是，20 世纪 30 年代和 40 年代的中国、90 年代的亚洲国家，以及过去 20 年里的拉美国家却因国债、外债而频繁出现危机和社会动乱，这是为什么呢?

1　陈志武，《国有制和政府管理制真的能促进平衡发展吗？——收入机会的政治经济学》，《经济观察报》，2006 年 1 月 2 日。

答案还在制度资本上，在对权力的制约以及政府预算过程是否透明上。实际上，不只是当今世界不同国家承受公债的能力千差万别，即使回到历史上也如此。比如，16 世纪、17 世纪时荷兰的国债比西班牙的高很多，1650 年时荷兰国债折合人均 1.6 公斤银子而西班牙国债仅折合人均 0.6 公斤银子[1]，但前者的国债利息在 3%至 5%之间，西班牙在 16 世纪要支付 10%以上的利息，荷兰没有因这种国债而衰败，而西班牙则从 17 世纪中叶开始衰落。18 世纪中叶，英国的国债承受力也远比法国高，前者的人均国债高于法国，但那种高负债不仅没拖垮英国，反而是英国的国债利息只有法国的一半左右，让英国不断强盛。英国以及当年的荷兰的国债融资成本之所以比法国的低一半，其证券市场也比法国更发达，根本原因与 1688 年英国光荣革命之后所巩固的宪政制衡有关，那次革命之后英国王权受到议会的进一步制约，使国王不能随意征税、不能侵犯私人财产，财产税等只能由议会立法。由于议会更能代表社会的利益，并且其立法与决策过程也非常透明，这使证券投资者对政府有充分的信任，因此很愿意买英国的国债，而且要求的利息（融资成本）也不高。相比之下，西班牙、法国的王权不受制约，国王的决策过程又不透明，多次对其国债赖账、拖欠利息，这些都无法让投资者对集权政府有信心，其结果可想而知。由此可见，**一个国家是否能长久靠赤字加国债发展，跟其制度架构分不开。**

我们可能会说，既然中国的制度问题以前就存在，而由赤字带动增长的模式在以前二十几年成功了，那么为什么今后不能再继续呢？——在经济增长的初期，增长的确可以是粗放式、高资源消耗、

1 James MacDonald, *A Free Nation Deep in Debt: The Financial Roots of Democracy*, p.152.

低经济回报，甚至可以充满贪污腐败，但不能总是靠修路、架桥、盖大楼刺激增长，也不能指望社会对贪污腐败总能承受。正如前面所说，如果政府投资回报长期低于公债利率，如果财政被长期用于挥霍性形象工程并为贪污腐败提供基础，那么靠赤字或靠税收支持的财政开支只会是无谓地烧钱，使中国的负债能力快速下降，带来社会动荡。

因此，**中国一方面应该减税，至少应该控制税负的增长，藏富于民，同时进一步让市场真正发挥作用，提高民间创业与投资的回报；另一方面可继续依靠国债促进发展。但是，这两方面都有一个共同的前提，就是政治体制改革必须先行，否则财政赤字和国债的空间就会越来越小，靠赤字发展就没有希望。**

第 7 章

政府有钱不如民间富有

关于自由、民主与法治的财产和金融基础，是“五四”以来的中文文献中所缺少的，在全球金融危机冲击下，我们尤其有必要重新认识自由、民主、法治的财产和金融基础。任何强化国富民穷局面的举措，都是在民主法治的道路上开倒车。

在前面，我们谈到这样一个事实：“如果把公元 1600 年时的国家分成两组，一组是国库深藏万宝的国家，像明朝中国藏银 1250 万两、印度国库藏金 6200 万块、土耳其帝国藏金 1600 万块、日本朝廷存金 1030 万块；另一组负债累累，像西班牙、英国、法国、荷兰、意大利城邦。那么，从 400 年前到 19 世纪、20 世纪，哪组国家发展得更好呢？当年国库藏金万贯的，除日本于 19 世纪后期通过明治维新改变其命运外，到今天还都是发展中国家，而当时负债累累的国家，今天基本是既民主法治，又经济发达。”

几个世纪前的场景今天再次出现，中国以及其他发展中国家外汇储备数万亿美元，而发达国家则负债累累。**在当前金融危机之下，国库富有的发展中国家当然兴高采烈，可是，这次的最终结局会如何？莫非未来还要重演过去数世纪的历史？**

在这种时刻，重新回味上一章以及其中的故事和逻辑，意义具体又特殊。为什么当年负债累累的国家后来良性发展，孕育出民主、自由与繁荣，而政府富有的国家后来却停滞不前，甚至走向衰败？

为什么不管是过去还是现在，一国的民主法治似乎跟其政府负债水平高度相关？借钱花的国家反而比最大化存钱的国家，更能催生出某种制度？“政府总是缺钱”是否成了民主宪政制度的催化剂？“国富”是否反而给掌权者以压制民权、践踏法治的底气呢？

人间之事，有时就是这么不可思议，表面看，国家借钱花好像不好，但是，从更深层思考，或许，不需要借钱花的政府反倒容易腐败专制，毫无顾忌地侵犯民间权利，抑制个人创造力，不思进取，就像富家子弟更容易横行霸道、不思奋发一样。只有当独裁王权或者集权政府的开支总是不够或者刚好够，需要经常借债、与民间讨价还价征税的时候，权力才可能愿意接受约束，权力制衡制度才有机会成为现实，民间的创造空间才能被解放。

民间富有是自由、民主、法治的基础。政府太富有，则可能会挑战民间的空间，挑战民主与法治。

这话怎么说呢？在本章，我们再看美国的故事，不只是今天的美国全球负债第一，美国立国之初就是靠负债幸存下来。——这跟中国各王朝的经历正好相反，历朝之初是国库满满，之后每况愈下，到最后以财政危机终结王朝；而美国立国之初负债累累，之后不断利用债券市场透支未来，而且透支越来越多，可是其国力却越来越强，法治日益完善。

——为什么美国自独立起就必须靠借债

对美国历史，我们一般熟悉其政治史，知道北美十三个殖民地于 1776 年 7 月 4 日宣布脱离英国独立，1787 年的制宪会议通过《美国宪法》，等等，但未必了解美国政府历来是多么穷，未必熟悉金融借贷在美国历史中的支柱作用。

从1607年开始，英国人陆续冒险到北美，先后由独立的股份有限公司建立十三个殖民地，包括今天的弗吉尼亚州、宾夕法尼亚州、马萨诸塞州等。直到18世纪中期之前，英国对这些殖民地除了花钱提供安全保障外，基本是放任不管，也不怎么征税。比如，1754至1760年间，英国皇家军队跟法国连续作战，以保护这些北美殖民地。到1763年，法国在北美、欧洲大陆两个战场上向英国认输，同意把加拿大割让给英国。

乔治三世于1760年登基英国国王，当时他22岁。由于英国在北美、欧洲大陆连续跟法国作战达九年之久，到1763年战争结束时，英国政府面临严重的财政危机。这时，年轻的国王想，北美十三个殖民地享受英国保护一个半世纪，但没有给祖国任何财务支持，该是他们报效祖国的时候了，至少应该交税供养常年驻扎北美的军队。在乔治三世的授意下，英国议会于1764年通过《食糖法》和《货币法》，前者要求十三个殖民地向英国交各类消费品进口关税（包括食糖、纺织品、咖啡和酒），后者禁止殖民地自己发行任何纸币，只能使用英国货币。1765年，议会通过《印花税法》，要求北美殖民地为各类书刊等出版物向英国交税；1767年，通过《汤森法案》（Townshend Acts），要求殖民地为纸、玻璃、茶等日用品交税。

乔治三世的一系列立法和试图收紧控制北美的政策，引发了殖民地居民的反抗，殖民地人在英国没有代表权、投票权，但却要向英国交税？！一些革命组织团体抵制英货、挑战英国军队。1770年3月5日，一群人在波士顿围住一队英国士兵起哄，后来局势失控，发生冲突，英方士兵开枪打死5个当地人。这就是著名的波士顿屠杀案（Boston Massacre）。屠杀激发了殖民地的愤怒，压力之下，英国议会同年废除《汤森法案》，但保留对茶叶征税。

1773 年，英国议会把北美殖民地的茶叶贸易垄断权授予英国东印度公司。当年 12 月，一群革命人士假装为印第安人，登上三艘停留在波士顿港口的东印度公司茶叶运船，炸开 340 个货箱，将大量茶叶扔到海里。这就是著名的"波士顿倾茶事件"。那次标志性事件使北美殖民地跟英国的矛盾大大升级，逼着英国政府下决心进行整治。

接下来，英国议会在 1774 年通过四项新法，统称为"不可容忍法案"，命令皇家海军封锁波士顿海港，要求波士顿政府全额赔偿所倾茶叶，禁止马萨诸塞各地的群体集会，宣布英军可以随意住进殖民地老百姓家里，等等。对马萨诸塞的居民来说，这些法案当然是火上浇油，北美殖民地老百姓也都被激怒了。随即，第一届大陆会议成立，呼吁殖民地百姓武装组织起来，共同与英国作战。

为整治叛乱，英军到处查探民兵练习地和武器库。由于听说波士顿远郊的莱克星敦镇是革命者基地并藏有大量武器，1775 年 4 月 19 日，英军派出千余士兵赶往莱克星敦镇，结果与殖民地民兵组织发生冲突，打响美国独立战争的第一枪。随后，其他殖民地的自发武装团体闻讯也迅速赶来支援。双方增兵两个月后，6 月 19 日展开一场大战，英方伤亡一千多士兵，殖民地一方死亡五百余名。

独立战争就这样开打了。1775 年 6 月，第二届大陆会议选举华盛顿作为大陆军总司令，正式与英军作战。为了避免战争对波士顿伤害太大，1776 年 3 月 17 日，华盛顿迫使英军将战场往南转移到今天的纽约市周围。

1776 年 7 月 4 日，华盛顿的军队汇集在纽约曼哈顿南端，而英国皇家海军正在调集一百多艘战船、三万多正规军，准备集中攻打守在曼哈顿、几乎没有受过正规训练的一万名大陆军，而且华盛顿的大陆军没有任何战船。可以想象，这种不对称实力是如何打击华盛顿军队的士气。好在那天，华盛顿得到第二届大陆会议宣布美国独立的消息，让其军队多少得到及时的鼓舞。尽管如此，8 月 27 日，皇家海军轻而易举夺下曼哈顿边上的长岛，大陆军惨败。之后，华盛顿采取边退边打的游击战办法，开始了跟英军长达四年、辗转南北的拖延战术。

实际上，宣布独立不久的美国，最大的挑战并不在同英军作战的战场上，而在经费的来源上。起初，第一届大陆会议考虑过在各州征税，但是，怎么能在当时美国的十三州征税呢？美国独立的起因就是由于英国对他们征税失控，这一背景决定了美国独立战争以及之后政府的开支不能靠大规模加税来弥补，试想：如果新成立的政府也要大量征税，那为什么还要独立？

当时，十三个州的政府本身就很小，没什么税收，没有政府军队，更没有州政府财产或者“国有企业”。美国中央政府又不存在，是真正的白手起家。所以，各届大陆会议只能靠印纸币、借债来找到财务支持。这就是为什么美国从立国之初，就要靠金融和债务市场。

但是，那时期美国不仅没有联邦政府，更没有收税机构或中央银行，“大陆币”、战争债难以有市场。在 1776 至 1788 年间，大陆会议政府不断出现经费困难，几次让独立运动濒于破产，差点使北美重回英国怀抱！

具体来说，独立战争开支主要依靠以下来源：第一，由政府发行“大陆币”，在 1775 至 1780 年间共印了 37 次“大陆币”；第二，由大陆会议政府发行债券，尽管谁都不知道那些债务将来靠什么偿还；第三，十三州的份子贡献，由各州自己发行战争债提供；第四，从法国借来的贷款；再就是给士兵、供货商写欠条。

1775年6月3日，大陆会议授权发行首批公债，融资600万英镑，用于买军火。但是，那时的独立运动激进派，主张以发行“大陆币”纸币为主要战争融资手段，他们的计划是，如果钞票太多导致通货膨胀，大陆会议政府可以强行禁止民间涨价！——这种偏好很好理解，如果开动印钞机就能有钱花，谁还去发债券融资？这种一边印纸币、一边禁止涨价的做法，短期效果还可以，只是长期难以持续。

可是，仅发行“大陆币”还不行，由于当时的军火是从欧洲买进，欧洲不太认“大陆币”，所以，独立运动必须有国际认可的通货才能买军火。为此，他们必须发债券融资。一般的做法是，债券发行时以黄金、白银、英镑等国际通货购买，而后政府用“大陆币”或者“大陆币”票据支付利息、偿还本金。

1776年10月3日，大陆会议政府发行第二批债券，年息4%，面值共500万“大陆币”。为了发行这笔债券，他们在各州设立“大陆借款办公室”（Continental Loan Office），专门负责政府债的销售和之后的利息支付服务。这等于是美国最早遍及全国的投资银行销售与服务网，是现代证券市场的雏形。他们采用各种手段推销。比如，1776年11月，十三州的大陆借款办公室出售了大量彩票，中奖者得到的不是现金，而是一些年息4%、期限3年以上的公债。通过彩票销售为独立战争借债融资，头几年很成功。

只是到1780年下半年，政府债已经没人买了；各州也弹尽粮绝，不愿再发债奉献了；大多数士兵的服役期到年底就结束，不愿继续接收欠条作军饷。在战场上，华盛顿的军队到那时，几乎看不到胜利的希望。眼看着大陆军要失败，几乎没人再愿意接受“大陆币”，多印钞票已经不再有出路。

独立运动快要夭折之际，华盛顿派助理前往法国，成功说服法国国王再借 250 万法国金币给美国。贷款没到之前，这一消息让后来成为美国第一任财政部长的亚历山大 · 汉密尔顿先将其做抵押，通过贷款立即得到救命钱，让大陆军维系到 1781 年 9 月。最终，在法国海军的支持下，大陆军于 1781 年 9 月在南方港口城市约克镇（Yorktown）打赢了关键一战，迫使英军投降，从此扭转独立战争的局面。1783 年 9 月 3 日，英国签署《巴黎条约》，承认美国独立。一个年轻国家就这样靠举债存活下来。

由于美国独立运动的特殊背景，整个战争不能靠征税支持，各州政府又很穷，所以只能靠借债。在连大陆会议政府、十三个州政府自己都不知道未来靠什么收入来还债的情况下，独立运动居然能从 1775 至 1780 年的六年时间里连续发债，这当然是奇迹。如果没有美国本土私人投资者、法国与西班牙国王、荷兰投资者的债务支持，今天我们熟悉的美国可能根本就不会有，金融就是这样影响历史的。

—— 大量债务逼着美国发展资本市场

1783 年独立战争正式结束，但是，建国的挑战却刚刚开始。中国以往改朝换代时，新政权总能从原来的朝廷缴获藏在宫廷的金银财宝、地产，掠夺一些私人家产，或者没收地主、资本家的财产，等等。可是，美国成立时，英国人没有留下任何财宝，新政府真穷。就在《美国宪法》签署的 1789 年，也就是在清朝国库存银 6000 多万两银子的时候[1]，美国政府的外债和内债是如此之多，不管从哪种意义讲，已是一个破产的国家。当时政府税收极少，维系债务的唯一办

1 郑备军，《中国近代厘金制度研究》，2004 年。

法就是以新“借条”还老“借条”。

如果说今天的全球金融危机是因美国联邦政府、地方政府、企业、家庭写“借条”太多，债务泛滥而产生的，那么，1788 年时，美国货币、贷款、债券种类并不比今天少太多，仅各类战争债、州政府债、社区债所用到的支付货币就五花八门，有以“老大陆币”、以“新大陆币”、以墨西哥银元、以西班牙银元、以英镑为支付货币的，有的债券干脆就没注明以什么货币支付。整个金融市场一片混乱，许多债券的价格不到其面值的 10%，基本无人问津，商品市场也难有秩序。这种乱局严重影响人们对美国前景的信心，挑战新合众国的命运。

怎么处理这些公债，让新合众国站起来呢？早在 1781 年，独立运动的第一位行政长官——财务总长（Superintendent of Finance）罗伯特 · 莫里斯（Robert Morris）就做过努力，特别是在那年 9 月大陆军打赢约克镇关键一战、迫使英军投降之后，他知道，如果大陆会议政府不把这些战争债处理好，美国必然重新亡国。莫里斯当时研究过英格兰银行的兴起对英国崛起的贡献，很熟悉债务可以变成通货、变成社会财富载体的道理。

关于如何处理战争债问题，当时的大陆会议议员中有两派。一派以保守的农场主为主，他们认为，应该把这些战争债通过多印纸币一次还清，也就是，用通货膨胀的办法推掉战争时期欠下的公债，变相让老百姓、外国投资者一次分摊这些债务负担。当然，这样做的风险是，老百姓和债券持有者会暴动，独立运动的命运会终结。

但是，莫里斯代表的一派不想这样，他认为，这么多的债不可能，也不应该一次付完，而是通过政府持续征税、按季度付利息，将这些债券和票据长期延续下去。这样做的效果是，让这些债权所代

国会大厦穹顶画 *The Apotheosis of Washington* 中的一部分，表现莫里斯从墨丘里手中接过一袋子金币，纪念他为独立战争在财政方面做出的杰出贡献。图片来源：美国国会图书馆

表的是获取未来定期的固定收入流的权利，让它们成为金融投资资产，也就是让债权成为流动起来的资本[1]。在莫里斯看来：第一，为了每季度付利息，联邦政府必须在各州征税，没有任何东西比经常性的税赋更能将各州凝聚在一起，筑起一个团结一心的新合众国；第二，税赋能提醒每位公民，要关心国家公共事务、关心政治，因为这涉及他们自己的切身利益；第三，债务一方面是负面的负担，是不好的，但另一面代表的则是“信用”，代表着流动的价值（未来收入流的价值），所以，如果不付完这些公债，社会中的流动性不是更多、更有利于经济增长了吗？保留这些公债反而更有益。

莫里斯估算了一下，如果不一次还清战争债，大约每年需要付利息 200 万美元，按当时的国民收入计算，这是一笔大钱。1782 年 7 月 29 日，他向大陆会议提交一份议案，建议为了支付这 200 万美

1 Udo Hielscher, *Financing the American Revolution*, Museum of American Financial History, 2003, p.43.

元的年息，在各州推出四种税：进口税、土地税、人头税、饮酒税，各贡献 50 万美元。可是，由于农场主派的反对，加上独立战争结束后政府再发债的必要性暂时消失，更何况没有人愿意多加税，莫里斯的议案在大陆会议中拖了一年多也没通过。1784 年 11 月，莫里斯辞职从商[1]。

莫里斯 1783 年的议案未能通过后，债务负担一直困扰着美国。1789 年各州签署《美国宪法》，正式成立美利坚合众国，国会选举华盛顿为第一任总统。随即，华盛顿任命亚历山大·汉密尔顿为美国第一任财政部长，他的首要任务是对付巨额公债。这种“穷政府”或说“已破产政府”的局面，使得华盛顿和汉密尔顿不可能表现出“权力傲慢”，而是必须讨好老百姓，尊重民众权利，赢得金融市场的信任。

1790 年 1 月，33 岁的财政部长汉密尔顿，向国会递交一份债务重组计划，要求按面值 100%兑现在 1788 年宪法通过之前发行的所有公债，包括联邦与地方政府发的各种战争债、独立战争军队签的各类借条，所有债务由联邦政府全额承担。为了实现承诺，联邦政府发行三只新债券，头两只债券年息 6%（一只于 1791 年 1 月开始付息，另一只到 1801 年才付息），第三只债券只付年息 3%。换言之，由这三只可以自由交易的债券取代原来五花八门的战争债，大大简化新国家的债务局面。

今天来看，汉密尔顿的债务重组举措，好像只是一种简单的债务证券化运作，但是，他的天才创新在于，这三只债券埋下了纽约证券交易所，也就是“华尔街”的种子，因为这些债券从 1790 年 10

1 Udo Hielscher, *Financing the American Revolution*, p.45.

亚历山大·汉密尔顿（Alexander Hamilton，1757—1804）是美国的开国元勋之一，宪法的起草人之一，财经专家，是美国的第一任财政部长。在美国金融、财政和工业发展史上，占有重要地位。图片来源：美国国会图书馆

月上市交易后，加上次年由汉密尔顿推出的“美国银行”（Bank of the United States）股票，立即将市场的关注聚焦在这四只证券上，强化价格发现机制，提升流动性，集中展现市场活力。换句话说，原来的成百上千种债券、借款条即使能够换手交易，由于种类太多、条款各异，无法形成证券市场气候，市场活力做不起来，证券价格自然不会高，流动性也会差。但是，把市场注意力集中到四只证券上后，情况就大为不同。

比如，这样集中之后，更方便外国投资者认购。到1804年时，53%的美国政府公债是由西欧投资者持有（所以，不只是今天的美国公债主要由中国、日本等外国投资者持有！），美国银行62%的股份在外国投资者手中[1]。

被称为“美国金融之父”的汉密尔顿继承了莫里斯的金融思路，其创举的意义在于，让这三只债券成为反映美国未来前景的晴雨表，债券价格就是市场对美国未来的定价。汉密尔顿承认所有战争债的承诺，振奋了市场对美国未来的信心，使这些债券价格随即猛涨，到

1 见 Richard Sylla, Jack Wilson, and Robert Wright, “Integration of Trans-Atlantic Capital Markets, 1790–1845”, *Review of Finance*, Volume 10, 2006.

1791 年底债券市价甚至超过面值！从此美国资本市场一发不可收拾，投资与投机交易都很活跃。1803 年，美国政府通过向国内外投资者发公债，融资买下路易斯安那，使美国领土面积翻倍，等等。证券市场就这样为美国的成长服务，为之后的工业革命、科技创新融资效劳！

——政府穷、民间富催生民主与法治

美国的起点是政府穷、民间富，逼着政府求助于金融债券、求助于民间税赋。西欧民主国家的兴起也大致如此。除了法国等少数国家外，欧洲城邦历来没有强势、富有的政府。像荷兰、意大利城邦国家，在经历中世纪后期连续不断的战争之后，城邦政府基本都负债累累，是典型的“政府穷民间富”社会。那段时期，政府的战争融资需要也是推动债券市场最先在意大利城邦和荷兰发展的主因。

英国跟法国的经历形成极有意义的反差。虽然英国王室在 17 世纪英国革命前就逐渐出售皇家土地，但是，即使到英国内战开始的 1642 年，皇家家产收入以及一直以来的税收还是不少。但是，1642 至 1649 年的长期内战消耗了皇家资源，到 1649 年查理一世国王被送上断头台、英国共和国成立后，皇家土地又被没收并低价出售。等到查理二世国王于 1660 年回到英国、重新登基时，皇家土地所剩无几，自己的收入已无法支持皇家日常开支，更无法供养其军队，皇家很“穷”了！在这种情况下，英国议会通过法案，今后每年由议会从政府税收中拨款 120 万英镑，供皇家自用，但是有几个条件：第一，政府征税权必须由议会控制，国王无权决定；第二，议会有权每年审查皇家的开支情况，包括战争开支以及其他日常开支；第三，皇家新增开支项目，必须经过议会的程序。这样，在皇家所代表的

“国家”与议会之间，有了相互制约的权力架构。

有意思的是，尽管皇家的经费在1660年后受到议会的监督，到17世纪80年代初，查理二世的财务状况又出现膨胀。通过节约开支、改善收税机制，皇家金库照样能累计增长！1685年查理二世去世，由其兄弟詹姆士二世继位。皇家财大气粗之后，王权又不断膨胀，詹姆士二世国王随即解散议会，将权力集中于自己手中。这就为1688年的“光荣革命”制造了前提，当年，英国人求助于荷兰王子威廉三世，请求他与妻子玛丽（詹姆士二世的女儿）回英国，之后，他们来到英国，逼着詹姆士二世逃亡法国，威廉三世与玛丽此后登基为英国的国王和王后。作为让威廉三世继承王位的条件，英国议会要求威廉三世签署《人权法案》（Bill of Rights），保证国王不会侵犯公民权利，也要求他签署其他法律，保证王室不会废除议会通过的法律、征税权继续由议会掌握、皇家召集军队必须先经过议会、公民有权拥有枪支武器、公民有言论自由，等等，这些法律奠定现代英国自由与民主制度的框架。

当然，还有就是，皇家的开支继续由议会支配。光荣革命之后，英国政府的开支增加，而老百姓的税赋已经足够高。在皇家财产不多、税收增长又有限的情况下（“穷政府”），国债成为英国发展的必需。1693年，英格兰银行成立，其核心任务是帮助政府发行国债，但国债的决定权由下议院掌握，而不是由国王控制[1]。英国的自由、民主、法治，就这样跟“穷政府”加国债金融市场相伴为孪生兄弟，同步发展。

法国的早期经历跟英国的相反。在光荣革命之前的一个多世纪，

1 Richard Pipes, *Property and Freedom*, Knopf, 1999, p.150.

英国皇家不断出售土地，使其自身越来越“穷”，随后被迫受制于议会的财务控制。法国的传统则不同，国王登基时，必须宣誓无论如何不会出售皇家土地，于是，土地财产收入和税收加在一起，使法国王室从 14 世纪到 17 世纪一直是欧洲最富有的王室[1]。也正因为王朝太富，不需要通过议会这样的民意机构为其征税创收，跟同期其他西欧国家比，法国的议会制度在 14 世纪至 16 世纪发展缓慢，以至于到 18 世纪末法国大革命前，其王权专制程度胜过西欧其他国家。甚至到今天，法国文化对政府集权的认同和向往程度仍然高于英国、荷兰甚至德国。

——国富民穷必然威胁民间权利

从美国、西欧与政府富有的其他国家的不同经历中我们看到，**自由、民主、法治跟财富在国家与民间之间的配置结构有着很微妙的相互关系，可以说，自由、民主、法治对金融市场呈现出明显的依赖。**

第一，国库钱越多、朝廷银库越满，国王、皇帝肯定能专制，而且也会更专制，因为他们不需要靠老百姓的钱养活，不需要向金融市场借钱；相反，越是朝廷或政府负债累累的国家，其国王、政府就必然依赖老百姓交税，有求于百姓，财务约束最终能制约王权、促进民主与规则的发展。所以，民主的国家不能拥有财产、拥有经营性企业，至少不能有太多国有企业，而是让政府靠税收运作，政府靠每年的税收才能有钱花。那么，是不是征税越多越好呢？当然不是，税要少到刚好能支持国家的经常性开支，包括维护社会秩序、保障社会

1 Richard Pipes, *Property and Freedom*, p.154.

的基本生活安全、保护私人财产、维护契约权益、维持市场秩序的开支的程度。那么，如果出现天灾人祸、战争、经济危机等，这些非经常性、长期公共项目开支怎么办呢？这就需要金融市场的支持。政府通过发行国债，特别是公债，把这些非经常性开支平摊到未来许多年，由未来每年的税收补充。

也就是说，**国富民穷必然迫使老百姓为了生存而求着政府，当饭碗都控制在政府手里，民权与法治会只好让位给权力**。在朝廷富有的国度里，政府不需要发国债，金融市场当然也没必要发展，这就是中国、印度这样的传统社会的过去。相反地，如果是政府穷民间富，政府有求于民间，政府权力只好让位于民间权利。由于在这样的国度里政府不富有，所以，税收不够用时，就必然求助于金融借贷市场，包括债券市场。于是，金融债券市场是民主法治的孪生兄弟，同在近代兴起，彼此相依。

第二，就如当年美国三只国债所表现的，国债的存在与交易给市场提供了评估政府政策与制度优劣的具体工具，通过国债价格的上涨下跌，立即反映市场对国家未来的定价、对具体政策与制度的评估。只要国家的负债足够高、只要继续发债的需要还在，国债价格的下跌必然逼着政府对其政策或法律制度做出修正。公民投票是民主制度的重要形式，但投票无法天天进行，而证券市场对国家的监督、评估、定价却是每时每刻的！所以，公债市场对政府权力的制衡既连续，又具体。美国和英国的兴起过程如此，其他西欧国家的经历要么也如此，要么就被金融市场所教训[1]！

---

1 James Macdonald 在 *A Free Nation Deep in Debt : The Financial Roots of Democracy* 一书中，对金融市场如何推动、支持民主制衡有更多论述。

关于自由、民主与法治的财产和金融基础，是“五四”以来的中文文献中所缺少的，从人文社会和政治理念的角度谈自由、民主与法治当然重要，是基本启蒙，是社会觉醒的必要。但是，在全球金融危机冲击下，从中国到美国、到其他发展中国家，各国政府又在将企业国有化、强化政府对资源的控制。在这种时候，我们尤其有必要重新认识自由、民主、法治的财产和金融基础。任何强化国富民穷局面的举措，都是在民主法治的道路上开倒车。为了中国的民主法治，国有资产应该被民有化、以平等分配的形式分回给全国民众，而不是利用金融危机强化国家对各种财产和资源的所有权。

民富是自由、民主与法治的基本条件。有利于催生民主法治发展的格局包括许多方面，其中之一是“政府穷民间富”以及国债金融市场。“政府穷民间富”并不必然导致民主法治，但是国富民穷必然威胁民间权利。负债累累的政府是一个权力难以扩张的政府。负债、债券市场、征税、纳税人，这些都是构筑民主宪政的砖瓦。

第 8 章

中国人的理财前景

不管你的财富有多少，理财的问题是每个人都无法回避的，保值、增值、养老、保险、在未来和今天的钱之间做合理配置等，这些是每个人都要考虑的现实问题。那么，该如何管理财富呢？今天的理财手段跟过去有什么差别？

从表面看，财富管理即关于财富创造成功或者把未来收入变现之后如何理财的问题，似乎再简单不过，在一个人拥有财富之后难道理财还难吗？其实，中国的俗话“富不过三代”，本身就说明，理财之道远非表面看上去那么简单，否则，怎么会“富不过三代”呢？不管是对已成功或者是未来会成功的创业者，还是对基金管理、理财业者，增进对现代财富管理的理念和工具的了解，无疑都是很有必要的。

发财致富当然是人类永恒的话题。到今天，人类创造财富的能力确实登峰造极。按照法国凯捷公司（Capemini）与美国美林公司最近的统计，2006 年个人净金融资产超过 100 万美元的富翁在全球范围内有 870 万人，比十年前翻了一番，共拥有财富总值 33.3 万亿美元。

多数人的财富当然没有这么多，但是不管你的财富有多少，理财的问题是每个人都无法回避的，保值、增值、养老、保险、在未来和今天的钱之间做合理配置等，这些是每个人都要考虑的现实问题。那么，该如何管理财富呢？今天的理财手段跟过去有什么差别？

——过去的财富载体

不管是在古代还是近代，百万美元对于任何人来说都会是不能想象的天文数字，更不用说上亿美元。比如说，在晚清时期的山西票号应该能反映当时中国富有阶层的财富水平，到19世纪末票号的资本金一般不超过二三十万两银子，1879年有名的蔚泰厚票号资本总额为119500两，分属22名股东，1883年时资本总额为7万两，分属9名股东。账局的资本值则更少，即使到20世纪初，一般只在二三万两银子左右。那时的富人也就这么回事。

在800年前的蒙古部落时代，虽然成吉思汗能征服中国、中亚以及中东，但游牧民族以流动放牧为生，没有固定的土地财产、房产，更谈不上股票、债券、基金、保险、对冲基金、创投基金等这些证券化了的财富载体。即使有了这些证券投资品种，游牧时代的生产力也无法高到让人们有任何剩余财富积累，当然谈不上有什么财富管理问题。当时，蒙古游牧人的财富是以马和女人的数量来衡量，财富载体很原始。那个时代，人的生活真是过一天算一天，顾不上为明天的风险和生活需要而理财了，他们只能依赖部落和家庭这些社会组织来达到规避风险、实现经济互助的效果。

随着人类进入农业社会，从被动的游牧采摘转变到在同一块地重复种植，特别是由于家禽的出现，人们的食物供给一下子从被动变为主动，生存的挑战一夜间发生突变。这样一来，生产力上升了，财富积累速度加快了，这同时使土地的价值也大大增加，并成为自然的投资品种和主要的财富载体。农业社会开始有财富管理的问题，有保值、增值这类挑战。但是，以中国为例，直到150年前，富农也好，中农也好，他们能挑选的理财工具非常有限，买土地出租、放贷、盖房置业、参股合伙企业，或者投资从事商品贩卖，不外乎这五种投资方式。由于农业社会的法治往往不发达，产权保护与契约保障体系不可靠，这些可行的财富载体基本以有形的实物为主，而不是以金融契约为载体，这当然限制了投资品种的流动性和投资规模。另外，投资交易的范围也基本不超出亲戚朋友和同乡的范围。因此，**农业社会的理财空间很小，增值保值的机会也相当有限。即使有很多钱，也很难增值保值。**

特别是过去周期性的农民革命，还有社会的仇富心理，从根本上让人们不敢大胆地去投资增值，宁愿选择将财富以金银通货藏在家里、埋在地下。

—— 今天的理财工具

从农业社会过渡到工业社会，带来的不只是工业技术和加快了的财富创造速度，使二十几岁的年轻人就能成为亿万富翁，而且也带来了金融技术革命，财富载体日益丰富，理财手段也发生了根本性的变革。到今天，除了大家熟悉的股票、政府公债、企业债、项目债、银行存款、黄金、商品、房地产、土地、企业创业之外，还有开放式基金、对冲基金、私人股权基金、创投基金等等，以及人寿年金、人寿保险、财产保险、医疗保险、汽车保险等等金融品种。有境内人民币品种，也有相对应的港币、美元品种，等等。这么多的选择当然令人眼花缭乱。理财本身已是一种专业化的学问，但这些丰富的选择已从根本上改变了人类的整体福利，使我们每个人能够更好、更巧妙地规避未来各种可以预见和不可预见的风险，使我们的生活更加体面，让个人更加自主，使我们通过金融投资的合理配置令自已一辈子的自尊达到最大化。

金融技术革命早于工业革命，但受到1780年开始的工业革命的进一步推动。意大利文艺复兴之前的欧洲，货币技术要落后于中国，比如，中国在宋朝即发明了纸币。但是，在证券类金融技术上，中国则落后700多年，直到19世纪末期，才出现股票市场以及更后的债券市场。

在投资品种方面，如前所述（参见第四章），13世纪中期开始，威尼斯政府推出了被称为“Mons”的长期债券基金，并将该基金的份额按股份证券的形式分售给投资者，这种股份的意大利文称作“Prestiti”，它可以在公众市场上随便交易，一时间成为西欧人特别欢迎的投资理财品种，它也成为现代股票市场、债券市场以及公众基金的前身。

政府以未来多年的税收做抵押向大众发行公债这项证券技术，13世纪至14世纪开始从威尼斯、佛罗伦萨和热那亚往西欧其他国家传开，为老百姓提供了多种固定收益债券投资和保险品种。

随着债券市场在16世纪的进一步发展，期货和期权交易开始在比利时的安特卫普证券交易所、荷兰的阿姆斯特丹交易所出现。

相对于债券交易市场，公司股权市场发展得较晚些，关键的一点在于外部股东对公司的债务责任是否有限。如果一个企业的所有股东对企业所欠债务都享有无限责任，“老子还不了，儿子还；儿子还不了，孙子还”，那么，除了参与日常经营的公司管理者之外，可能没有几个人愿意入股。换言之，在企业股份成为外部投资者愿意选择的证券投资品之前，股份所包含的必须是有限责任并可随意转手，否则除管理层的亲戚朋友外没人愿意做外部股东，因此，支持有限责任的法制体系必须跟上。传统的合伙企业股份都是无限责任，这也说明为什么以前的合伙股东一般都是亲戚朋友，亲戚关系让投资方和用资方彼此对于潜在的无限责任不至于太担心，但这也限制了个人的创业投资范围，让人们只能在本地、本族的范围内投资创业，十分不利于个人的理财安排，限制了财富载体的选择空间。

在12世纪的佛罗伦萨和威尼斯，首先出现了现代股份有限公司的雏形。这种不同于合伙企业的公司形态叫作“compagnia”，相当于英文“company”（公司）的意思。这种公司的股东分“有限”和“无限”两种。可是，那些早期意大利公司的股份是不能在大众市场上交易的，其流动性非常有限。

如第四章所述，现代股票的出现最早应该是英国于1555年创立的“莫斯科公司”。其后出现“弗吉尼亚公司”、“马萨诸塞公司”、“非洲公司”，等等。到了1599年成立的英国“东印度公司”，才算真正获得成功。

第一个向公众发行的现代股票基金，是1924年在美国创立的“麻省投资者信托基金”（Massachusetts Investors Trust），一年之后其投资者增至200人。到1951年时，全美的共同基金数量差不多为100家，持有基金股份的人数为100万左右；到1960年初，全美共同基金数为155家，所管资金共158亿美元；十年后，基金数目增至269家，共管资金483亿美元；到1980年初基金总数为524家，共管资金945亿美元；到今天，美国的开放式基金数超过1万家，所管理的资金超过10万亿美元。

对冲基金的发展历史更短。虽然索罗斯的“量子基金”并不是第一家对冲基金，但1968年成立的“量子基金”的确为对冲基金获得广泛认同和知名度贡献非凡。从1968年成立到2000年4月关闭的31年间，“量子基金”平均年回报率超过30%。如果在1968年成立时将1万美元放入该对冲基金，那么到2000年4月时，则变成了4200万美元。这一过程中，其创始人索罗斯的财富当然也激增到70亿美元。有了像“量子基金”、“老虎基金”这些成功故事之后，20世纪80年代和90年代对冲基金行业也逐渐增长，到今天，对冲基金的数量已不低于8000家，所管理的资金达到1.5万亿美元。

——中国理财前景

人类在过去几千年的“致富”努力，到今天真是成功至极，不仅个人创造财富的能力空前，而且通过证券金融的发展，人们能轻易将未来收入流提前证券化，变成现金，从而让我们今天手中的钱不仅包括过去积蓄下来的收入，也包括将未来收入提前变现得来的钱。于是，今天世界上的流动财富或者说“钱”的确是达到前所未有的水平，证券金融的发展使“钱”的供给大大上升。手中有这么多流动财富之后，理财的机会与挑战也同时出现：这么多“钱”往哪里投？

好就好在正如我们前面谈到的，经过过去800年的发展，世界上的金融证券、基金和保险品种已是成千上万，真正的金融超市在全球范围内已经形成。

那么，今天中国家庭的理财投资组合如何呢？根据2001年中国人民银行对50个大中城市家庭的金融资产结构的调查，中国家庭大约84%的流动资产投在银行储蓄账户上，8%在股票，6%在债券，2%在各类保险上。相比之下，美国家庭大约23%的流动资产投在银行储蓄账户上，70%在股票（包括退休金、基金投资），5%在债券，2%在各类保险上。由此可见，**跟美国家庭相比，中国家庭的资产结**

1999年初，股市上扬，相关图书市场也被拉动，北京图书大厦内《证券知识读本》1个月售出近2000本，工作人员介绍说这种书以前每月只能卖几本、十几本。赵亚鸣摄/供图：CFP

构非常不利于升值（因为股权型投资太少），也不利于规避未来风险（因为保险和退休金投入比例还太低）。这种差别当然跟总体金融发展水平相关，但也跟人们对理财的认识程度有限不无关系。正因为这样，专业的理财服务就更有必要了。

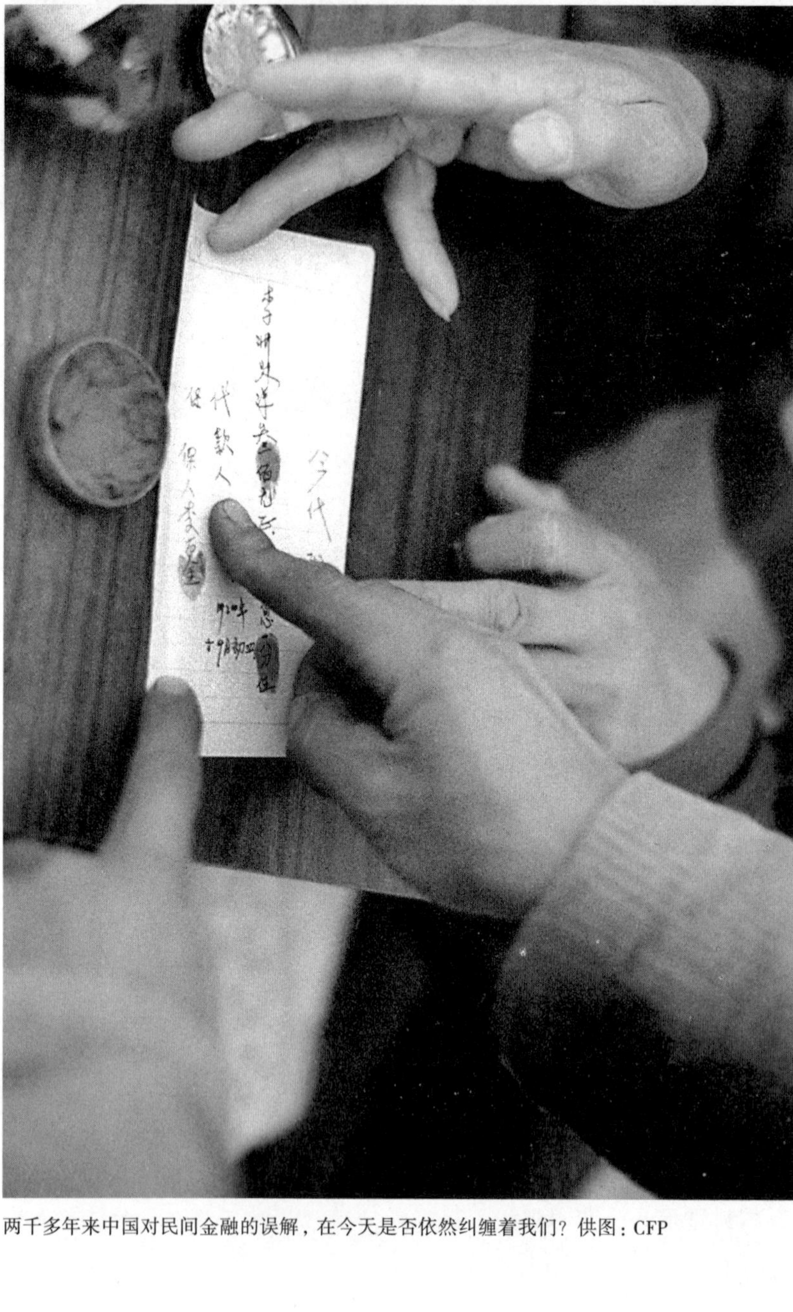

两千多年来中国对民间金融的误解，在今天是否依然纠缠着我们？供图：CFP

第 9 章

反思高利贷与民间金融

为了解决高利贷问题，最好的办法是什么？从 20 世纪 50 年代初开始，我们的做法是禁止所有的民间借贷，由国家全面垄断金融借贷，把任何民间金融机构都宣布为非法。这是不是最好的选择？

这些年来，“区域发展战略”越来越时髦，西部大开发、东北振兴，还有现在热门的“中部崛起”等等，都希望通过调动国家资源来重点发展某些区域。这些用意当然是好的，可是，即使抛开这种“区域发展战略”对不在战略区域里的中国公民是否公平这一点不管，仅从其做法上看也值得进一步思考和商榷。

以往的“区域发展战略”意味着“由银行贷款几百亿、几千亿做几个大的标志性项目”，这些大项目当然能增加几千甚至几万人的就业，通过辐射效应让数量更多的人增加收入。但是无论如何，这种项目不能影响到千百万个在县城和乡下生活的老百姓，他们很难从几个大项目中得到有真正意义的辐射效应。相比之下，如果放开民间金融并发展各类小额金融品种，不仅能让各地像浙江那样调动好社会自有的资源，而且能为更广泛的老百姓家庭提供更好的致富机会。

那么，为什么到现在还不能放开民间金融呢？其中非常重要的一个原因是观念问题，它来自以往对至少有两千年历史的中国民间金融的误解。比如，**长期以来，过度意识形态化的渲染使我们普遍认为高利贷是一个和“剥削”相等同的概念，放贷者自然地就是剥削**

阶级或恶棍、黄世仁。于是，我们轻松地得出结论：消灭高利贷的办法是打倒放贷者，是禁止民间金融。

为了重新释放民间金融对区域经济发展的能量，并让“地下钱庄”从“非法”走向“合法”，我们有必要从根本上反思以往关于高利贷的观念，有责任从一个更理性的角度回答如下两个问题：第一，为什么高利贷会形成？对此，一个不假思索的回答可能是“放高利贷的人不道德”，这当然也是一种回答，事实或许也是如此，但我们不能停留在这个答案上；第二，**为了解决高利贷问题，最好的办法是什么？从20世纪50年代初开始，我们的做法是禁止所有的民间借贷，由国家全面垄断金融借贷，把任何民间金融机构都宣布为非法。这是不是最好的选择？**

——什么是“高利贷”

经济史学者通常会按照如下方式定义高利贷：选定一个“我们觉得合适”的数字，比如20%的年利率，然后把年利率超过20%的任何借贷定义为高利贷。这样的定义从字面意思上看并没有错，因为超过20%的利率的确比较“高”。但是在中国的传统语境下，“高利贷”这个概念往往跟负面的意识形态连在一起，如果按照上面的定义，我们就会把所有超过20%年利率的借贷都认定为“坏的”。这种定义完全不顾借贷市场的资金供求状况和契约执行环境、不顾通货膨胀率的高低，完全出于局外人的主观愿望。

我所看到的第二种定义是历史学家方行在他发表在《清史研究》1994年第3期的文章中的解释：“高利贷资本和商业资本的收益，属于高收益还是低收益，都会自然地同封建地主的土地收益相比较，并会以后者作为衡量准绳。”这种定义的意思是：如果土地投资收益很高，比如是30%，那么借贷利率即使为30%也不算不合理。如果我们对股票市场比较熟悉，就会知道这种定义方法相当于把上市公司的净资产收益率作为判断“资本回报率多少算合适”的参照点，但是，股票的实际回报率和净资产收益率的差别可以非常大，两者可以背离很多。因此，虽然这种定义比第一种要好一些，但仍然有缺点。如果只以同期同地的土地收益作为利率的参照系数，那就没有把由于投资者和经营者间的信息不对称而导致的各种交易风险以及由此所要求的交易风险溢价包括在内。此外，土地本身的价值也是波动的，具有真实风险。投资所固有的真实风险和交易风险要求放贷者应该得到超过土地收益的借贷利率。

所以，更好的定义不仅要考虑到生产性资本或者消费性资金的收益率，还应该包括借贷市场投资回报本身的风险性，以及不同的投资品种给投资者带来的风险差异。当我们界定借贷的合理利率时，不能以诸如20%的个人愿望作为标准，还要考虑投资风险和债务交易契约的执行风险。特别是在中国目前以及以前的执法水平低下、产权和契约保护不可靠的社会环境下，投资者因交易风险所要求的风险溢价使得合理的利率水平大大提高。

—— 为什么各省的金融发展水平差别这么大

那么，**高利贷到底是怎么形成的？为什么有的省和有的国家金融很发达，利率并不高，而另一些省和国家则有极高的借贷利率存在？**让我们看看中国历史上各省份的高利贷和经济发展的一些具体状况。

我们来看看1934年民国政府中央农业试验所对当时全国22个

表1：1934 年部分省份的民间借贷利率的分布情况

	各种借款利率占各省样本之百分率（年利率）						
	10%—20%	20%—30%	30%—40%	40%—50%	50% 以上	平均利率	利率高于 30% 的借贷占总样本的比率
宁夏	0	0	28.5	14.2	57.3	49.6%	100%
陕西	0.9	6.6	29.3	12.2	51	47.1%	92.5%
河南	1.2	10.8	52.8	19.2	16	39.3%	88.0%
贵州	0	15.2	65.5	12.9	6.4	36.2%	84.8%
山西	2.6	17	40.6	27.6	12.2	38.3%	80.4%
安徽	1.2	32.1	38.3	11.1	17.3	36.6%	66.7%
青海	0	42.9	19	14.2	23.9	37.6%	57.1%
浙江	41.2	57.7	1.1	0	0	21.0%	1.1%
福建	31.9	63.9	4.2	0	0	22.2%	4.2%

省的千千万万乡村家庭各方面经济状况所作的调查，其中包括这些家庭借贷的利率分布、借贷资金来源、借贷合约种类等详细信息。在当时的统计中，全国各地没有年利率低于 10%的借贷发生（见表 1）。

该项调查显示，宁夏金融发展水平最低，当地样本中没有一笔借贷年利率低于 30%；相比之下，浙江各项金融发展指标在全国是最好的，当地只有 1.1%的借贷利率超过 30%。根据各个省份不同的利率分布，我们可以计算出每个省的平均利率，比如，宁夏的平均利率是 49.6%，为各省中最高，其余像陕西为 47.1%、河南为 39.3%。

—— 传统影响借贷利率

为什么宁夏的借贷利率全国最高？当然，部分原因是当地比较穷，为生存所必需的消费借贷可能不少。另外一个很重要的原因是，宁夏以回民占多数，传统上禁止有偿、有息的借贷。所以，如果某人真的从事这种借贷并要求利息的话，就会受到谴责。在这种环境下，当你做有息的借贷时，所面临的交易风险和契约风险会相当高。从放贷者的角度说，如果传统要求你在放贷时不能有任何利息，而把自己辛苦劳动的所得借出后却有可能血本无归，你就会倾向于把钱留在家里，而如果要放贷出去，你就会要求得到格外高的风险溢价补偿。对于有息借贷的这种观念，使资本的成本被抬高了。贵州和青海情况类似，它们的借贷利率也偏高。

在今天民间金融全面受禁的背景下，实际上全国的情况跟当年的宁夏类似：禁止民间借贷只不过增加了金融交易的风险和成本，减少了资金供给，使高利贷利率变得更高。

——沿海省份金融业较发达

究竟是哪些因素决定了各省金融发展水平的高低？首先让我们看看地理位置的差异。如果按沿海、西南、中部和西北四个区域计算其平均利率水平，广东、福建、浙江、江苏、山东、河北六个沿海省份的平均借贷利率是 26.91%，而借贷市场最不发达的西北省份的平均利率是 40.59%（见表 2）。

沿海省份的金融之所以发达，跟其商业历来就很发达有关。在 19 世纪末的铁路和 20 世纪的汽车出现之前，水运是唯一规模大、成本低的运输手段，这给沿海省份带来天然的经济发展优势。这些地方早在唐宋时期就进行海外贸易，当地人也能方便地做省际贸易。规模贸易优势让这些省份比内陆更早产生了发达的商业文化。换言之，如果一个地区的商业文化越发达，对商业价值的认同度越高，那

表2：区域间金融发展的差别

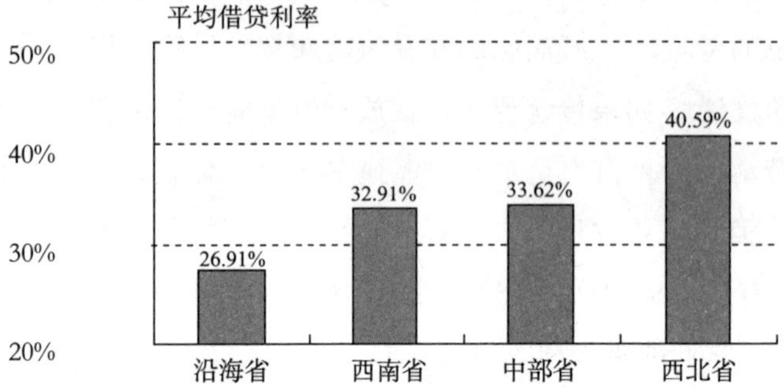

么该地区的人们对契约执行的认同度就越高，也就越能为借贷市场的发展提供一个更好的社会制度环境。

为了说明这一点，以笔者的老家湖南为例。判断一个地方的商业文化发达程度高低的指标之一，是看该地人们对“投机倒把”的价值认同程度：人们越是能理解、接受“投机倒把”对社会的贡献，该地方的商业文化程度就越高。众所周知，湖南的革命文化历来就发达，人们反对甚至打击“投机倒把”的情绪历来很高，以至于到20世纪90年代中期，湖南的各地政府还要设置路障阻拦大米、猪肉运往广东。当一个商人以每斤1元的价格在衡阳买进大米，运到广州以每斤5元的价格卖出时，湖南人没法接受，会认为如此暴利是“不劳而获”，不会认为这种商业活动给衡阳和广州两地的社会都作了贡献。当然，如果连实物商品贸易所创造的价值都无法接受，那么要对金融交易这种更抽象的商业交易的价值创造作用予以接受就更无从谈起了，于是借贷所收取的利息回报就更被认定为“不劳而获”了。当一个社会的商业文化如此不发达时，整个社会反而会更同情、保护不还债的人，而不会站在放高利贷者的一方。这种文化环境当然增加了债务借贷的契约执行风险，使其风险溢价升高，放贷人在利息不高的情况下不会愿意把钱放贷出去。

——人均耕地面积越多的省份金融越不发达

在中部、西北和西南各省之间，金融发展水平差别也是很大的。也就是说，除了沿海省份这个因素外，还有其他因素在决定着各省的金融发展水平。如陕西、河南、安徽、湖南等内陆省份的金融不发达，原因主要与其商业文化欠发达有关。

我们可以拿各省人均耕地面积的高低来间接度量其商业文化的发达程度。一个省的人均耕地面积越大，则越有可能以农为主，商业文化可能越不发达。按照上面的推理，其民间金融的发达程度可能就越低，平均借贷利率会更高。1934 年各省平均利率与 1914 年时人均耕地面积的关系表明，人均耕地面积（以亩为单位）越多的省份确实有更高的借贷利率，其借贷市场也就越不发达（见表 3）。金融交易是所有商业活动中最高级的形式，对法治环境的要求也最高，

表3：人均耕地面积与借贷利率水平的相关度情况

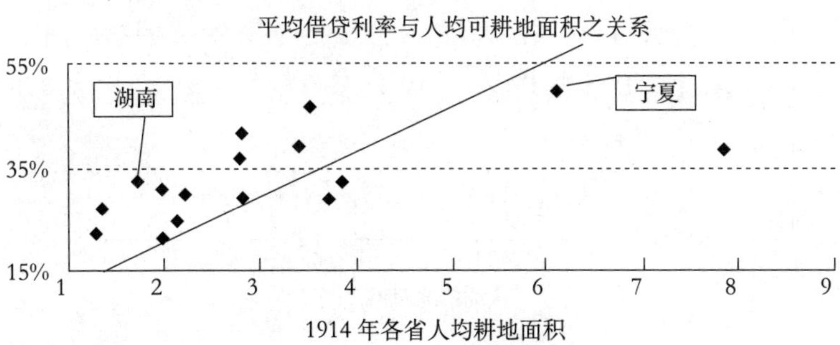

* 数据来自苑书义、董丛林著《近代中国小农经济的变迁》，2001 年，人民出版社

正因为在传统农业省份中不太能够产生有利于金融发展的法治与社会文化环境，这些省份的金融借贷利率也更高。

而且，每个省的高利贷（为便于讨论，将其设定为年利率在30%以上的借贷）占所有民间借贷份额与人均可耕地面积之间也有着极强的正相关关系（见表4）。**社会文化环境越是对高利贷充满敌意，其高利贷现象则越严重。**

当然，我们可能会猜测，之所以沿海省份和人均耕地面积少的省份的平均利率低，是因为那里的家庭收入高，也更富有。根据1934年的各省平均家庭收入数据，我们发现：家庭平均收入越高的省份，其民间借贷利率则越低。但是，这两者的相关性（–0.27）要远低于平均借贷利率与人均耕地面积的相关性（0.52），因此，收入水平不能完全解释各省的金融发达程度的差别，商业文化环境起着同样重要的决定作用。

表4：高利贷（30%以上的借贷）占所有民间借贷的份额与人均可耕地面积之关系

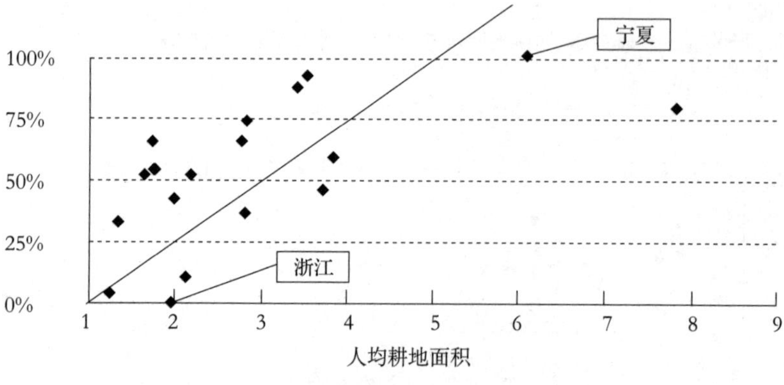

＊数据来自苑书义、董丛林著《近代中国小农经济的变迁》，2001年，人民出版社

——机构金融越发达，借贷利率就越低

上面的分析使我们再次看到，打击高利贷的政策和意识形态的实际效果适得其反：越是通过意识形态或者政策限制有利息的借贷，就越使利率变得更高。这到底是为什么呢？一方面是因为这种意识形态和政策环境只会大大减少借贷资金的供给，而另一方面，民间对借贷资金的需求并不会因意识形态或政策的禁止而改变太多，因为自从有人类以来就有对金融的需求，就会时常需要借贷的支持。以笔者最近读到的一本书为例，书中记载山西省从唐宋开始每年发生自然灾害的频率很高，自然灾祸的发生就会导致对短期资金的大量需求。我们可以把这些由于天灾人祸和其他像婚宴、丧事、盖房等导致的大开支通称为非经常性开支。金融发展的第一个作用就是让人们能利用金融工具熨平这些非经常性开支对生活的影响，让我们不会因为这些突发的大开支而陷入无米下锅的状态。对金融借贷的需求是自然的，也是经常发生的。

尽管我们从主观愿望上反对高利贷，但简单地禁止民间借贷并不能够解决老百姓天然的金融需求。因此，对高利贷的憎恶并不能从客观上改变各个家庭对借贷资金的需求。为理解高利贷的成因，我们也必须从资金需求方的角度来考虑，为什么借款人愿意支付50%甚至更高的利息？我们有理由相信，这些借款人也都是负责的，他们在明知年利率高达50%甚至60%的情况下仍然愿意借款，只能说明他们在高利贷之外别无选择。对他们来说，通过高利贷所能得到的好处一定要比所付出的高利息多，这些是自愿的交易，通常不是被迫的。因此，对高利贷的分析并不是像我们以往想象的那么简单、片面。

在我们以往的思维中，借款的人往往是些善良的老实人，而放贷者本身的品行都很差，心也很黑，所以就需要政府干预，防止那些需要借款的人被剥削。这种思维或许也对，但是政府部门不能在禁止民间金融之后又没有更好的办法解决老百姓上述的资金需求问题，国有银行和正规地方信用社只从老百姓那里吸收存款但不对他们做贷款，这样就逼着老百姓找地下钱庄，付出更高的利率获得资金，除此之外别无选择。

从这个意义上说，禁止民间金融不是好办法，那不仅使高利贷利率更高，而且也为地下黑帮暴力的发展提供了推动力。试想一下，在民间金融被宣布非法的情况下，如果借贷双方发生债务纠纷，他们当然不能去法院，而只能找地下黑帮私了。

我们可以借鉴公司治理的概念，把公司治理和保护股东利益的概念运用到对高利贷问题的分析上。这就要求我们在借贷市场上保护放贷人的权益，正如在公司治理中要保护股东的权益。换句话说，**真正降低高利贷的办法不是打倒高利贷的放贷者，而是通过电视和媒体渠道表彰这些人对于社会的贡献，表彰他们愿意把自己辛苦的劳动所得拿出来满足别人的资金需求。这可以鼓励更多人加入到放贷者的行列，增加借贷市场上的资金供给，使利率降低。**

从 1934 年各省利率水平的差别中，我们也可以看到资金供给是否充足的影响。我们可以选取非个人放贷占总放贷量的百分比这个变量，来反映一个地区“专业借贷机构”的发达程度：机构放贷占比越高，说明该省的金融越发达。这里，“非个人放贷”包括银行、信用社、联合会、当铺、钱庄与商店的放贷，与之相对应的是个人间的借贷，例如由地主、富人、商人和其他个人做的放贷。从表 5 中可以看到，两个变量之间呈负相关的关系：非个人放贷占比越高，该省的平均借贷利率就越低。我们也可以考察高利贷占所有借贷的份额与非个人放贷所占比例的关系。二者之间同样呈负相关的关系，即非个人放贷的比例越高，当地高利贷的比例也就越低（见表 6）。

表5：借贷利率与非个人放贷所占比例的关系

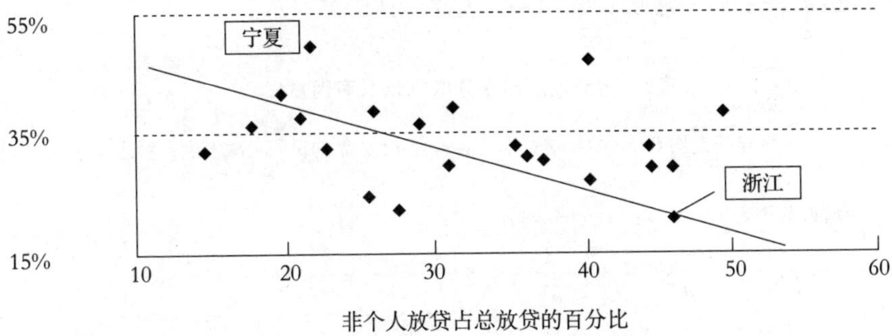

＊数据来自中央农业试验所 1934 年调查

表6：高利贷占所有借贷的份额与非个人放贷所占比例的关系

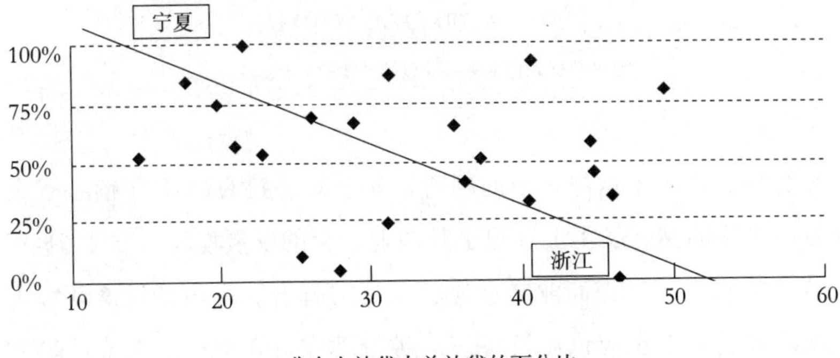

＊数据来自中央农业试验所 1934 年调查

——民间金融的发展促进区域经济的增长

在对各省民间金融发展差别的简单分析之上，我们再进一步考察 1934 年各省的民间金融发展水平对其在 1978—1998 年间人均 GDP 增长速度的影响。分析显示，当年民间金融越发达的省份，人均 GDP 增长得越快。70 年前金融不发达的省份和地区，在改革开放以后经济发展的速度仍然落后（见表 7）。

表7：金融发展对未来收入增长有何意义

1978—1998 年间人均 GDP 的年增长率与各省在 1934 年的民间金融发展程度之关系

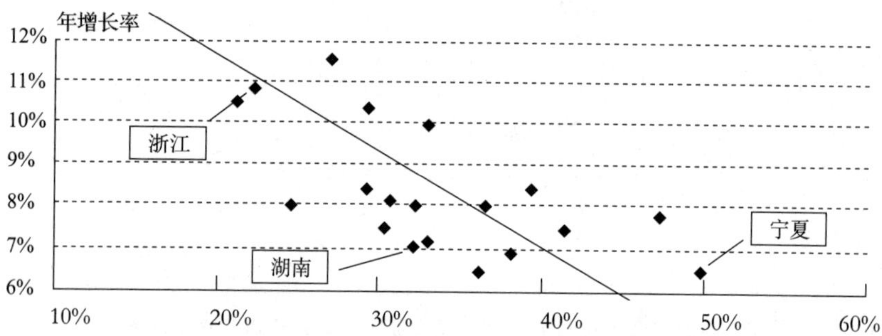

1934 年各省的平均民间借贷利率

* 数据来自中央农业试验所 1934 年调查

为什么要考察这样一个问题呢？如前面讲到的，70 年前各省金融发展水平的高低基本上反映了其商业文化的发展程度。在 1978 年改革开放以后，原先商业文化比较发达的省份，在市场经济环境下经济增长的速率也应该比较快。这种推理在表 7 中得到支持。早先金融就很发达的地方，它们以后也更能通过民间金融更合理地配置当地的资源。这里，我们看到，**有没有"区域发展战略"政策支持的大项目并不是决定性的，更为关键的是一个省或地方有没有支持民间金融发展的制度和社会文化架构。如果有，该地方就更有能力调动本地的资源内生出经济增长动力。**

在上面的分析中我们之所以用 1978—1998 年各省的经济增长数据，而不是更早时期的，是因为 1934—1949 年间有 8 年抗日战争和多年的内战，使市场力量无法正常发挥；1950—1978 年间为计划经济时期，市场力量被搁置，所以也无法用金融发展或商业文化这些变量来解释。在笔者还在进行的学术研究中，有许多其他经济和非经济变量都被用来解释各省经济增长率的差别，但还没看到能取代 1934 年平均借贷利率的变量，这进一步说明民间金融发展水平对各区域中老百姓收入增长的关键作用。

——如何放开民间金融

看到民间金融发展对未来经济增长的关键作用之后，我们实际上又回到了老问题：怎样发展民间金融？如何对待高利贷现象？我们已看到，不管怎么说，禁止民间金融不仅解决不了金融发展的问题，而且不能解决高利贷问题，那只会使两个问题都进一步恶化。**正确的办法是按照股东权益保护的思路来保护放贷人的权益，制定相关的政策和法律去保护债权人的利益，而不是单纯地打击他们。**实际上，有些研究估计，地下钱庄的规模目前在 1 万亿元之上，这已不是可能不可能存在的问题，而是必须面对的事实。

一种可能的疑问是，如果采取立法和司法措施保护债权人的利益，各地的借贷市场就能够更好地发展起来，从而使各地的借贷利率趋于一致，而且会降低借贷利率吗？我们大致可从美国 19 世纪末期的经验中得到启发。1880—1890 年，美国不同地区的同期农田贷款利率的差别也很大，中部山区如科罗拉多、阿肯色等传统上较不发达的各州，利率一般是新英格兰各州的借贷利率的两倍左右。这种地区差异很大程度上是各地区间借贷市场的分割造成的，或者是政府政策造成的。而在 1900 年之后，由于铁路的进一步发展和电话、汽车的出现，原先经济不发达的山区各州有机会参与沿海各州的对外贸易和金融流通，这就带动了金融市场的发展，促进了金融市场跨地区的融合。到 1930 年左右，美国各地的借贷利率基本实现了真正意义上的一体化，借贷利率趋于一致。

除了使民间金融合法化之外，中国目前也有必要建立一种有效的民间借贷利率信息的分布机制。比方说，证券交易所的主要功能就是揭示股票的价格信息，根据同样的道理，也应当为中国各地的民间借贷市场建立相应的利率信息公布机制。如果利率和借贷信息揭示得不充分，市场上就会出现许多种不同的借贷利率，无法促进民间借贷市场的发展。因此，可以先由各地的报纸收集汇总发布各地关于借贷意愿与利率的信息。这样，促使民间金融借贷首先在利率水平上趋同，使关于借贷的信息流变得更加顺畅，从而降低民间借贷的交易成本。各种网站也可以成为民间自发借贷行为的中介场所，为未来民间金融的发展探索各种可能的形式和渠道。而一旦通过电视、报纸或互联网把每个乡、县、市和省的利率信息分别发布出来，可以大大加快民间金融的发展，给老百姓带来更好的致富和改善生活的机会，这才是长久有效的发展区域经济的途径。

第 10 章

中国是否会发生金融危机

晚清中国涉足股票之后的头一百年里，为什么金融危机频频发生？是什么使中国的“金融洋务运动”这么艰难？当时导致金融危机的要素在今天的中国是否还存在？

金融危机对中国并不陌生，不仅因“银荒”、“铜荒”等实物货币危机曾给中国社会带来冲击，而且在宋朝中国发明纸币之后，各朝代都曾因为滥印纸钞而导致一次次金融危机，以至于以各种名字命名的纸币在中国历史上层出不穷。当然，也正因为除了货币之外中国在过去没有更广义的证券票据发展，并且直到 1897 年中国通商银行成立之前也没有现代意义的银行，所以，在晚清之前中国的金融危机还只能停留在货币的层面上，形式相对简单。

唯一的例外可能要算长期存在于民间的钱庄和盛行于 19 世纪的山西票号。特别是票号，虽然它们算不上现代意义的银行，但到 19 世纪后半叶它们的分号已扩展到北京、上海、广州、汉口等城市。因此，从票号的覆盖面看，它们已达到可以产生影响众多人民生活的金融危机的能力。只是就金融规模而言，由于票号以异地汇票为主业，不是吸收存款并同时放贷，所以它们导致金融危机的潜力有限。钱庄则更是互不联网，彼此独立地发源于各地并服务于当地经济，即使有些地方的钱庄发生问题，也不至于星火燎原，导致全社会的危机。当整个中国社会处于自然经济状态、金融化程度极低的时候，金融危机的种子确实不多。

——现代金融改变了金融危机的潜在规模

在金融理论中，我们通常把货币看成一种最简单的证券，其作用是储存价值、帮助价值在不同时间和空间之间转换，所以它能产生的金融危机也最为简单。但是，随着现代银行、股票、债券、期货、期权等更为复杂的证券市场来到现代社会，潜在金融危机的规模和广度也发生了根本性的质变。

在中国，股票市场出现在现代银行之前，早在19世纪60年代洋行股票开始在上海问世。之后，在中国洋务运动的驱动下，第一只华商股票——轮船招商局——于1872年底开始交易。接下来，江南制造局、开平煤矿等现代工业企业、矿业企业相继发行股票，交易越来越火。到1882年，9月2日的《申报》评论说："今华人之购股票者，则不问该公司之美恶，及可以获利与否，但有一公司新创、纠集股份，则无论如何，竞往附股。"人们不管这个公司、那个公司是做什么的，只要是股票就去买，不问公司的经营状况，不分"美恶"。

到1883年，上海经历了中国历史上第一次现代意义上的金融危机，股市崩盘，股民血本无归。由于给股民放款太多，众多钱庄相继倒闭，接下来产业企业的资金供给严重不足，给中国经济带来动荡。

1918年中国第一个正式的股票交易所在北京成立。1919年9月成立上海证券物品交易所，1920年再将上海股票商业公会改组为上海华商证券交易所。到1921年底，仅上海开设的交易所就有140家之多，信托公司也有12家。设立交易所的浪潮也波及全国各地，

1901 年上海外滩的轮船招商局大楼

在汉口、天津、广州、南京、苏州等城市也设立了 52 家交易所。那是中国历史上的第二次现代证券泡沫。当年，银钱业为资金安全计，开始收缩资金，抽紧银根，这不仅导致股价下跌，而且迫使许多投机者大量抛售股票，促使股价进一步狂跌，致使许多钱庄倒闭，交易所关门，信托公司大量破产，这就是所谓的“信交风潮”，也是中国的第二次现代金融危机。风潮之后，全国仅剩十多家交易所，一两家信托公司。

到 1921 年“信交风潮”之时，实际上中国的公债市场已具备基本的规模。在 1912—1926 年间，北京政府先后发行公债 27 种，共 6.12 多亿元。另外，还有各类短期库券 1.08 亿元以及各类地方公债。于是，在“信交风潮”之后，投资者的注意力全面转向债券市场，为新的炒作提供了条件。小的金融危机包括 1924 年 8 月发生在京、沪两地的“二四公债风波”和 1926 年 12 月的“二六公债风波”。

南京政府成立后，一方面继续北洋政府的手法，通过发行外债

民国末期，通货膨胀导致的堆积如山的金圆券。供图：CFP

为军事开支融资，另一方面通过由政府参股中国银行、交通银行等手段建立起四行二局的国家金融垄断体系，由政府直接控制当时的金融核心。这当然为政府更大规模地发行公债、筹措资金提供了便利。根据《证券市场导报》2001 年第 5 期中张春廷先生的估算，1927—1936 年间，南京政府共发行公债 26 亿元。1927 年公债成交量为 2.4 亿元，到 1929 年增到 14 亿元，1931 年更是高达 39 亿元，为全部公债发行额的 3 倍以上，炒"债"之风盛行。这给南京政府的信用膨胀提供了关键的支持，同时也潜伏着深刻的信用危机。**1932 年和 1936 年，南京政府先后对公债进行整理，标志着政府债信的破产，制造了两次包括银行、证券以及货币市场在内的全面性现代金融危机，从根本上瓦解了中国社会对证券、对现代银行、对纸币的信心，把老百姓重新赶回只依赖银铜钱和实物交易的传统经济。**

——金融危机为什么在中国的现代化过程中这么容易发生

晚清中国涉足股票之后的头一百年里，为什么金融危机频频发生？是什么使中国的“金融洋务运动”这么艰难？当时导致金融危机的要素在今天的中国是否还存在？为找到这些答案，我们还得看清金融证券交易的本质。不管是银行，还是证券，其交易的内容是具有充分流动性，甚至是匿名非定向发行的金融契约，它们的契约性质从本质上决定了对法治、对信息环境等制度架构的高度依赖性，使金融交易比任何实物商品市场更依赖法治。实物商品的有形、有色、有味本身可帮助大大减少其交易风险，而金融契约交易又恰恰不具备这些天然特征，这使金融交易市场往往蕴含着巨大的经济风险。

具体讲，我们可从以下几方面来理解金融安全所需要的制度保障。第一，必须要有可靠的契约执行架构，特别是独立、公正的司法，以保证交易双方都能对其应有的契约权益放心。如果没有独立于政治权力的法治，金融契约的交易安全就没有保障，金融市场就难以深化。第二，正因为金融交易的内容是一纸契约，买方就处于极端的信息劣势，一方面这意味着金融市场是最有利于投机炒作的市场，交易对象的价值的不确定性成为泡沫的最佳滋生土壤；另一方面，如果新闻媒体和其他信息披露机制又不自由，存户对银行的真实状况、投资者对证券发行方的价值就更加一无所知，让本来可以根除的金融问题酝酿成金融危机。第三，正因为银行资产、金融证券的高度流动性，银行、券商、保险公司、基金等金融机构必须独立于权力，特别是行政权力和政治权力，否则这些金融机构所控制的高流动性金融资产就成为当权者最方便的提款机，或者成为权力机构为形象工程、出于非经济目的随意调配金融资源的工具。这当然蕴含着巨大的金融风险。

由金融交易市场所引发的这三方面的制度要求，包括独立公正的契约执行架构即司法、自由的新闻媒体，以及对行政权力的约束，这些都直接涉及对行政权力的制约、司法独立、立法中立的问题。**在制度缺失的社会里，遍及全国的现代银行体系、现代证券市场只会为当权者个人和有权力关系的机构方便地提供近似无限的金融资源，最后酝酿成危害全社会的金融危机**。我们必须看到，现代金融监管起源于 14 世纪、15 世纪的意大利和荷兰，但规模性银行以及证券市场的发展是更近代的事，主要在 16 世纪之后，而且是伴随着现代民主宪政制度的发展而发展起来的。换句话说，如果当年没有宪政制度的可靠发展，要么现代金融在那时难以深化，要么每次多发展一点就带来新的金融危机，就像当年权力不受制约、司法不独立的印度尼西亚、韩国和泰国最终在 1997 年引发了亚洲金融危机一样。现代金融发展于宪政民主制度的发源地——西欧，而不是在其他国家，这本身不是偶然的，有它的必然性，原因就在于现代金融需要上述三方面的制度架构。

那么，这些分析对理解我们上面讲到的中国“金融洋务运动”的经历有什么帮助呢？首先，我们看到在 1872 年开始引进现代股份有限公司并让其股票公开交易的时候，那时的清朝政府体系谈不上有什么制约行政权力的宪政，也没有独立于行政和皇权的司法，更没有西方意义上的非人格化的独立第三方契约执行机制，像“股份”所代表的金融契约、“有限责任”等这些西方法律概念在以“人治”为传统的中国社会里不仅是极为陌生的，而且在执行的层面上无法得到支持，也自然不能被赋予太多实际经济价值。更何况，作为中国第一份华文日报的《申报》在 1872 年才创办，大众传媒才刚刚在那个时期起步，因此，还没有帮助股民们了解上市交易的股份公司的经营与财务状况的新闻媒体。所以，在当时的“无法治”又无信息媒体的情况下，所交易的股票几乎完全与其发行公司没有任何实质性关系，而是完全独立的投机券。于是，1882年的股票泡沫和接下来发生在1883年的金融危机几乎是无法避免的。

当然，在1911年中华民国成立后，虽然在立法、司法与行政的架构设计上具备了应有的框架，但在执行上由于军阀割据和内战的原因，其实际效果则大打折扣。因此，1921年的“信交风潮”金融危机的起因原则上跟1883年的金融危机没有本质差别，在那个时候，中国照样不具备有利于减小金融危机的制度架构，证券市场仍然是炒作投机的场所，滋生泡沫和相伴的危机。

南京政府成立后，当时的宪政架构有了实质性进展，司法也相对更独立，在契约的执行上也越来越公正可靠。但是，政府从那时开始大举持股中国银行、交通银行、农业银行，并创办中央银行，追求并实现了国家对银行体系和其他金融市场的垄断支配权，让南京政府利用这些垄断金融资源为当时的军工与民用国有企业服务，为国家的军政开支服务。具体而言，一方面银行变成了政府的提款机，另一方面政府控制的债券销售体系为国家提供了大量低息债券融资，使政府的负债大大超出其支付能力。因此，1932年和1936年的金融危机跟1883年和1921年的金融危机有着本质差别，头两次应该说是在支持证券交易的制度架构不到位的情况下证券市场本身必然会产生泡沫，也会出现泡沫破灭危机。但是，1932年和1936年的危机更多是发生在政府公债、银行和货币信用上，是由于国家作为股东控制金融体系并利用这种控制权给自己做大量低息贷款所致。

国家以金融所有者和经营者的身份出现在金融体系之后，其负

面影响是多方面的。第一，既然国家是银行的股东和经营者，那么法院和市场监管机构就无法独立，使司法不得不受到行政和政党权力的影响。也就是说，即使国家让其控制的银行牺牲储户的利益、牺牲其他股东的利益，他们也无法对国家股东作诉讼，因为诉讼也不一定有用；在这种权力与权利不对称的情况下，银行和政府控制的其他金融机构会不顾金融风险地向国家以及国有企业做贷款，使呆坏账不受约束地扩张，导致金融危机。第二，既然政府权力控制金融特别是银行，那么跟权力有关系的个人和企业就得天独厚，这是在国家垄断金融的体系下金融风险的另一个主要来源。第三，由于政府的负债最后是由国家来承担的，而国家又掌握货币政策和发行货币的权力，那么一旦由于政府引发债务危机，这种危机很快就变成货币危机，使金融危机扩展到社会生活的方方面面。第四，通过国家垄断金融使银行等机构遍及全国，这样让银行控制的金融资源规模达到最大，这当然使不受制约的权力可能带来的道德风险达到最高，每次滥贷的金额也会被放大。也就是说，国家直接垄断金融的结果不仅从根本上使金融交易中的民间权利无法得到保障，而且在权力的压力下金融危机的风险会被无限地扩大。在 20 世纪 30 年代民国时期中国的经历证明了这一点，1997 年亚洲金融危机之前亚洲国家的经历也是如此。

—— 中国还会发生金融危机吗

与民国时期相比，今天的中国仍然缺乏对权力的实质性制约，签约执行、金融交易者的权益保护以及司法独立也都是有待解决的问题，而解决这些问题又需要现代政治制度改革。尽管权力缺乏实质性制约，中国经济又以国有企业为主，金融体系比历史上的任何时期都更加被国家垄断，而且绝大多数的银行和其他金融机构是国家的。特别是，在更加发达的交通网络和信息流通网络的支持下，银行体系所控制的金融资源达到39万多亿元，保险业控制的金融资源为1.6万多亿元。**在政府控制的金融资源规模上升到如此之高的同时，权力在金融资源的配置中又起着决定性的作用，道德风险被放到最大。在这种背景下，金融危机的潜力相对于20世纪30年代的中国不但没被缩小，反而被扩大。人们只能期待防止呆坏账产生的制度架构出现。**

除了推进制约行政权力、保障司法独立的制度改革外，当下至少可从另外两方面着手，以降低金融危机的出现概率。第一是将国有银行以及其他国有金融机构民营化，至少是鼓励民间金融的发展。根据上面所说，这样做至少能缩小不受制约的权力所能产生的呆坏账规模，降低金融危机的程度，同时让司法和市场监督机构更能独立地运作。

其次是进一步放开新闻媒体对金融机构的监督报道。新闻媒体的自由追踪报道可以把问题在发生的初期就曝光，迫使当事人立即解决，化解潜在的危机。相反，如果不允许媒体自由报道，当初微小的问题也能发展、积累成金融危机。以1997年的亚洲金融危机为例，当年新闻最不自由的印度尼西亚、韩国和泰国的金融危机最严重，事后发现的呆坏账比例最高，其经济和社会受到危机的冲击也最大。相比之下，新闻历来更自由的菲律宾、新加坡和中国台湾地区则基本没发生危机，基本没受到亚洲金融危机太多的冲击。因此，自由的新闻媒体能降低金融危机的概率。

中国第一家票号“日升昌”的旧址。供图：CFP

第 11 章

金融现代化为何如此艰难

为什么当年宋朝时的中国能成为世界第一个发明纸币的国家，而今天金融变革却步步艰难？在现代中国之前，民间借贷、钱庄票号等传统金融的发展似乎能以一定规模进行，但现代银行和证券市场却难以前进，我们到底如何理解这种差别？是什么在妨碍中国金融的进一步发展？

“现代化”这个词在过去一百多年的中文里被广泛使用，其含义往往跟科学技术、跟器物联系在一起，好像有了摩天大楼、手机汽车、电脑电视我们就现代化了。到近几年我们终于认识到“现代化”的内涵远非如此，它至少还包括市场交易所依赖的契约执行架构从以伦理道德习惯为主变迁到以非人格化的法治为主，包括从习俗经济变迁到法治经济。这些“软性”制度架构的变迁当然远比“硬性”科学技术的引进来得艰难。以金融业为例，即使到今天，中国的金融还没走出国家垄断的本质，还靠国家信用维系着，靠老百姓埋单支持着。

当我们看到中国金融发展的艰难时，一个很自然的问题是：在中国发展金融为什么这么难？为什么当年宋朝时的中国能成为世界第一个发明纸币的国家，而今天金融变革却步步艰难？在现代中国之前民间借贷、钱庄票号等传统金融的发展似乎能以一定规模进行，但现代银行和证券市场却难以前进，我们到底如何理解这种差别？是什么在妨碍中国金融的进一步发展？

——法治是现代金融的核心前提

我们首先看到，任何市场交易都要以某种契约执行架构为基础，保证交易双方的利益不受侵犯，否则交易无法发生或者成本高得让人望而却步。商品交易如此，金融交易更是如此。比如说，买羊肉时虽然交钱后得到的是肉，而不是正式的契约，但实际上买卖交易的是一种隐性契约，因为买卖双方都知道“什么是羊肉”，如果对方“挂羊头卖狗肉”，那么你可以说他违约，可以“告”对方。如果真是这样，正如我们知道的，中国法律传统历来重刑法和行政，轻民商法，去找县太爷“告”对方“挂羊头卖狗肉”，县太爷会顾不上。因此，在传统中国，人们只好找其他非正式的契约执行替代机制，商事或一般契约纠纷基本留给民间自己去解决。如果纠纷发生在本地本村，那么靠当地风俗习惯、道德伦理来“软性”解决；如果是跨地区纠纷，那么可求助于镖局。面对交易契约的不确定性，人们只好倾向于依赖“关系”，依赖血缘关系、亲戚关系、熟人关系，以这些关系作为交易的必要信任基础，使交易成本不至于太高。特别要强调的是，在以“关系”为交易诚信基础、以声誉为契约执行架构的社会里，如果交易价值有限，声誉的压力即足以规范市场交易行为，特别在人口流动少的传统社会里，当地的风俗习惯能达到相当的契约执行效果。

但是，如果市场的地理范围不断扩大、跨地区交易日趋上升，如果交易价值超过一定的规模，以声誉、习俗为主的非正式契约执行机制所能发挥的作用就会越来越小，尤其陌生人之间做交易时，声誉习俗是难以起作用的，违约和做假的可能性大大增加。这就要求有外部独立的契约执行机制，靠正式、非人格化的法治保证市场交易契约的执行，否则市场就很难在规模和地理范围上继续拓展。

既然一般商品交易是如此，金融交易就更如此了。**金融交易不管是以银行存款或贷款的形式，还是以股票、债券、期货、基金等形式发生，都是一种信用契约交易，买卖的是一纸票据合约，是一种承诺。既然如此，支持契约执行的架构就更是金融交易能否发生和发展的基础之基础、重中之重。**当然，金融交易的地理范围以及所涉及的金额也最终决定着它所要求的制度机制的复杂程度。

—— 传统金融与现代金融

在鸦片战争打开国门之前，由于生产规模与市场广度都有限，对规模性融资的需求不大。传统金融以“熟人”间借贷、钱庄和当铺为主要特征，这些金融机构规模很小，基本从本地吸收存款或投资，然后又投放到本地居民和企业，出资方、金融中介和用资方往往都是“熟人”，而且是世世代代都在同一地方生活的“关系户”，因此，当地的风俗习惯、社会道德和长久邻里“关系”足以使传统金融交易能顺利发生，契约执行没有太多不确定性。在金融学里，我们有时把传统金融称作“关系金融”（relationship finance）或者“人格化的金融”（personalized finance），道理就在于其交易以及契约执行的基础是“关系”。那些时期里，传统“关系金融”基本够用。中国各朝代中，修建水利工程、长城等的确需要大量资金，但这些项目都由政府出资兴建，这在一定程度上制约了对规模性民间金融的需求，反过来抑制了“非关系金融”的发展。在其他社会经济领域，规模性交通运输工具的缺乏使过去地区间市场整合的程度有限，因此，工商业对资本的总体需求不高。在当时的这些背景下，现代跨地区银行以及证券市场的必要性可能真的不大。换一个角度讲，由于现代银行和证券市场对法治尤其对契约执行架构的要求特别高，在传统的中国建立并维持这种制度架构的成本可能远大于其所能带来的收益。因此，过去的生产规模与市场范围靠“关系金融”就够用了。也正因为如此，传统文化道德体系基本能支持过去中国社会与经济的运作，不需要成本更高的外部“非人格化”的法治。

虽然早先的沙船业和矿冶业也需要较大资金投入，但对中国经济真正产生大规模冲击的是 1840 年鸦片战争后的对外开放和洋务运动，也就是说，是“现代化”的潮流改变了中国对金融的要求，同时使以“关系”为基础的契约执行架构不再够用。《南京条约》迫使中国开放五个通商口岸，外租香港，使外商洋货自由进出。此后，外贸交易量快速上升，这不仅带动上海等口岸城市的经济发展，而且从整体上带动了通商口岸与内地贸易的增长，促使各地市场的地理范围不断外延，加快各省市地区的行业分工。市场的跨区域扩展从根本上推动了票号、钱庄等金融业的发展。

比如，虽然山西的第一家票号——日升昌票号创办于 1820 年左右，但更多的票号是在鸦片战争之后的 1860 年前后创建，他们的业务总体上得益于通商之后内外贸易的上升。对于以跨地区汇兑为主业的山西票号而言，信用显然是其生存的根本，东家与掌柜之间、票号与分号之间、分号与其客户之间的契约执行问题是其生存发展的具体基础。由于晚清的正式司法不能为他们提供独立可靠的契约执行机制，票号一方面必须诉求于镖局的保护服务，另一方面必须依赖亲戚血缘“关系”来缓和票号内部和外部都存在的委托—代理道德风险与契约风险。只要票号业务规模有限，这些非正式“关系”契约机制的成本会很小，票号业务的利润空间可观，所以，在一定的规模内，山西票号业还能在19世纪快速发展。但是，随着外国现代银行的不断进入，19世纪后期中国传统金融面对的竞争越来越强，传统票号钱庄必须扩张规模，以降低单位融贷的成本，可是他们对“关系”的依赖严重约束了其规模扩张的进程。毕竟，非正式的契约执行制度无法支持越来越长的委托—代理链条。因此，**中国当时契约执行制度上的缺陷使票号等传统金融组织难以在规模上更上一层楼，无法增加其竞争力。**

除了鸦片战争后市场范围的扩大使“关系金融”越来越难以胜任之外，19世纪60年代开始的洋务“强国”运动也挑战传统金融的潜力。洋务运动旨在追赶西方工业技术，仿造洋枪洋炮，推进机械制造和机器纺织。这些大项目风险高，同时又需要大量资金，传统金融难以为此帮忙。在这种背景下，洋务派着手引进“股份有限责任公司”这一新型企业组织，通过向大众售股广泛集资，为中国工业化出力。1872年成立的轮船招商局是第一次尝试，其股份可在民间转让流通，认股不认人。但是，对于不习惯西方法治的中国社会来说，这种企业股权安排带来新的挑战，一方面，外部股东如何能放心让公司管理层支配控制他们投在公司的资产？另一方面，在一个只习惯“无限责任”的社会里，怎样保证公司股东的责任是“有限的”？这是现代金融最初在传统中国出现时所面对的挑战。

现代金融与传统金融的差别主要体现在两个方面：其一，出资方与用资方之间的距离越来越远，金融交易越来越“非人格化”。前面讲过，传统金融是“关系金融”，交易的基础和契约执行都以“个人关系”为前提，其规则存在于模糊不清的道德习俗。相比之下，现代银行以跨地区经营为特征，出资方和用资方不仅互不相识，甚至永远也不会相识，而且还可能生活在不同地区。特别是股票等证券市场上的投资者（出资方）和证券发行企业（用资方），他们之间更是互不相识、距离遥远，像深圳发展银行在深圳，而其一百多万投资者中有的在深圳、上海，有的在黑龙江、新疆，他们之间的金融交易更是“非人格化的”（impersonal），不以任何个人关系为基础，这种“非人格化的金融”在英文里有时被称作“arm's-length finance”（“一臂相隔的金融”），意思是投资者和资金使用者之间完全隔离，无任何直接关系，财产所有权和控制权发生严格分离。**当出资方和用资方的距离如此之远时，公正的产权保护和契约执行架构就变得至关重要，这就是可靠、独立的司法所要承担的角色，依靠它来保证已委托出财产使用权的投资者的利益不受侵犯。否则，“一臂相隔的金融”交易就无法发生，或者这种金融即使短期内能够发生，也无法深化发展，“非人格化的”法治的作用即在于此。**

其二，传统金融以“无限责任”为基础，也就是说，如果用资方或借贷方自己因事业失败而资不抵债、无钱还债，那么其亲人和后代则承担偿还责任；如果借贷方是企业，那么其股东就自然承担偿还责任。相比之下，现代银行借贷、股市证券交易则都以“有限责任”为基础，如果用款方资不抵债，可申请破产保护，责任到此为止；如果企业负债累累发生破产，那么该企业的股东不继承其偿还责任。“有限责任”是现代金融以及其相对应的现代公司制度之普遍特征，也正因为这一特征，外部投资者愿意以股东身份投资于离自己很遥远的企业，他们的损失最多不超过当初所投入的资本。对于需要筹资的企业来说，通过向“熟人”和“陌生人”都能集资，他们的资金来源显然远比传统金融广泛。但是，**“有限责任”也带来极大的道德风险，万一用资方不负责任、任意乱花钱，那怎么办呢？同时，“有限责任”是一个法律的概念，换言之，虽然书面法律规定用**

盛宣怀（1844—1916），清末政治家，实业家，洋务运动的代表人物。图片来源：美国国会图书馆

资方享有“有限责任”，但放贷方可能照样请打手讨债，那么用资方又如何使“有限责任”成为现实呢？这又回到法治的问题，这也是没有现代法治就没有现代金融的原因。

在晚清洋务运动时期，不仅没有现代法治，而且也没有相应的证券、金融、公司法。那么，靠什么来为“一臂相隔的金融”提供所需要的信用基础和契约执行架构呢？“官办”、“官督商办”等以政府信用支持的金融体系可能是当时可行的解决近渴的办法，否则难以达到快速追赶西方的效果。比如，1896年中国通商银行计划从私人手中筹资七百万两银子，用来修建北京至汉口的铁路。但那次计划很快失败，盛宣怀和张之洞最终意识到像这样的大项目，如果官府不拿出建设资金，除了借外债就别想从民间融到所需要的资金了。1898年盛宣怀写给皇帝的奏折中说到，“铁路局当初计划从民间筹资修建铁路。但华商往往只在项目已建成并有实实在在盈利之后才愿意投钱……华商以及百姓购股之事，实属少见。他们或许在完工之后购股投资，但不要指望他们在新项目之初就投资”（这里所引不是原文，而是根据 Albert Feuerwerker 于 1970 年所著的 *China's Early Industrialization* 一书的第 237 页英文翻译而来）。

甲午战争失败之后，人们开始认识到中国自 1872 年开始的"金融洋务运动"之所以失败，就是因为没有公司法以及其他相关民商法。于是，1904 年推出中国第一部公司法——《公司律》。当然，对习惯于以传统民俗道德为商业契约执行主体的中国人来说，运作并接收西方"非人格化的"法治自然不是一两天的事。《公司律》颁布之后自 1904 至 1908 年间，全国只有 227 家公司正式登记注册，其中 99 家在江苏和上海。可见，尽管朝廷的用意是通过《公司律》为华商企业提供保护，为其融资经营提供便利，但并没有多少人对其有信心。

现在回过头看，通过官办以及官督商办为洋务企业提供的政府信用可能的确解决了当时的近渴，否则洋务工矿企业难以获得社会的信任，私人也不一定会出资。但是，官方信用的存在也同时扼杀了民间自发产生非官方信用机制、产生自发契约执行机制的动力，让大家的注意力不是放在建立民间行规上，而是放在如何打通官方权力上，从而滋生腐败。

有意思的是，1911 年清朝结束，民国成立，随后的近二十年里，中国处于军阀林立状态，政府权力衰弱，而这期间又恰恰是中国近代证券发展史上的"黄金年代"。比如，1912 至 1927 年间，共兴办资金在万元以上的新式工矿企业 1984 家，投入资本总额达 4589 万，新成立现代银行 311 家，投入资本总计 11943 万。1921 年，通泰盐垦五公司成功发行了中国的第一笔公司债券，价值 500 万元。这期间也发展出来一大批专营股票、债券的证券公司，一时间上海的福州路、汉口路、九江路旁，证券公司林立。对于如何发展证券市场而言，证券公司作为金融中介，是市场的中流砥柱。

为什么在1911年到1930年，中国处于“无政府状态”的情况下，证券市场反而发展得最快？原因很多，其中之一是那期间政府信用很低，因此“官办”或“官督商办”都不一定能给企业带来更高的信用，“官路”不通。根据同样的道理，那时候政府对市场、对经济的管制很弱，也顾不上。在这种环境下，华商必须自发形成自己的行规，为市场交易创造所需的制度环境。一方面，那时期的民间行会发展迅速，对同行的契约行为和声誉进行主动的规范。比如，上海钱业公会、上海股票商业公会、银行公会、信托业公会等，对相应行业的准入、退出和处罚都有详细的行为规则，这些民间自发、自律的行业组织更加有利于市场诚信的建立与维护，是行业内部的契约执行机制。另一方面，当时的不同租界均有自己的法院或仲裁机构，因此除了民国法院外，商业交易的双方还可选择其他法院作为其裁决机构，这反过来促使各法院相互竞争。其结果是给上海等地提供了越来越可靠、公正的外部契约纠纷解决机制，使上海的金融发展有了更可依赖的制度架构。

——改革开放以来的金融发展

当然，民国初期的金融发展和制度变迁在20世纪30年代开始回落，起因是国民政府在南京落户之后即插手并试图垄断金融，使得银行等金融机构更多受政府支配、为权力效劳，民间自发的制度空间开始受压。

1950年后的金融国有化就更是从本质上改变了中国的金融业，使银行、证券市场完全失去了其本意。到1978年邓小平启动改革开放时，整个经济基本都在国有制之下，银行只不过是财政部的出纳，证券市场不复存在。**到 20 世纪 80 年代的后半期重新恢复股份制企业并试图发展股票等证券市场时，我们发现从晚清到民国时期上海金融业所积累的长达七十几年的经验已基本被遗忘，万事又得从头开始**。从洋务运动到现在，虽然“硬的”科学技术在中国已终于扎根，但在 140 年后的今天，“非人格化的”现代金融却还是步步艰难，现代金融所需要的契约执行架构还不能到位，现代化的过程还在继续。

在相当程度上，过去二十几年的金融变革一直是在寻找一组既能妥善理顺委托—代理关系链又能可靠执行金融契约的制度安排，而且是力图在不改变国有金融垄断的前提下找到这样一组制度安排。不管是其他国家的经历，还是晚清与民国时期的经历，都表明**由国家拥有银行和证券市场会带来太多的道德风险与利益扭曲，虽然由国家信用做金融的后盾能提供一时之便，但它会窒息金融业的创新、阻碍金融所需要的制度变革，而且也必然导致资源配置的不合理，让太多资源浪费于形象工程。没有民间金融的自由发展空间，没有现代法治，就难有现代金融。**

虽然我们在这里讨论的是金融发展的问题，但实际上这直接涉及文化的问题。特别是在时下知识界呼吁把儒家文化立为国教、指望由此恢复中国社会的诚信秩序的时候，我们有必要从文化的社会与经济功能角度去理解今天的中国到底需要什么样的文明。换言之，**到底什么文化才真的能为今天的中国社会恢复诚信、建立新的良序？**这实际上是一个契约执行架构的问题，社会良序需要可靠的契约执行架构，经济良序也需要可靠的契约执行架构，这样人们才会“守信”。按照我们前面所谈到的，在传统中国人口流动少、市场范围窄的情况下，儒家文化或者任何传统社会的文化都能胜任这些保证信用、促进契约执行的功能。也就是说，如果中国还没有广泛的铁路网、公路网、空运网，以及电话网、互联网、电视网的话，或许恢复传统文化即能达到希望的效果。说到底，不管是美国人、法国人还是中国人，没有人天生就喜欢那些冷冰冰的、又长又厚的契约合同，也没有人喜欢那些漫长的“非人格化的”司法诉讼。但是，**在社会交往、市场交易远远超出本地甚至本国，超出“熟人”圈子之后，仅靠传统文化是不够的，以“非人格化的”法治为特征的现代文明已经不是什么“要还是不要”的问题，已经没有选择，否则就难以发展出现代金融，也难以有社会良序。**

[第三部分]

金融危机的逻辑

☆ 从美国次贷危机中学到什么

☆ 政府为解救危机而持股银行不是国有化

☆ 金融危机之下，美国的借贷消费模式会改变吗

☆ 消费驱动型模式不会改变

2008 年 9 月 16 日，美国各大报纸封面关于美国金融危机的报道。供图：CFP

第 12 章

从美国次贷危机中学到什么

这次由次级按揭贷款引发的金融危机结局会如何？是否会导致美国式金融经济全面崩盘？现在的问题是否真的是“如何拯救美国”？给中国的启示又是什么呢？

金融危机对美国已不是新鲜事，自 19 世纪 50 年代到现在差不多每十年重复一次，每次起因和形式各异，但都促使金融法律与监管体系的改良，让美国整体资本化和金融化能力更上一层楼。正是那一次次危机让美国金融经济的深化成为可能。那么，这次由次级按揭贷款引发的金融危机结局会如何？是否会导致美国式金融经济全面崩盘？现在的问题是否真的是“如何拯救美国”？给中国的启示又是什么呢？

——美国没有进入“水深火热”中

从媒体上得到的印象似乎是美国经济与社会已进入“水深火热”之中，但无论从实际的美国社会生活，还是从已公布的宏观数据中，都难以感受到或者看到这种危机。也就是说，到目前为止，本次危机还主要集中在金融证券市场、信贷市场上，对多数美国人的生活影响有限，除了极少数人外，其他人照常是该花的在花，该奢侈的还继续奢侈，日常生活中还感觉不到与往日有太大差别。为什么会这样？我们可从三方面看。

首先，美国的失业率仍然只有 5.1%，收入虽然增长不多但还在增长，GDP 也在增长（虽然增速低于 1%），是的，贝尔斯登等华尔街公司几近破产，但其他行业照常在经营。这些跟 20 世纪 30 年代美国失业率为 25%、经济全面萧条、众多行业的企业破产形成鲜明的对比。如果金融危机继续恶化并促使美国经济出现衰退，美国社会是否会出现像“大萧条”那样的全面危机？这也很难发生，主要原因是今天美国的社会保障体系已相当完整，而“大萧条”之前政府提供的这些社会福利体系都不存在。有了这种社会保障体系，即使就业局面和收入局面出现恶化，受影响最深的社会底层至少能靠政府福利过上体面的生活，这是与 20 世纪 30 年代最大区别之一。

第二个方面表现在，今天美国经济与世界经济的联系程度超过美国历史上的任何时候。1960 年，来自国外的盈利占美国公司总利润的 7%，到 1990 年，这一比例上升到 18.5%，到 2000 年达到 24.8%，到 2007 年第四季度，来自国外的盈利占美国公司总利润的 33.33%。也就是说，今天，美国公司三分之一的利润来自国外，使其对国内经济的依赖度比以前大大减少。比如，2007 年第四季度，美国公司的海外利润同比上涨 19.1%，而其美国境内的总利润下降 6.5%，两者加在一起之后，美国企业的总利润还是同比增长 2%。再比如，美国金融行业（包括房地产业）受这次金融危机冲击最大，但金融企业利润占美国企业总利润的 27%，低于美国企业的海外利润比重。因此，只要其他国家的经济增长能持续，美国企业的海外利润不仅能抵消金融业的损失，而且使美国企业的总利润不至于下跌，这样，就业水平、家庭收入水平也不会受到大的冲击。相对于过去而

“大萧条”促使美国建立了社会保障体系，有了这种社会保障体系，即使就业局面和收入局面出现恶化，社会底层至少能靠政府福利过上体面的生活。图为罗斯福总统于 1935 年 8 月 14 日签署《社会保障法案》。图片来源：美国国会图书馆

言，全球化已经改变并强化了美国经济对抗危机的能力，许多传统的金融风险、经济风险已经被淡化。

第三方面在于美国的经济结构已与过去、与发展中国家完全不同，更多是财富型经济，而不再是生产型经济。美国经济早就超出了温饱型追求，基本物质需要不费吹灰之力就能满足，其恩格尔指数早已低于 20%。也就是说，这个社会早就以剩余的增加、为非生存所必需的消费而发展了，当下的生存消费早就不是问题。到 2007 年，美国家庭的总体财富为 73 万亿美元，其中一半左右是靠过去 10 年资产升值累积来的。在财富结构上，房地产占家庭总财富的 11% 左右，剩下的主要在股权类财产上。这次金融危机使美国家庭财富缩水 5%左右，这种损失当然大，任何人受到这种损失都会感到痛。但是，我们知道对于多数美国家庭来说，这些财富本来就是未来才要花的钱，是养老、意外事件发生时才用的钱，而不是今天要花费

的，所以，财富缩水对短期内的生活基本没有影响，特别是如果随着经济的复苏，资本市场继续恢复信心，那么，这些财富损失可能在一年内即能还原。

去掉家庭债务后，美国家庭的净资产大约为58万亿美元，相当于全美家庭可支配收入的6.9倍。这些私人财富等于给美国社会提供了一种对冲经济危机、对冲金融危机的缓冲器，当经济出现萧条时，从这财富“缓冲器”中取出一些即可让社会渡过难关，而在经济恢复增长时，资产的升值又可往这个“缓冲器”中补充一些新财富。这就是为什么自20世纪30年代经济大危机之后，**美国虽然经历过多次金融危机和经济紧缩，但每次都能以更健康的经济结构走出来的原因。关键是在美国的生产性资产、土地财产都为私有，私人家庭就不仅能分享到经济增长所带来的资产升值，而且在经济出现萧条时能依靠这种财富“缓冲器”渡过难关。**私有制给予民间积累财富、拥有财产的权利，也等于给了每家建立并充实财富“缓冲器”的机会。

虽然媒体上关于美国金融危机的讨论让人对前景十分担忧，但到今天，美国股市从2007年的最高点也才回落5%。其原因除了美联储的降息动作外，也因为美国公司三分之一的利润来自境外，这样，只要其他国家的经济不出现大滑坡，美国公司利润受到源自美国的危机的冲击会有限，因此，美国股票价格受本国经济的影响较以前少了许多。

——这次金融危机的起因到底是什么

对这次危机的解读已经很多，但在本质上，其起因跟中国国有企业失败的原因完全一样，那就是，当委托—代理关系链太长或被扭曲之后，没有人会在乎交易的最终损失，时间久了问题就要酿成危机。为看清这一点，我们先回顾一下次贷危机的背景。

1938 年之前，美国的住房按揭贷款、消费信贷市场跟今天中国的情况类似，商业银行、储蓄信贷银行等金融机构，基本都是自己吸收存款资金、自己放贷、自己收账，当然也自己承担坏账风险，也就是，放贷者和风险承担者是同一家银行。那么，银行对放贷行为自然不会随意，而是会对借款方的还贷能力严格审查，只要银行是真正自负盈亏，只要其内部激励机制合理，坏账概率一般会很低。可是，这样做的不足是，银行愿意提供的按揭贷款资金会很有限，因为如果提供的按揭贷款期限是 15 年、30 年，那么，贷出去的资金要 30 年后才回笼，这种贷款对银行来讲流动性太差，万一银行急需资金，这些贷出去的资金可能难以收回，这即为银行的流动性风险。面对这种流动性风险，金融机构的贷款供应量就会有限，这当然对美国社会非常不利，因为这意味着许多老百姓家庭买不起房子。为了让更多美国家庭能买到自己的房子，这些按揭贷款的流动性问题必须解决。

这就有了 1938 年推出的半政府机构——联邦住房按揭贷款协会（Federal National Mortgage Association，简称 Fannie Mae），它的作用是专门买那些银行想转手的按揭贷款，也就是，任何时候任何银行需要资金时，他们可以把已放出去的按揭贷款合同卖给 Fannie Mae，后者付给前者现金。于是，这些 15 年、30 年期限的按揭贷款就被变成“活钱”了，具有了充分的流动性，大大减轻银行为放贷所要承担的流动性风险，这也当然增加银行放贷的倾向性。总体效果是，银行的风险小了，社会能得到的住房按揭贷款资金多了，所要支付的贷款利息也低了。何乐而不为呢？

接下来的挑战是，毕竟 Fannie Mae 的资金供应不是无限的，它

联邦住房按揭贷款协会总部大楼。图片来源：美国国会图书馆

不可能无止境地从银行手中买下按揭贷款。为了进一步增加按揭贷款资金的供应量，也为了分摊 Fannie Mae 的贷款风险，1970 年成立另一个叫 Ginnie Mae（Government National Mortgage Association）的半政府机构，专门将从美国各地买过来的各种住房按揭贷款打成包，然后将贷款包分成股份，以可交易证券的形式向资本市场投资者出售。这种按揭贷款证券（mortgage backed securities，MBS）的好处很多，包括进一步增加住房按揭贷款的流动性、使按揭贷款资金的供应量几乎是无限的，等等。更大的差别在于，按揭贷款风险不再只由银行和 Fannie Mae 承担，而是通过证券化细化、分摊到成千上万个资本市场投资者的手中，分摊到全球各地的投资者手中，造就了前所未有的全球证券金融市场体系。

围绕住房按揭贷款的金融创新层出不穷，20 世纪 90 年代开始，特别是最近几年，许多华尔街公司也加入这个创新领域，与 Fannie Mae、Ginnie Mae 竞争，比如，华尔街公司把各种住房按揭贷款打成包之后，将这些贷款包的未来收入流分拆成 A、B、C、D 四层

“子证券”，这样，如果这些按揭贷款在未来出现坏账，那么，最初的5%之内的损失由D层证券的投资者承担，如果坏账损失超过5%，那么在5%至10%间的损失由C层证券的投资者承担，10%至20%间的损失由B层证券的投资者承担，更大的损失发生时则由A层证券投资者承担。这样，A层证券的风险最低，其他的以此类推。

金融创新还不止于此，因为在这些金融机构推出众多按揭贷款创新证券品种之后，对投资者而言，品种繁多到眼花缭乱的程度，并且这些创新证券的收入税率差异也很大。所以，就又出现了将这些不同类型的按揭贷款衍生证券进一步打成包，再以基金或衍生证券的形式把这些衍生证券包分成股份卖出去，这就是SIV（structured investment vehicle）这类金融产品的背景。这些由按揭贷款衍生出来的证券的衍生金融产品，其目的大致包括为不同风险偏好的投资者提供各类风险水平的投资品、为不同税率的投资者提供避税的投资品，等等。这真是“各尽所能”以满足“各取所需”。

比如，按揭贷款抵押证券往往每年付息较多，这种利息属普通收入，没有税率优惠（税率在40%左右），相比之下，如果是证券价格上升，那么投资者的升值收入属资本所得，个人所得税的税率则只有普通收入税率的一半（约20%）左右，因此，对于私人投资者而言，他们不喜欢太多的利息收入，而更偏好资本升值收入。可是，由于退休基金、捐赠基金等机构投资者不需要支付所得税，对他们而言，他们会更喜欢利息收入。这样一来，就有了将按揭贷款抵押证券的未来收入流进行拆分的金融创新，将其分成两种证券：一种证券的投资者得到所有利息收入，另一种证券平时不付息、等到若干年后只拿到贷款本金（也就是只有资本增值，没有利息）。前种证券是针对机构投资者，而后者针对私人投资者。

过去七十年，围绕住房按揭贷款的多种金融创新为美国社会提供了巨大的购房资金，其贡献自不必多说，但也带来了严重的结构性问题，尤其是这一长条的按揭贷款衍生证券链，使资金的最终提供方与最终使用方之间距离太远。由于每一环金融交易包含着新一环的委托代理关系，在资金的最终提供方与最终使用方之间的距离太远之后，多环节的委托代理关系必然导致道德风险、不负责任的程度严重上升。

例如，近几年，许多在最前面直接跟借款方打交道的银行、金融公司（按揭贷款公司）根本就不管借款人是否有好的信用、今后是否有能力还债，因为这些银行和按揭贷款公司在把款贷出之后，赚取手续费，一转手就把按揭贷款合同卖给 Fannie Mae 和华尔街公司，由后者再将贷款打成包以证券化卖出去，这样，委托代理链上的每一方都可以不负责任，都只赚服务费，所有的风险都由最终投资者承担，而这些最终投资者又离前面的直接放贷者、打包者隔了好几环委托代理关系，没法行使太多的监督，于是，系统性风险就有机会日积月累了。

委托代理链太长之后，对中介服务机构的需要也当然增加，比如，需要专业证券评级、审计服务等，这些服务本身也是委托代理关系，自然催生道德风险。特别是当证券评级公司必须在证券发行方付费的情况下才给予评级的时候，其中包含的利益冲突、道德风险达到极点，使证券市场的信息可信度大打折扣。

这次次贷危机的成因跟国有企业中所有者缺位，委托代理关系松散，致使管理层基本能够对国有财产有不被问责的支配权，在本质上是一回事。到目前为止，所有国家的国有企业实验都失败了，以至于自 20 世纪 80 年代开始，全球范围内兴起国有企业私有化的浪潮。按照同样的道理，在美国的按揭贷款衍生证券市场上，由于所隐含的委托代理关系链太长，其隐含的结构性系统风险总有一天要爆发，这当然是必然的。**“花别人的钱不心疼”这一简单道理在这次次贷危机中再次得到印证。**

除了因委托代理链太长所带来的结构性问题之外，格林斯潘时代的美联储货币政策是否是本次金融危机的主因呢？一种观点认为，在2000年纳斯达克网络股泡沫之后，美联储大幅降息，让联邦基金利率在1%的水平上停留一年之久，给美国社会提供了大量廉价资金，使房地产泡沫持续膨胀，因此就有了当今的危机。——从表面看，好像如此，廉价资金当然给资产泡沫火上浇油，持续的低利息政策在一定程度上使本次危机变得更严重，但是，这不是根本原因，因为上面谈到的不负责任的放贷行为是结构性问题，跟利率的高低没关系，不负责任的放贷行为、有利益冲突的证券评级等才是这次危机的主因。

那么，为什么格林斯潘时代的货币政策不是主因呢？判断货币政策是否适当的唯一最合适的指标是通货膨胀率，当然我们可以争论通货膨胀率指数的构成合不合适，是否让资产价格占更高的比重等等，但这些是具体的技术问题，不能改变通货膨胀率是判断货币政策是否适当的最好指标这一基本原理。正如我们以前谈过，流动性相对于GDP或任何产出指标的比例上升，本身并不能说明流动性“过剩”，因为，一方面随着交通运输和通信技术的提升，原来没有被市场化的许多隐性人际交易在相继被市场化，也就是被货币化，需要货币来支付，比如，原来靠家庭、家族实现的隐性养老、保险、信贷、融资服务，现在由金融市场在取代；原来靠朋友间的帮忙与礼尚往来所实现的互助隐性交易，现在由搬运公司、出租车、旅馆、餐馆等市场化“企业”所取代；原来自家种粮食、自家做饭，因此不需要用货币结算，现在越来越少的家庭自己种粮、自己做饭，而是去市场上买。按照同样的道理，国际贸易的上升本身也会增加对货币供应的要求。这些市场化发展都要求有更多的货币供应，不仅在中国如此，而且在全球都基本如此，使各国的货币供应量与 GDP 之比持续上升。另一方面，随着各国将“死”财富、“死”资产和未来收入流做金融资本化的能力的提升，流动起来了的财富（包括未来预期的财富）都在上升，金融资本的增加自然也增多了各国的流动性，全球流动性也因此上升。——由这两方面原因（市场化和金融资本化）所引发的流动性上升跟中央银行货币政策无关，而是跟市场化进程和资本化发展有关，这种流动性的增加是事出有因，所以，不一定带来通货膨胀。换个角度看，其意思是，**只要通货膨胀不是问题，单纯的流动性增加就不是问题，央行货币政策必须以控制当前的和未来的通货膨胀率为目标。**

按照这一标准，我们看到，2000 年网络股泡沫之后，虽然美联储让基准利率停在 1%的水平上达一年之久，但，美国通货膨胀率在 2001 年为 2.85%，2002 年为 1.58%，2003 年为 2.28%，随后的几年里从没超出 3.4%。实际上，在 1992 至 1999 年间，美国的通货膨胀率最高只有 3.01%，最低为 1.56%。从这些指标看，格林斯潘的美联储至少在货币政策上尽到了它的职责，成绩突出。

——美国式金融资本主义是否已走到尽头

身处金融危机中，我们自然想知道美国式金融资本主义是否已走到尽头？对于起步才几年的中国金融市场来说，是否还有必要深化发展各类证券型金融市场？是否该重新回到以银行为核心的金融体系？

我们首先看到，以证券市场为主旋律的金融体系是美国自 19 世纪后半期开始崛起的核心基础。我们可能认为科技创新、技术革命才是美国过去两个世纪的主要优势，从表面看这当然没错，但，从更深层看，如果不是美国资本市场所提供的激励催化器，大家看到的美国创新与创业文化是难以持续的。正如笔者以前多次谈到的，股市给创新者、创业者提供了一种前所未有的将未来收入预期提前变现的机器，这种提前变现亦即“退出机制”催化创业、创新，所以，才有盖茨、戴尔二十几岁即成为亿万富翁；也因同样的原因，到今天中国的李彦宏、江南春三十几岁也成为亿万富翁。**没有美国式资本市场，美国社会在过去一个半世纪中就没有那些千千万万个年轻人的创新财富故事；正是这千千万万个盖茨的故事激发了一代一代的创新者、创业者，以至于让创新、创业精神内化为美国文化的一部分，贯穿到大学、中学乃至幼儿园的教育中。**

无论是最显性的股票市场、债券市场，还是基于按揭贷款、学生贷款、信用卡贷款等的衍生证券，其最终目的，一方面是为社会提供更多的资金和更方便、成本更低的配置资源的手段，另一方面是让个人、家庭、企业和政府能够更多地将“死”财富转化成能“以钱生钱”的资本，这包括土地、矿产、房屋等“死”的“不动产”财富，还有各种未来收入流，比如企业未来收入流、个人未来收入流，这些本身都是不能拿到今天来花或做再投资的财富，通过将这些“死”财富证券化，它们就都变成了“活”资本，也让人们能把未来的收入用来做新的投资，进而又改变未来的收入机会。

在这次金融危机中，我们再次审视美国人的借债消费模式，这种模式是否正在终结？或者说，是否应该终结？不用质疑，美国政府的财政赤字不能再继续膨胀，特别是在民间投资回报短期内会继续偏低的情况下，靠公债维系政府开支的模式是不合算的。也就是说，在新一轮激发生产力提升的技术出现之前，在财富创造力又发生新变革之前，减少政府开支、适当加税以降低财政赤字，应当是上策。但是，对个人和家庭而言，放弃住房按揭贷款、汽车贷款、学生贷款，甚至偶尔用到的信用卡贷款以及其他金融工具，既不现实，也不应该，这是由一般人一生中的收入周期所决定的。也就是，年轻时最能花钱、最需要花钱时，往往是一生中收入为负或最低的时候，而等到过了中年，最不需要花钱，也不能花钱的时候，又偏偏是收入最高的时候；正因为这点，才有必要用住房按揭贷款、汽车贷款、学生贷款等金融产品，它们的作用是帮助我们尽可能把一辈子的收入在不同年龄段之间拉平，让个人一辈子的消费更趋合理，以免有的年龄段中钱少得要饿死、另外的年龄段中钱多得无处花。由此看到，**美国靠金融推动的发展模式不仅会继续，而且也应该被更多的社会所吸收、推广，因为它既促进消费内需的增长，又增加个人一辈子的总体福利。既然如此，为什么这种模式要终结呢？**

因此，**像美国历次金融危机一样，这次危机不会改变美国的经济模式，也没有人要终止金融证券业在美国经济中的地位，面对的挑战仍然是一个如何改良的问题**，如果说“借债消费”过头了，那是量的问题，属于改良的范畴。更确切地讲，是如何找到一种新的制度安排，以减少多环节委托代理关系链所带来的道德风险，使每个环节的交易方都能勤勉负责，保证“花别人的钱也心疼”。这等于把我们又带回到社会组织、经济组织、市场交易设计中的经典问题，是委托代理关系和激励机制设计问题。这次次贷危机带来的教训是，在最前面直接与借款方打交道的中介商必须要分担一定的坏账风险，证券评级公司、审计公司也必须承担后果，而不能像现在这样，他们做好做坏照样收取固定的服务费。另一方面，随着资金的最终使用方与最初提供方之间的委托代理链不断拉长，整个交易链中涉及的金融中介公司越来越多，就像这次次贷危机所表现出的那样，其中有按揭贷款公司、商业银行、华尔街券商、证券评级公司、信用保险公司、基金管理公司、投资咨询公司、机构和个人投资者，这些金融中介一环扣一环，如果一环崩溃，整个金融市场体系可能被拖下水，演变成系统风险。因此，金融交易链被拉长之后，市场中所隐含的公共利益也大大上升，为适应新局面，政府监管架构也必须做相应调整。这些也正是美国各界正在探讨的问题。但是，**最终的改革会像历次金融危机之后的改革一样，让美国金融化、资本化的能力更上一层楼。**

从目前看，虽然美国房地产市场还有一段下坡路要走，但经过美联储一系列的降息和救援措施，金融市场已基本稳定，金融危机期算是告一段落。联邦政府的“退税”支票于5月初将陆续寄到美国家庭，等这一财政救援措施于第二季度发挥效果后，如果不发生新意外的话，估计从今年第三、四季度开始，美国经济将逐步复苏、回暖。至少到目前还看不到美国经济进入全面萧条的证据。

——给中国的启示

美国次贷危机对中国的启示是什么？对于当初认为“美国的金融证券市场最发达，所以不应该有金融危机”的人来说，这次危机或许显得很突然。但是，当我们看到金融交易的内容是无形、无味、无色的支付许诺，我们会认识到金融市场是最能滋生违约风险、道德风险的温床，因而最难发展，对制度的要求远高于一般商品市场。特别是当金融交易链中的环节不断增加之后，人的本性决定了委托代理关系必然会带来越来越多的系统风险，美国也不例外。这次危机再次证实了发展金融证券的艰难。

不发展金融自然不会有金融危机，只要发展，就必然时常碰到问题。**今天中国因为没有那些五花八门的按揭衍生证券，所以没有金融危机，而美国有了这些才时常出现金融危机，这本身并不说明中国的金融欠发展是正确的，是对中国社会更有利的事。而如果中国或任何国家从此限制金融创新，过度强化金融管制，那会像因噎废食一样地错。只有进一步鼓励自发的金融创新，放开金融市场的手脚，中国的金融市场才能深化。**

说到底，中国无法回避金融发展这一挑战。第一，中国人均GDP 已超过 2000 美元，标志中国已解决好现时的温饱需要，接下来发展的重点是解决好未来生活安全问题，这包括养老、医疗、意外风险防范等，这些都涉及收入、价值在不同时空之间的配置，而这又是金融交易的核心，也只能通过金融市场来实现。只有发展好金融证券市场、深化各类金融产品，中国家庭才能安排好未来方方面面的生活需要，最大限度地规避未来的生活风险，人们今天才敢增加消费，促进内需增长。随着人们收入的增加，对金融市场的需求必然上升，金融交易链必然越来越复杂。

第二，以住房按揭贷款、学生贷款等为基础的衍生证券，虽然美国因为按揭贷款证券化的交易链结构性问题而出现危机，但这些证券化技术本身是极好的金融创新，非常值得继续推广。目前在中国，住房按揭等贷款完全由银行提供，这不仅不利于风险在更广泛的范围内“各尽所能”地分摊，而且按揭贷款、学生贷款、信用卡贷款的流动性太低，增加银行的风险，制约资金的供应量，从而抑制国内消费需求的增长。没有这些“把未来收入往今天的消费转移”的金融工具，就无法改变中国人“年轻时最能花钱却是一生中最没钱的时候，年长时最不想花钱却现金最多”的局面，也不利于内需的增长。

第三，中国资本化、金融化的能力还有限，也就是说，自造金融资本的能力还有限，这也呼唤着金融证券市场的深化和多元化发展。笔者以前在许多文章中谈过，中国历来就有很多土地、资源、企业未来收入流、个人未来收入流，但这些“死”财富、不能动的未来收入却很难被资本化，不能变成今天能消费也能用于再投资的“活”资本。好在最近十几年，随着海外资本市场通道的打开、国内资本市场对民企的开放，至少部分行业已经尝到将资产和未来收入流资本化的甜头，不仅激励了互联网、传媒、太阳能、零售、餐饮、制造等众多行业的创新、创业活力，而且资本化也带来了李彦宏、马云、江南春、沈南鹏、施正荣等等许多年轻亿万富翁榜样，激发了整个社会的创新、创业文化。金融资本化发展给中国社会带来了创新的活力。

熟悉美国经济史、英国经济史的学者知道，不应该因一次金融危机就放弃金融化、资本化的发展。实际上，在 1720 年，因为南海公司股票泡沫的破灭给英国带来金融危机，英国议会“因噎废食”地通过著名的《反泡沫法案》，基本上使任何英国公司都从此不再能向公众发行股票。他们害怕股票类证券继续成为一些人骗钱、制造金融危机的工具。那次法案的实际效果是使英国股票市场停滞了 130 年，等到 1860 年英国重新允许私人公司发行股票、恢复股市发展时，美国已领先了，就这样，英国把股市这一人类至今为止最好的激发创新、加速实现未来收入的机器让给了美国，使美国成为全球的创新中心。**这次美国次贷危机给我们提供一次极好的学习机会，如果是建设性地去跟踪、研究，对中国经济的进一步崛起会帮助无穷；而如果是浮于表面“大手笔”地否定美国式金融经济，那就是另一回事了。**

政府接管危机公司在美国不是第一次。大萧条时期，“国家再建金融公司”（Reconstruction Finance Corporation）不仅给处于危机中的金融公司提供贷款，而且购买了很多私人银行的股份，帮助其走出危机。图为正在工作的 RFC 员工。图片来源：美国国会图书馆

第 13 章

政府为解救危机而持股银行不是国有化

当下，各国经济因美国金融危机而全面受挫，危机之下，英美等国家，都在由政府接管银行、券商或保险公司，要么全资国有，要么由国家实质性控股。这是不是对过去二十余年私有化的反动，是不是“再国有化”的起点？

我两个女儿相差一岁半，老二个子长得相对较快，三岁后差不多就能穿姐姐的衣服。刚开始，为了培养姐妹互爱、共享的习惯，我夫人跟她们说好，妈妈给她们买的衣服，是两人共同拥有的，属于“公共财产”，谁都可以穿，任何人不能独霸。

几个月后，妈妈发现，姐妹俩不仅穿衣服时毫不珍惜、不负责任，而且经常为抢衣服大打出手，陈晓说她先拿到，陈笛说是她先拿，两人各抓衣服一头，谁也不放。到后来，局面演变到，只要一方想要穿哪件，另一方肯定也要那件衣服。

“公有”体制失败后，我夫人王蓓只好改变制度，每次买衣服时，先说好这件是陈晓的、那件是陈笛的，明确产权，并规定谁要穿对方的衣服时，必须事先得到同意才行，不可以在没有得到所有者同意的情况下穿对方的衣服。我们家里的“私有制”就这样出现了。把产权具体、明晰化到个人之后，不仅那些为衣服而大吵大闹的局面减少很多，陈晓、陈笛对衣服也更加爱惜。

个人对自己东西爱护、对公有东西无所谓，是这么自然，在我女儿她们那么小，还没人教她们什么是“公有制”、什么是“私有制”的时候，就知道区别对待自己的和公有的东西。产权归属明确的私有制体系，不仅是社会最为基础性的激励机制，而且是社会良序、个人权利的基础，也最尊重人性。

当下，各国经济因美国金融危机而全面受挫，危机之下，从美国到英国、荷兰、德国、法国、意大利、西班牙、冰岛、匈牙利以及中东国家、拉美国家等，都在由政府接管银行、券商或保险公司，要么全资国有，要么由国家实质性控股。于是，不少同仁开始怀疑自 20 世纪 80 年代开启的全球私有化改革：这是不是对过去二十余年私有化的反动，是不是“再国有化”的起点？从我女儿她们的表现中所看到的人性是否真的可以被强制改造？人类社会是不是真的必然走向国有制？

—— 政府接管危机公司在美国不是第一次

首先，我们看到，美国政府接管银行跟我们熟悉的国有制不是一回事，也就是说，今天美国和西欧国家由政府持股一些大银行，只是过渡性的危机处理手段，不是让政府通过银行发财或实现“共同富裕”之目标。实际上，19 世纪之后，出于不同的理由，美国也多次这样做过。在第一次世界大战期间的 1917 年，为了保证战争运输的顺利进行，联邦政府强行接管并经营美国的铁路公司。一战结束后，于 1920 年，政府重新补偿这些铁路公司的原债券投资者和股东的经济损失，同时将这些公司转让给私人投资者，由民间自己经营。

同样是出于战时紧急状态与军供安全的理由，二战期间，美国政府接管了几十家私人铁路公司、煤矿公司以及杂货零售公司，到战后再还给民有。1952 年朝鲜战争时期，美国私人钢铁公司威胁要进行全面罢工，断绝战时钢铁供应，结果，杜鲁门总统宣布由政府接管 88 家钢铁公司，以保证国家安全。可是，接下来，钢铁公司的股东们集体起诉，指控总统命令违宪，最后，官司打到美国最高法院，最高法院判定总统越权，命令将这些钢铁公司归还给私人股东们。

在金融行业，20 世纪 30 年代大萧条时期，政府接管过很多银行，其中规模最大的举措要数 1932 年由联邦政府成立的“国家再建金融公司”（Reconstruction Finance Corporation），它不仅给处于危机中的金融公司提供贷款，而且花 13 亿美元（在相对规模上相当于今天的 2000 亿美元）买了近 6000 家私人银行的股份。等经济复苏、银行业稳定之后，由“国家再建金融公司”代表政府持有的银行股份都卖给了私人投资者，或者干脆让这些政府拥有的银行私有化。

1984 年，当时美国的第七大银行——“大陆伊利诺伊银行”（Continental Illinois Bank and Trust）在德州等地因投资油田导致呆坏账太多，出现潜在的挤兑危机。由于那家银行太大，“大到不倒”，随时威胁金融市场的稳定。为避免一场金融危机，联邦政府注入资金并接手其 80%的股份。在政府因呆坏账而损失近 10 亿美元后，该银行被重新改组私有化，变成了今天我们熟悉的美国银行（Bank of America）。

最近的一次是 1989 年联邦政府成立的“信贷银行清算公司”（Resolution Trust Corporation），其背景是 20 世纪 80 年代利率高涨，大量信贷银行资不抵债，一场金融危机眼看要拖垮美国经济。“信贷银行清算公司”代表联邦政府接手 747 家私人信贷银行，共接手近 4000 亿美元的呆坏账。该机构再将这些银行资产一一卖出给私营企业。到 1995 年，纳税人共付出 1240 亿美元左右的代价，但银行业全面恢复正常，“信贷银行清算公司”使命结束，当年就关门了。

美国的救市或者由国家控股私人企业，有两个特点：其一，只是在危机出现并且其他补救方式都无效时，政府才出面，目的不是要由政府长期经营企业、银行，更不是与民争利，也不是通过政府经营来实现“均贫富”，只是为了解决危机，或者为了特殊的战时所需；其二，一旦危机过去，市场信心恢复并进入正常运行后，政府就从那些国家持股的银行、金融机构或企业中淡出，将股份转售给私人或私营企业。

这种因危机所引起的国家持股，跟当年中国和苏联进行国有化的出发点完全不一样，不是由国家把民间力量从行业中挤掉，不是要将民间私有财产全面国有化，不是由国家来经营经济，而是在出现市场危机时为民间市场提供援助。也就是说，这种因危机而接管金融机构的手段，是政府基于公众利益对私有制经济的补充，而不是对市场、对私有制的取代。

—— 市场经济没有终结

在市场出现危机时，政府干预是不是否定市场经济理念呢？不理解人之本性的人会认为这证明计划经济、国有经济是人类的重新选择，我们以前的教训、前苏联的教训都告诉我们：市场经济不仅是更尊重人性的制度安排，而且也是个人自由与权利的保障。

但是，我们也必须认识到，没有人会天真到以为今天还能像 200 年前那样有一个没有政府影子的绝对自由市场。在传统社会以村、以局部地区为核心的市场中，由于各地市场相对隔离、相互影响小，一个地方的市场出了问题，即使没有政府救市，后果再严重也危害不到全社会。那时候，政府救市的直接成本和间接“道德风险”成本会远高于其好处，因此，以前可以有几乎绝对的自由市场经济。现在，不管是一国之内，还是跨越国界，各地区市场都已被整合到一起，特别是随着全球化的深化，金融市场已不是一个地区、一个国家的分割市场，而是真正国际化了的市场。在这种时候，如果一个市场因信息过多地不对称而引发信心危机，并全面崩盘的话，整个世界经济和社会将会产生前所未有的震荡，这涉及太多的公众利益。

说到底，还是工业革命所带来的市场范围不断扩大，改变了市场与政府间的边界。在 1800 年前后，美国 95%的人口生活、工作在农场上，种粮食和做手工基本是为了自给自足，除了靠近大西洋海岸、密西西比河、俄亥俄河等靠海或靠河的少数地区的农场外，其他地方的美国村庄即使有剩余粮食，也很难运到真正的跨地区市场上销售，整个跨地区市场的形成程度很有限。就连整个美国的货币供应量也才 2800 万美元，今天意义上的金融证券市场才刚刚萌芽，更谈不上有全美一体化了的金融市场了。所以，在那种时代里，市场难以出问题，即使出了问题，也当然用不着由政府来救，因为那不容易把整个社会拖垮，局部市场危机涉及不到太多的公众利益。那时，还根本没有商品期货市场、期权市场，更没有住房按揭贷款证券，没有投资银行这样一种行业，那些都是 19 世纪后半期的事情。

由于 19 世纪后半叶铁路网络、电话网络等的发展，到了 20 世纪初，不仅美国各地的商品市场，而且连股票市场、债券市场、期货市场也把美国各地区紧紧地连在一起。到 20 世纪 20 年代，美国各地的实体经济和金融经济算是真正地被整合为一体了。从那时开始，市场危机和全社会危机被等同起来，因为一个地方市场的感冒已经能让各地市场都咳嗽了。

但是，到那时为止，美国政府并没有完全意识到那种市场一体化程度对政府与市场边界的界定点的影响，还是认为政府和市场可以完全独立，不需要由政府介入危机处理。真正教训美国社会的是1929年开始的金融危机以及由此引发的经济大危机，20世纪30年代的大萧条让人们看到，当市场跨地区整合到一定程度，当金融交易的复杂度、广度和深度上升到一定层面时，有些市场参与者居然能到“大而不倒”的地步。经过那次教训之后，“罗斯福新政”对美国政府为市场提供的制度架构进行了全面的梳理，为那以后的发展奠定根本性制度架构，使政府的边界适当往外延展。

20世纪30年代的危机是因为美国各地市场已经全面一体化，金融市场已经很深化，但政府的制度支持与监管架构没有跟上，所以导致了危机。而这次危机是因为商品市场和金融市场已全面跨越国界，已全球化了，但并没有相应的跨越国界的制度和监管架构，所以，也导致今天我们看到的全球危机。在这种“救火”时期，由政府先出面接管，是市场与政府的合理边界发生变化之后的必然结果。

国家在市场中必须承担维护产权和契约权益的责任，也应当建立和维护市场所需要的制度架构。此外，当意外市场事件威胁到太多公众利益时，政府有责任出面保护公众利益。相比过去，政府介入恢复信心的必要性确实高了很多。

当然，如果政府干预救市，会带来很大的道德风险，这也是代价，也会很大。这就是为什么现代全球化了的社会里政府的作用和角色重要了很多。但权力增加很多的同时，对权力进行监督制约的必要性也大大增加，因此，就出现了现代民主政治制度。这些同步发展不是偶然的。

我们必须看到，在关键时候，政府不救市会有很大社会成本，但

救市有好处，也有道德风险，两害相权究竟谁重谁轻？由谁来判断？做出判断的人是否公正客观？是否有可靠的制度架构保证其公正客观？所以，政府可以在市场危机关键时候起重要作用，但是必须在问责架构下干预市场。

这就是为什么在中国，伴随政府干预市场、解救市场危机的频率越来越高，对政府权力的制约和问责机制也必须跟上，必须有相配套的政治改革，否则，政府权力的扩展反而会给社会带来更多的代价。所以，**我们不怕看到美国政府、中国政府因为其与市场的边界发生变化而频频介入市场，但我们怕只看到政府权力的扩张，而见不到对权力制约和问责的出现。**

19 世纪末的美国杂志漫画还在讽刺借贷消费给人们的生活带来的冲击，以及由此上演的种种荒诞剧情。但 1927 年后，分期付款消费不再是一件见不得人的事了，而是被社会广泛接受。到今天，不通过按揭贷款买房、买车、买家用大件，那反倒是让人觉得不正常了。不过，在金融危机之下，借贷消费模式面临着考验。人们的消费观将倒退到一个多世纪之前吗？图片来源：美国国会图书馆

第 14 章

金融危机之下，美国的借贷消费模式会改变吗

现在，次贷危机引发了几乎是全面的金融危机，正在挑战大卫，甚至整个美国社会的生活方式，挑战这种借贷消费支撑的经济模式，挑战美国金融资本主义模式。这种模式的未来会如何？将要终结吗？如果是终结，其替代模式又是什么？

2005 年，大卫 · 拉普卡从耶鲁大学读完 MBA，在康州的一家基金管理公司找到工作，年薪 12 万美元。他知道，他未来的收入和财富前景很好，今后的年收入会更高。只是他当下的现金财富非常有限。小时候，他立志要自立，要靠自己的收入养活自己，以此换得最大化的个人空间。读大学时，为了减少学费给父母的负担，他借了学生助学贷款 3 万美元，读 MBA 时再借了 3 万美元助学贷款。所以，到 2005 年开始工作时，大卫共欠债 6 万，但是，那时，他必须要买辆车，这又要花 2 万美元，同时，他又刚刚跟多年的女朋友结婚，要花 17 万美元买栋房子。

大卫的确感到经济压力，让他极为痛苦的是，他知道此后的收入会很多，特别是到他退休时财富会最多，可是，他现在 28 岁，正是成家立业最需要钱的时候，而此时偏偏最没有现金，还负债！好在有按揭贷款银行，他算了一下，如果再借钱买车、买房子，他会累计欠债 25 万美元，如果按 30 年分期付款，当时的利息是 5.5%，这样，未来的月供是 1800 美元左右。这样算下来，还不错，因为他未

来月收入 1 万美元，去掉纳税以及保险、退休金等之后，还能拿到手的有 6000 多美元，也就是说，债务月供只占可支配收入不到三分之一，他还有 4000 多美元作其他开支。事过三年，到今天，大卫的年收入已超过 20 万美元，有一个女儿，还在等第二个。

大卫的故事在美国当然很典型，也是美国靠借贷推动消费、再靠消费推动增长的经济模式之最好的典范，有钱家庭出身的人如此，劳动阶层出身的人也如此。这种模式之所以在美国社会如此根深蒂固，是由人一辈子的收入轨道所决定的，年轻力壮时最没钱，到年老退休时钱最多，而花钱消费的年龄轨道又正好与此相悖，所以，信贷市场的发展就是为了帮助人们应对和调和这两种轨道的矛盾。按揭贷款衍生证券市场的深化，最终就是最大化借贷资金的供给，同时最小化借贷的利息成本。

现在，次贷危机引发了几乎是全面的金融危机，正在挑战大卫，甚至整个美国社会的生活方式，挑战这种借贷消费支撑的经济模式，挑战美国金融资本主义模式。这种模式的未来会如何？将要终结吗？如果是终结，其替代模式又是什么？

—— 借贷消费的起源

就像我们熟悉的传统中国社会一样，19 世纪末之前的美国社会也不知道上面介绍的大卫的生活方式，经济学家当时也没听说过消费驱动型经济增长模式，更不熟悉以借贷消费带动增长的模式。这不奇怪，因为在那之前，以借贷支持消费的必要性不高。

原因是，一直到 19 世纪末之前，人类还没有完全解决好基本的温饱问题，所能生产的东西还不够满足基本生存需要，因此，20 世纪之前的经济都是生产驱动型的。就像我女儿多次去过湖南农村老家后，对我感慨地说："家乡的人，好像没有什么基本生存和简单精神空间之外的世界，他们早晨清早起来去为生存而生产，忙碌一天下来，吃过饭，到晚上很早又睡觉，他们自己这一代如此，到了下一代还是重复着如此，生存就是为了能多工作一天，多工作一天就是为了简单地多生存一天，每天这样重复，每代这样重复。"以前的美国社会也差不多像传统中国农村一样，生产决定一切，一切也差不多都围绕着生产。所以，毫不奇怪，工业革命的首要任务是改进生产技术、提高人类的物质生产能力，让人们走出简单的温饱挑战。

事实上，1780 年左右工业革命开始，一直到 19 世纪中期，技术革新主要是围绕纺织的机械化、规模化生产，围绕提高每个工人每天的生产率，接下来的火车技术发展是围绕如何把商品跨地区运输，让各地能最大限度地互通有无。

也就是说，在基本的生存需要还没满足的时候，当然还顾不上去通过发展金融刺激新的消费需求的出现、刺激非基本生存的消费增长。那时候，银行和其他金融机构几乎没有消费信贷业务，平时，老百姓当然偶尔要借钱，以解决临时出现的资金需要，但基本是在亲戚、教会、朋友网络间相互帮助，正规金融的介入还不成规模。

缝纫机是第一个进入美国家庭的工业革命产品，第一个家庭"大件"，那发生在 19 世纪 50 年代，这一大件开启了消费信贷的历史。在那之前，美国家庭只有一些木制家具、一些金属餐具等，没有所谓的现代工业品，更没有今天熟悉的电冰箱、电烤箱、微波炉、电扇、电视、汽车、电脑等等，这些都是 20 世纪的事。起初，只有少数有钱家庭能买得起缝纫机这样的奢侈消费品，到 1855 年左右，一台缝纫机要 65 到 150 美元，而普通家庭的年收入才 500 美元左右。

I.M. Singer 开启分期付款的模式，让每个家庭主妇都可能拥有一架缝纫机，获得巨大的成功。此图展示了公司中央办公室内部的情形。图片来源：美国国会图书馆

之所以缝纫机是美国借贷消费模式的起点，是因为一台缝纫机的价格相当于普通家庭年收入的七分之一有余。到了 1855 年时，当时最大的缝纫机公司——I. M. Singer 公司发现其销售很难再增长。原因是，那时候，做妻子的一般都不工作，虽然缝纫机能把家庭主妇手工做衣服的时间大大减少，一件衬衣原来要花一天半才能做好，有了机器后只需不到两小时，但让妻子节省时间后，她的时间做什么用呢？一般家庭就不愿意花那么多钱去买进一件工业革命的东西。

1856 年，I. M. Singer 公司的市场营销总监 Edward Clark 想出一招："我们为什么不让美国家庭先用上缝纫机，然后分期付款呢？"[1] 最初，首付款是 5 美元，然后，每月再付 3 至 5 美元，到付完

1 Lendol Caldor, *Financing the American Dream : A Cultural History of Consumer Credit*, Princeton University Press, 1999, p.164.

为止。他的这种金融创新今天看来当然很简单，但这么简单的想法，执行之后，使该公司到 1876 年时共销售了 26 万多台缝纫机，远超过所有其他缝纫机公司的总和！

同一时期，钢琴制造公司也按照分期付款的金融手段促销，让本来只有富有家庭才能享受的钢琴，能够进入许多中等收入家庭，让他们的子女也能从小学习弹钢琴。

就这样，**简单的金融创新不仅把更多的“大件”带进普通美国家庭，而且也降低了高收入跟中低收入家庭的差别，使那些大件不再是富人独有的。**

—— 借贷消费模式的巩固

1850 年，美国人只有 2%左右的收入花在耐用消费品上。随着分期付款模式的推广，信贷消费日益被接受，到 1880 年，已有 11%的个人收入花在耐用消费品上。从那以后，耐用消费品的生产增长速度每年达到 4.7%，远高于耐用工业品的增长速度。[1]

美国经济增长由生产驱动到由消费驱动的模式转型，发生在 19 世纪 80 年代至 20 世纪 20 年代间。为什么会是这样？一个原因是经过 100 年的工业革命，人们的收入已增加不少，消费需求自然会上升，消费占经济的比重当然要上升；同样重要的原因是，到那时，规模化的工业生产技术已经趋于成熟，开动机器就能生产很多东西、很多产品，已经成为事实，工业产能开始过剩，到了“你要多少，我就能生产多少”的地步，于是，生产已不再是经济增长的瓶颈，消费

1 Lendol Caldor, *Financing the American Dream : A Cultural History of Consumer Credit*, p.167.

需求才是瓶颈，就完全像今天的中国经济所处的状况一样！

问题是如何促进、推动消费增长？当然，最好是收入都增加。但是，在收入增长相对较慢的情况下，有什么方式松解消费的瓶颈呢？

这就又回到分期付款或说按揭贷款上。最好的例子莫过于私人汽车。即使在今天，除了房子以外，汽车仍然是多数个人最大的“大件”（另外，对有些人，还有私人飞机、游艇等等）。汽车按揭贷款是从根本上完成美国经济向借贷消费模式转型的一件大事。

在私人轿车面世的初期，从1899至1909年间，每辆车的价格从1559美元上升到1719美元[1]。而当时一般工人的年收入才800美元左右，私人汽车主要是有钱人的消费品。1908年，福特公司推出简易型“Model T”汽车，定价850美元，其目标是让千千万万个普通美国人都能买得起车。这么低的价，的确让福特汽车的销量大增。但，其价格还是高于一般家庭的年收入。靠现金购买只能把市场扩大到一定的规模。

1913年，一个叫L. F. Weaver的人在旧金山成立美国第一家汽车按揭贷款公司，专门向普通大众提供汽车消费贷款，买车者只需付四分之一的预付款，剩下的分期付。这个行业此后快速发展，1917年美国有几十家汽车按揭贷款公司，到1922年时有近1000家，到1925年则上升到近1700家[2]。

这中间有一段富有启示的经历是：1916年，一个叫Edward Rumely的财务顾问向福特公司创始人递交一份很长的报告，建议福特公司自办一家汽车按揭贷款公司，专门为其汽车经纪商和顾客提

1 Lendol Caldor, *Financing the American Dream : A Cultural History of Consumer Credit*, p.185.

2 同上, p.192.

供低息贷款，以此保证其市场份额能上升。他说："或许是由于人的本性，更多人愿意先买车、后分期付款，而不愿意等到有足够多现金时，才一次付清买车。"可是，福特回答说："我们的车非付现金不卖！"

不过，通用汽车公司的老总不觉得借钱花有什么不好，那只不过是把未来的收入预支到今天，你未来的收入和今天的收入，不都是你的收入吗？加上通用汽车的车价一般是福特的两倍左右，按揭贷款所提供的分期付款安排对通用汽车效果会更显著。1919 年，通用汽车成立自己的汽车按揭贷款公司，专门为其汽车的销售服务。

结果如何？ 1921 年，福特公司仍然最大，其汽车市场份额为 56%。可是，到 1926 年，它的龙头地位让给了通用汽车公司。虽然两年后，福特公司也推出自己的汽车按揭贷款公司，但已经晚了。自那以后，福特永远做了老二。

到 20 世纪 20 年代末，借贷消费、"先买后付"已普及到美国各种耐用品，甚至非耐用品市场。像通用汽车那种靠"信贷促销"制胜的策略，在各个行业竞争中，被广泛使用，谁不提供"先买后付"，谁就会被击败。

1910 年，全美国的分期付款消费信贷总额只有 5 亿美元。到 1929 年已上升到 70 亿美元[1]。1930 年那一年中，70%左右的新汽车、85%的家具、75%的洗碗机、65%的吸尘器、75%的收放机都是靠分期付款卖出的。借贷消费就这样在美国社会扎根了。

为什么分周、分月或分季付款在现代社会中是更合适的金融安排呢？我们前面谈到大卫 · 拉普卡的故事时，说到他未来年收入很

---

1 Lendol Caldor, *Financing the American Dream : A Cultural History of Consumer Credit*, p.201.

多而今天没现金，所以，他要靠金融产品帮他跨时间转移收入。此外，也因工业革命改变了个人收入跟时间季节的关系。以前，农业社会时期，“青黄不接”是常事，秋收时期粮食多、收入多，但在春夏时期则没有，而且往往吃不饱，所以，农业社会的借贷，往往是春夏季节借入，秋收时节还出，是两点式的支付安排。

可是，工业革命带来的城市化，让大家都变成工薪阶层，按月获得工资收入，工资不一定高，但，每个月的收入基本等同。为了适应这种变革了的新方式，针对个人的金融借贷支付安排也应该是“次数多、金额小”，月供最理想，与月薪相呼应。于是，很自然地，以分期多次付款为特色的贷款安排就普及开来。

—— 借贷消费不道德吗

美国经济向借贷消费增长模式的转型并非没有争议。事实上，美国以基督教为主，教会最初极力反对借贷消费。19 世纪中，一种普遍的看法是：那些借钱消费的人一定是自我约束力太差，道德意识欠缺，因为他们是这么贪图享受，以至于今天的收入用完还不够，还要透支未来。

就像中国社会一样，美国社会历来对借钱投资、借钱经商，都能接受，因为这些投资是赚钱，是用钱赚钱，所以，付利息投资、借钱投资不是贪图享受，而是进取向上。可是，如果是借钱消费，那不能接受，因为那是在把钱花在吃喝、花在享受上，而吃喝和享受又不能创造价值，是纯粹的付出。

随着借贷消费越来越流行，19 世纪末就有许多美国人呼吁抑制消费欲望，警告人们不要被贪婪所淹没，被债务拖得不可自拔。

“借贷消费是恶魔”！美国当时的主流文化对借债消费看得那么负面，以至于即使自己借钱消费，也害怕别人知道，怕别人小看自己。在 1926 年，一项民意测验发现，尽管有近一半人认为分期付款消费“蛮好”，但被抽样的人当中，每四人中有三人说“我的邻居借贷消费得太过分了”！也就是说，他们普遍认为自己分期付款消费不是坏事，但是对别人借钱花费的态度还是很负面的。而另一项民意测验中，只有四分之一的人赞同分期付款消费，剩下的都持否定态度。

尽管借贷消费到 1926 年时在美国已经很普遍，但社会舆论对这种做法依然很负面。因此，在伦理上，借贷消费面对一场社会文化挑战，就好像今天中国年轻人借钱消费，也被社会普遍责备一样。

1927 年，美国社会对负债消费的态度发生根本性转变，变得普遍认可。主要原因是，这年，哥伦比亚大学经济系主任 E.R.A.Seligman 出版了两卷研究著作，《分期付款销售的经济学》（*The Economics of Instalment Selling*）。他的第一个论点是，不存在什么“生产性信贷”和“消费性借贷”的本质差别，因为“消费也是生产”，没有什么只进不出的消费。他说，表面看，好像个人消费是把钱享受掉了，好像没有产出什么东西，但实际上，人的消费开支也是一种生产性投资，是对人力资本的投资，因为如果个人住房舒适、开的车好、穿的正装潇洒，那么他会工作得更卖力、更勤奋，能做成的生意、能创造的价值也会多。亦即，个人消费是对人力资本的投资。

他的第二论点是，根据对大量个人借贷消费数据的研究分析，他并没有发现借贷消费使人堕落的证据。恰恰相反，正因为分期付款消费后，大卫每个月有月供，表面看这给他压力、使他日子难过，让他成了“房奴”、“车奴”，但实际上，那些分期付款消费的人反而因为定期要交的月供，使自己变得更有财务纪律，自律能力强。

Seligman 教授的研究著作为借贷消费正名。**1927 年后，分期付款消费不再是一件见不得人的事了，而是被社会广泛接受。到今天，大卫也好，其他人也好，不通过按揭贷款买房、买车、买家用大件，那反倒是让人觉得不正常了。**

从学理上讲，你今天买下房子、汽车，不只是今天、今年从中得到好处，而且只要你还住在其中、在开着车，今后每年都从中得到好处，那么，今后当然应该每年为其付费。这种分期付款的安排对于理顺个人收入流程跟消费流程的关系，不愧为精妙之作。

——借贷消费模式还会继续

过去几年，住房按揭贷款市场走过头了，出现太多不负责任的放贷行为，结果造成今天的金融危机。这次危机还在蔓延，对美国和世界的负面冲击还需要一段时期才能消化。尽管这次危机是大萧条以来最严重的，但是，**美国自 19 世纪末演变而来的、靠借贷消费带动的增长模式不会改变，其金融资本主义模式也不会终结，在质上不会变，只是在度上会有收缩。**

道理在于上面讲到的，工业技术、农业技术已足够完善，人类的物质生产能力已大大提高，不怎么费力即能满足物质消费需求。最终制约人类经济增长的不是生产能力不足，也不是投资不足，而是消费需求跟不上。除非从今以后每个人每天的食物需要、生存需要出现根本性的增加，一天不是只吃三顿饭而是十顿饭，一人不是只穿保温所需要的衣服而是天天穿 100 层衣服，否则，这些历史进程是不可逆转的，消费继续是经济增长的瓶颈。

金融市场发展的目的之一是通过住房抵押贷款、汽车贷款、教育贷款等，来缓解人们因为在不同年龄时收入不均匀而导致的消费力不平衡问题。医疗保险、养老保险、各类基金等金融品种，其目的也在于安排好未来各种可能的需求，以减轻青年、壮年时期的存钱压力，从而促进消费。总之，住房抵押贷款证券化以及其他相关的金融发展，都是围绕着把人们从存钱压力中解放出来，进而释放消费动力。

这种借贷促进消费的发展模式不是美国专有的，发达国家都不同程度地采用了这样的模式。**实际上，中国经济现在也要从投资驱动型的模式向消费驱动型的模式转型，否则，中国只能继续依赖制造业和出口市场。**

中国要成为创新型国家，如果在金融方面的创新不显著，那么其他行业也不可能实现创新。
供图：CFP

第 15 章

消费驱动型模式不会改变

所谓的美国式金融资本主义模式，包括很多内容，例如靠信贷来促进消费，然后靠消费来带动经济增长。这个模式今后肯定不会改变。实际上，中国的经济增长现在也要从投资驱动型的模式向消费驱动型的模式转型。

美国政府接管“两房”之后不久，雷曼兄弟破产、美林被收购、AIG 急需巨额现金来摆脱财务困境，这些同时袭来的危机是美国次贷危机的深化。这会冲击美国“信贷驱动消费”的经济模式，但这种模式不会终结，只是其程度将会有实质性收敛。**这种收敛将给中国经济依靠外部需求的增长模式带来严峻挑战，这预示中国经济今后只能靠国内民间消费的增长来带动。**

国内一些评论认为，这次危机是美国金融资本主义的终结。我认为这夸大了危机导致的后果。美国式金融资本主义肯定还会继续，这次危机带来的冲击，主要的影响是在量的方面，而不是质的改变。所谓的美国式金融资本主义模式，包括很多内容，例如靠信贷来促进消费，然后靠消费来带动经济增长。这个模式今后肯定不会改变。这种发展模式不是美国专有的，发达国家都不同程度地采用了这样的模式，实际上，中国的经济增长现在也要从投资驱动型的模式向消费驱动型的模式转型。

美国在 19 世纪后，基本是靠消费拉动增长，其原因是工业革命带来生产能力的大幅提升。现代社会之所以都要靠消费驱动经济，是因为工业技术、农业技术已足够完善，人类的物质生产能力大大提高，不怎么费力即能满足物质消费需求。因此，最终制约人类经济增长的不是生产能力不足，也不是投资不足，而是消费需求跟不上，消费是增长的瓶颈。各类金融市场发展的目的之一，是通过住房抵押贷款、汽车贷款、教育贷款等来缓解因为人们收入不均匀而导致的消费不足问题，人们也通过医疗保险、养老保险、各类基金等金融品种，安排好未来的可能需求，以减轻青年、壮年时期的存钱压力，从而促进消费。总之，住房抵押贷款证券化以及其他相关的金融发展，都是围绕着把人们从存钱压力中解放出来，进而释放消费的动力。不仅美国不会结束这种模式，相反，包括中国在内的很多国家应该赶快学习，否则，中国和许多其他国家的经济增长只能靠制造业和出口市场。

那么，次贷危机的结果会是什么呢？首先当然是让美国和全球的金融机构付出代价，中国的外汇储备和商业银行、日本的银行业都已付出代价。其次是美国经济和社会受到冲击，消费信贷和其他信贷严重收缩，不仅美国的银行和其他金融机构的贷款、投资会更加谨慎，而且其他国家的机构和个人给美国提供的信贷、资本会大幅下降。因此，美国未来一两年的信贷消费很难增长。所以，我认为这次金融危机将压缩美国的信贷消费，使这种经济模式在规模上下调，但不会是终结。

接管“两房”以及通过动用政府资金解救其他金融财团之后，美国财政赤字在今年和明年至少会多增几千亿美元，再加上伊拉克战争开支等，美国财政赤字会快速增长，需要发行更多国债。这会把本来提供给民间、企业的资金转移到政府手里，压缩经济增长和民间福利的空间，而且使美元倾向于贬值，进一步打击国际投资者投向美元资产的意愿，减少美元资金的供给。

因此，从许多方面看，这次金融危机的影响深远，是20世纪30年代经济大萧条以来最严重的一次，打击面很广，也很深。但是，金融危机对美国已不是新鲜事，自19世纪50年代到现在差不多每十年左右重复一次，每次起因和形式各异，但都促使金融法律与监管体系的改良，让美国整体资本化和金融化能力更上一层楼。正是那一次次危机让美国金融经济的深化成为可能。20世纪30年代经济大萧条都没有从根本上改变美国的金融和经济模式，反而是强化了它，这次美国也会通过相应的改革再走出来。

这次金融危机会给美国“信贷驱动消费”的经济模式带来实质性的收敛，美国家庭的消费增长、企业业务拓展会受到打击，中国对美国的出口贸易会有一两年的下坡路，这会进一步打击中国的出口企业，特别是沿海省份的经济。也就是说，现在看来，次贷危机对美国消费经济的冲击被低估了，其影响的深度和广度比原来估计的要严重，这对中国出口导向型经济不是好事。

次贷危机的深化恰恰发生在中国过去30年的经济增长模式走到尽头的时候。亦即，中国过去那种靠投资拉动增长、靠出口为快速增长的工业产能提供出路的模式已经难以为继。到2007年，即使没有次贷危机，这种增长模式也差不多走到尽头，WTO“红利”已经被用完，出口市场也难以继续扩大了。在这种时候又碰上次贷危机，两者加到一起，大大强化了中国经济模式转型的必要性，转型已经是没有选择的出路，必须通过进一步的改革强化国内需求增长的能力，让中国经济今后能靠国内民间消费的增长来带动。否则，中国经济和社会将面临比较大的挑战。

如果说次贷危机是美国自 20 世纪 30 年代经济大萧条至今最严重的一次金融危机的话，那么，中国经济转型的挑战也是近三十年最大的一次。过去三十年中，中国经济每次面对挑战，包括亚洲金融危机时期，美国经济和西欧经济总体上还在靠信贷消费拉动着增长，更何况以前中国商品占全球市场的份额还很低、出口空间还非常广阔。在此之前中国都能依靠增加投资、加速工业化、依赖出口来让经济走出困境，应对挑战。但是，这次情况正好相反，**中国经济面对的挑战比前三十年严重，这下得靠内需来解围了。**

由于美国的这次金融危机，很多人认为中国加强金融监管是正确的。我认为一定的金融监管是必要的，但如果希望依靠内需来保持经济增长速度的话，中国恰恰需要加快金融创新的步伐。因为美国和中国的情况代表了两个极端。在美国，金融创新可以说是完全放开的，出了问题再说，没出问题可以完全自由。而中国则是，如果没有政府批准，任何创新都不行。我们必须知道，监管从本质上是反应性的，是针对已经熟悉的事情而为的，但创新顾名思义是以前没有的，是创造出以前不熟悉的东西，所以，从本质上，创新是不应该监管的，否则逻辑上就有矛盾。**中国要成为创新型国家，如果在金融方面的创新不显著，那么其他行业也不可能实现创新。中国式的监管，并不能够提高抵御风险的能力。打个比方，把一个人关在屋子里不让他去学游泳，他当然不用担心被水呛住，但他也学不会游泳，等他下次掉进水里，他就会淹死。**

美国允许自由的金融创新，当然会出现一些问题，这不奇怪。因为必须通过出问题，才知道什么地方应该要有监管。从这个意义上，因为次贷危机引发的问题，美国对证券、投行的管制，肯定要比以前增加。现在这么多的投行需要联邦政府和美联储提供保护，那以后美联储和其他的政府机构，就要建立起防范、监管的制度来避免危机的发生。

中国的金融管制，表面上看没有什么代价，实际上这个代价在用其他的形式表现出来。为什么在国际分工中我们只能做出卖廉价劳动力的制造业？这跟金融发展落后、金融创新没办法放开手脚的关系很大。金融市场没办法发展，国内消费的增长就会很难，带给中国经济和社会的代价就是必须靠出口来拉动增长。

我认为，**中国从这次危机中应该汲取的教训是：千万不要因为美国的金融创新带来的问题，就认为我们不放开金融创新的做法是对的。中国必须学会游泳，即使要交学费，也应该去学。**

[第四部分]

股市的逻辑

☆ 中国股市怎么了

☆ 从国有银行A股上市中看到什么

☆ 资本市场与法治发展的互动

1992 年底，自发形成的成都红庙子股市一条街人气旺盛。每天大量股民拥挤在红庙子街头以最原始的交易形式交换、买卖股票、股权证和有价证券。1993 年上半年达到鼎盛时期，当年的晚些时候，红庙子股市一条街被取缔。供图：CFP

第 16 章

中国股市怎么了

在社会对炒股从负面转向正面、大学毕业生竞相争取基金公司工作岗位之后，中国是不是从此有了健康的股市文化，美国式金融革命在中国的土壤里要扎根了呢？还是这表面看像“股市文化”，但实为传统中国“赌博文化”的翻版呢？这两种文化间的距离到底还有多远？

1997 年时，一位硕士研究生王三从俄亥俄州立大学毕业，兴冲冲要加入我和另一位同仁办的基金管理公司，王三这小伙子觉得当基金经理、天天买卖股票以及期权期货很酷，于是，决定要向在台湾的父母报喜，说他找到一份很好的职业了，让养育自己多年的父母高兴高兴。他家几代都在开银行，他又是独子，王三觉得父亲肯定会利用自家银行为我们在台湾集资，毕竟这也是自己儿子的事业。让王三万万没想到的是，当他在电话中告诉父亲自己的从业打算时，父亲把他大骂一顿说：“你这没出息的儿子，如果实在在美国混不下去，就给我滚回来，好歹在台湾我还能给你安排一份见得了人的工作！”

当然，那是十年前的事，也是十年前传统中国家族企业主对“整天泡在股市里的人”的看法。到今天，大陆中国人的观念则正好相反，不仅人人十句话八句离不开炒股，而且谁都想以炒股专家著称，恨不得全民炒股。那么，在社会对炒股从负面转向正面、大学毕业生竞相争取基金公司工作岗位之后，中国是不是从此有了健康的股市文化，美国式金融革命在中国的土壤里要扎根了呢？还是这表面看像“股市文化”，但实为传统中国“赌博文化”的翻版呢？这两种文化间的距离到底还有多远？

在前面章节我谈到，美国人之所以比任何国家更显得有钱，重要原因是因为它有着让任何资产、任何未来收入流变成金融资本的资本化制度体系，让那些不能动的土地和资源、看不见也摸不着的未来收入变成今天就流动起来的资本，让财富转变成资本后就能“以钱生钱”。但是，要达到那种资本化能力与效果有一个前提，就是必须有可靠的制度架构（特别是制度的执行架构）保证，只有这样，作为金融资本载体的票据才不会背离它所代表的资产或未来收入流而独立存在。也就是说，**承载资产产权的金融票据跟它所承载的资产间的距离不能太远。否则，当金融票据与它所承载的资产价值脱钩之后，金融票据的交易就跟赌博无本质区别，围绕这种票据的交易文化也就跟赌博文化是一回事了。资本市场的这种本质没有东方、西方的差别。**

以股市为例，股市当然是最主要的资本化途径之一，通过把上市公司的资产以及未来收入流证券化，使一国的资本供给大大增加。股票市场交易的东西是金融契约，是根据对未来收入的预期来定价的。既然交易的内容之价值由对未来的预期而决定，这就给人们几乎无穷无尽的想象空间，也为投机行为、为股市操纵提供了广阔的空间。有股市交易之后，很容易出现股票是一个世界，股票背后的上市公司则是另一个世界，互相间没有关系。一旦股票跟其上市公司的实际脱离了关系，股市真的只是换了个说法的赌场，股价当然既可以在一些时候自由膨胀，也可以在另一些时候无止境地下泻了。

我们看到，上市公司的未来充满不确定性，包含许多风险。正因为这种固有的实质经济风险难以预测，一方面朴素的老百姓容易去请神弄鬼、拜菩萨，或者干脆看股票代码中有没有“5”、“1”、“6”、“8”、“9”这些数字，以此来解脱未来风险事件的影响；另一方面，这种未来固有的不确定性为内幕人、外部人和政府官员操纵信息，甚至制造虚假信息、煽动大众股民信心创造了条件。一般而言，股市对上市公司未来的预期包括两部分，第一部分是根据已有真实信息对未来形成的预期，第二部分是由上市公司内幕人、外部人和政府官员等制造的操纵性“噪音和虚假信息”。

由此看来，**“噪音和虚假信息”是决定股票与上市公司之间的距离的核心要素，“噪音和虚假信息”越大，就越容易主导市场对上市公司未来的预期，那么股市上交易的股票跟其背后的上市公司距离就越远，股市就越像赌场而不是投资市场**。因此，为了使股市更像投资市场，制度架构设计的核心目的就在于最小化市场上的“噪音和虚假信息”。这也是股市至少需要以下几方面的制度内容的原因。

首先要有自由开放的新闻媒体，如果没有公正的大众媒体充分并准确地传播上市公司以及股市的信息，“噪音和虚假信息”就会充斥市场，股市成赌场，股价泡沫会是经常的事。在股票交易于16世纪中叶出现在荷兰和英国伦敦时，报纸还没有被发明，更没有杂志或收音机、电视和互联网，股民主要依赖伦敦的咖啡馆里听到的传闻和谣言，来判断股票的价值和价格走向。当咖啡馆、口头传闻是主要“信息”中心时，“噪音和虚假信息”自然当道，所以，在早期的荷兰和英国发生股票泡沫就毫不奇怪。

可是，**仅有报纸、杂志等新闻传媒还不够，还必须对操纵信息、对以虚假信息操纵股票价格的人绳之以法**。比如，有了报纸等大众传媒之后，弄不好，这些传媒工具反而成了利益相关者、非法分子或者别有用心的官员散布虚假信息的最方便之手段了，上市公司可能利用媒体炒作，行政官员也可能利用媒体发布充满误导性的言论，让不明真相的股民误入歧途。到18世纪20年代的英国伦敦，报纸已较普及，咖啡馆充斥各类股价以及有关上市公司信息的报纸，由于到那时为止英国基本还没有惩罚虚假信息、整治证券欺诈的法律，一些上市公司利用媒体大肆炒作，针对公司只报喜不报忧（变相欺诈），所以，到1720年发生了历史上第一次股市大泡沫——南海股票泡沫。泡沫破裂之后，英国议会干脆通过著名的《反泡沫法案》，基本停止了股市在英国的发展，直到1863年才恢复。相比之下，**过去几年，尽管中国上市公司不乏假账，也不乏操纵股市的虚假信息，可监管部门睁只眼闭只眼，即使查出，所给的处罚也不痛不痒，其结果当然是“噪音和虚假信息”当道**，使股市交易的股票与上市公司之间只比名义上的联系多一点。

第三个同样重要的制度安排是政府不能救市。如果一方面监管部门说“买者自负”，另一方面，在每次股市大跌时，又通过发表社论鼓励人们进入股市，通过给基金公司、证券公司施压只许买进不能卖出，严格限制新公司上市以抑制股票供给量，监管部门以各种方式托市，把监管市场等同于管理股市指数，那么，最终会没有人对真实有用的上市公司信息有任何需求，因为与其分析上市公司，还不如赌政府的救市政策走向。一旦投资者失去要求真实信息的激励，信息的提供方是否存在欺诈、是否在操纵信息，也就无人问津了。慢慢地，即使有了发达的传媒、有了互联网传递大量信息，所提供的也越来越是“噪音和虚假信息”。结果，股市还会是换个说法的赌场，这个赌场所代表的世界跟中国经济没有关系。

在监管部门把重心从市场规则监管转到管理指数之后，政府实

际上给了每个股民一种防跌保险。有了防跌保险，不管上市公司有无问题，也不需要什么信息，是股就买差不多也总能赚。这种“政策市”培养的是一种什么社会文化呢？其一是让许多人还真以为自己领悟了巴菲特的投资本领，却没想到巴菲特那样的投资技能只有在真正的“买者自负”投资市场中才能练出来；其二是让中国社会不再有“奖优罚劣”的伦理，扭曲了报酬与贡献的关系。当股市赚钱这么容易的时候，让人难以再相信“一分耕耘，一分收获”。一旦股市所代表的奖励机制是“优劣都胜”而不是“优胜劣汰”的时候，可能连王三的父亲都会后悔，后悔他当初怎么那么认真。

2006 年 10 月 27 日，中国工商银行 A 股 H 股在上海证券交易所和香港联合交易所挂牌交易。但是，工行上市与携程、百度的上市，其实是完全不同的故事。供图：CFP

第 17 章

从国有银行 A 股上市中看到什么

当国内股市基本只对国有企业开放时，中石化、中国银行、工行上市当然也轰动，但背后没有一个活生生的创业故事，不会带动未来中国的任何精神，不管是创业精神，还是创新精神。

在新股上市停顿一年多之后，现在终于重新启动。特别是加上即将完成的股改，中国股市应该比以前更像一个市场。遗憾的是，新股上市的机会仍然像以前一样，优先甚至只对国有大企业开放。刚刚完成的中国银行 A 股上市，融资 200 亿元，这当然给中国股民和机构投资者带来一份激动。接下来，工行还要再破纪录，计划在 A 股融资 400 多亿元，并且是 A+H 股同步同价上市。这些天文数字的融资量的确说明中国股市的融资潜力很大。上市也为银行等少数几个还没有改制的国有垄断行业提供了一个改变经营模式、提高效率的途径。

不过，**问题也恰恰出在这里，到目前中国股市还是一个基本为国有企业服务的市场，这不仅迫使证券监管部门和司法、执法权力机构继续对上市公司的违规违法行为睁只眼闭只眼，使它们无法作为独立的裁判和执法者出现在证券市场上，国家作为大股东有太多的相关利益；而且从根本上使中国股市无法在激励创新、鼓励创业方面起到实质性作用。只要股市还不对民营企业真正开放，培植中**

国的创新文化要么是一句空话，要么就只能继续依赖香港和美国的资本市场。

——中行、工行上市和携程、百度上市是完全不同的故事

中国银行 A 股上市从许多方面讲都产生极大的震动。第一，由于上证综合指数的特殊计算方法，中行占该指数的权重高达 20%，其价格波动对整个上证指数影响巨大，上市当天，中行股价跳空高开就使上证指数上涨 73 点。其次，随着 7 月 5 日中行的上市，一场盼望已久的新股发行重新启动的盛宴终于到来，让成千上万的投资者反倒有一种新的失落感。再者，对于流通市值才 1 万多亿元的 A 股市场来说，200 亿元的融资占整个股市近 2%。等工行上市一完成，两家银行的融资额将达到整个市值的 6% 以上。对任何股市来说，这当然是极大的事件。

但是坦率地讲，这些国有企业的上市盛宴实在没什么令人激动的。当然，这是整个银行业改制过程中必要的举措，对中国经济有着积极的意义。但，这些上市故事本身更多反映的是中国股市乃至中国经济的畸形。**本来，这种大公司的上市应该同时向我们带来许多传奇式的个人创业故事、个人或团队创新精神，带来一个个活生生的财富故事，以此通过媒体的放大效应激发整个中国社会的创新激情和创业文化。但是，中行、工行、中石化的上市不会带来这些，对社会来说，它们更是抽象的故事。**

相比之下，2004 年的盛大上市，2005 年的分众传媒、百度以及尚德的上市，这些不只是一个个单一事件，而是在每个公司的背后还有一个或者多个个人化的创业故事，陈天桥、江南春、李彦宏、施

正荣，还有百度另外六位亿万富翁和一百多位千万美元富翁，还有当年搜狐的张朝阳、携程的沈南鹏、新希望的刘永好，等等。这些人都不仅年轻，而且就像我们中间的任何一个普通人一样，不一定有特殊的家庭背景，他们的成功也不一定靠特殊关系。看到他们的故事，我们每个年轻人甚至长者都可以有一种“我也可以像他那样创业”的反应，创业文化和创新精神在美国就是这样来的，只不过他们在过去150年里已有了千千万万个这样的激发创新的公司上市故事。如果许多读者能像我一样幸运，也能有机会亲自与他们这些创业者面对面交谈，你也会像我一样不得不欣赏、崇敬他们的创业才华与创新激情。这些私人起家的企业，不只是一些成功的非人格化的公司法人，而且是代表中国未来的真实个人。

可是，这些激动人心的上市故事不是来自中国股市，而是来自纳斯达克市场和香港联交所。**当国内股市基本只对国有企业开放时，中石化、中国银行、工行上市当然也轰动，但背后没有一个活生生的创业故事，不会带动未来中国的任何精神，不管是创业精神，还是创新精神。**

——也谈凯雷收购徐工

实际上，中国股市基本只对国有企业开放的副作用还不止于此，因为这意味着中国的金融资源还继续被低效配置，钱还是重点用来帮助不断产生亏损的国有企业和制造呆坏账的国有银行，而不是被投放到产生更多就业机会、提升中国经济竞争力的民营企业。另外，这也迫使中国民营企业无法融到足够资金参与国有企业改制过程中的竞标，使国有企业的股权差不多只能卖给外资。换言之，**“中国企**

凯雷并购徐工案折射的，既非民族主义问题，也非政治问题，而是经济政策问题。供图：CFP

业卖给外资”是过去几十年经济制度与体制问题所造成的代价的具体表现。

以时下炒得沸沸扬扬的凯雷收购徐工案为例，许多人把民营企业不能收购徐工的问题提到民族主义、国家利益的层面上来谈，这当然大可不必。其实，大家都清楚，在大型国企改制中民营企业之所以难以唱主角，除了一些政策歧视外，也是因中国金融市场对民企不开放所致。像徐工这样的国企规模较大，民企必须在外部融资的支持下才有可能参与竞价。虽然中国人存在银行的钱很多，股市现在也有再融资的机会，但由于银行贷款和股市融资机会都为国企服务，民企无法融到这些钱，所以他们难以参与国企重组过程中的竞争。因此，在本国金融不发达、融资体系对民企歧视的情况下，外资差不多是可行的主要选择。这不是民族主义问题，也不是政治问题，而是经济政策问题。

从表面上看，中国在 1978 年后的高速经济增长使中国重新崛

起，似乎使过去 100 年里没完没了的战争、政治运动、国家垄断金融给中国社会所带来的代价顿时烟消云散，可实际上没那么快，也没那么容易。从工业技术角度看，本来 19 世纪后半期的洋务运动使中国的现代工业化进程不亚于明治维新后的日本，但 1911 年后的革命与多年内战，再加上从 20 世纪 30 年代开始加快的经济国有化运动，此后的抗日战争和内战，1966 年开始的“文革”，这一系列的战争和政治运动令中国痛失良机，中断了宝贵的工业化进程。而 1978 年前的八九十年恰恰是世界工业技术，特别是汽车和电子类技术突飞猛进的年代，但中国却在忙着那些战争和运动。在资本市场的发展上，从中国第一个现代股份制公司——轮船招商局——的股份于 1872 年公开交易开始，到 1950 年证券市场全面停止时，中国已经有过长达七十八年的证券市场发展经验，在上海、天津等城市已培植了相当规模的证券公司与其他金融中介，金融从业人员数量已不少，并发展出了运作得有条不紊的各类证券和金融行业自律公会。但是，这些金融发展在 1950 年到 1990 年之间则完全停止，完全丢失积累了七十八年的证券经验与知识。虽然在 1990 年后开始恢复证券市场的发展，但中国的证券市场和银行业到今天还完全由国家垄断，使它们难以显出这些市场应有的本性。结果是，一方面中国的证券市场与银行基本只为国企服务，另一方面在有钱的投资者和需要资本的企业间仍然有多条难以逾越的鸿沟。

因此，**在过去 100 年，特别是过去 50 年中国在工业技术和证券技术上丧失的发展机会、耽误的发展时间，这些都是有代价的。遗憾的是，这些代价不能自然消失，而是要今天的中国社会来一一付出。为还清这些代价，其付出方式可以多种多样。**比如说，由于中国自己的资本市场不发达，所以国企改制时基本只能靠出售股权给外资，因为外资能找到大量资本；为了赶上现代技术，中国企业不得不靠进口核心部件、进口核心生产设备等等；或者，干脆以市场换技术。**这些都是在为过去的战争和政治运动的代价埋单，也是为过去几十年的国有企业制度、为国家垄断金融埋单。过去的代价自身是不会凭空消失的。**

当然，中国也可以选择什么都由自己慢慢发展出来，比如，资本市场靠自主发展，核心技术也靠自主发展，要等多少年就等多少年。但，那样会使中国经济长久无竞争力、长久落后，长久处于不安全状态之中。引进外资和外国技术与品牌反而能缩短中国建设竞争力的时间。直接引进已经成为发展的捷径。

为了激发未来中国的创新精神和创业文化，也为了减少未来发生像凯雷收购徐工这样的争议，我们现在应该做的首先是把国内股市、国内金融业对民营企业真正全面开放，让民营企业也能像中国银行、工商银行那样在A股上市，让A股市场也产生出一个个搜狐、携程、分众、百度、尚德这样的故事，民营企业家也应该能像国企那样从银行融资，也能进入金融业。**如果二十年后的中国证券市场还是由国有垄断并主要为国企服务，那么那时的中国经济还会过分依赖外资。**

第 18 章

资本市场与法治发展的互动[1]

——回顾中国近十几年的经历

有利于市场发展的法律固然令人渴望。但是，如何才能达到这一境界？什么东西可以更好地促进法治的变革？法律如何变革才能为经济的持续发展提供条件呢？

本章以中国近十几年的实际经历为背景，主题是看资本市场与法治发展是如何互动的。与其他章节相比，这一章的写作风格更带学术性，因为它是由一篇论文改写而成。

学界最新的许多研究表明，法律与金融（以及由此产生的经济发展）之间呈显著的正相关（positive correlation）关系。这一研究结果再次引发了人们关于“法律和发展”问题的辩论。然而，目前学界对这种正相关所隐含的因果关系还没有定论：到底是先有法治再有经济发展，还是正好相反？本章试图通过研究中国现行的改革实践，尤其是证券市场的发展经验，找出这种因果关系的趋向。首先，我们认为，近期中国证券市场发展的路径与 Coffee（2001）所主张的“先发展，后规范，再发展”的思想更一致。实际上，那些证

1 本章根据 2003 年作者发表在 *China Economic Review* 上的“Capital Markets and Legal Development：the China Case”一文翻译改写而成，王勇华提供了最初的翻译稿。这里特别感谢 Donald Clarke，Belton Fleisher，Andrei Shleifer 给本文提出的建议，也感谢王勇华、石明磊、熊鹏和周锋等为本文提供的大量数据和案例。

券市场上的投资者群体正是推动法律变革的主要力量。广大投资者的权利尤其是经济利益已经从根本上挑战了中国重行政管理和刑事惩罚、轻民事诉讼的法律文化传统。这里我们也比较证券市场和消费品市场对法律变革所做的不同贡献。我们得出的结论是，**证券市场或许是形成势力群体从而促使法律发生深刻变革的最有益的推动力，而消费品市场则不然。**这是因为资本市场具有两个显著的特征：（1）资本市场的投资者之间存在高度的利益同一性；（2）在资本市场所遭受的损失是具体的并可立即衡量的。资本市场的这两个特征不仅使投资者彼此间有更多认同感，而且为他们在各个媒体发表自己的观点提供了理想的基础。资本市场的这两个特征对促进法律文化的发展起着显著的作用。

——问题的提出

在制度经济学的文献中，一个基本的共识是法律与经济发展之间存在相关性。据此，市场经济的发展必须依赖一个基本前提，即存在一个保护产权关系的法律体系。因为如果没有这样一个可靠的法律体系，人们无法预期从事交易的结果，无法知道从交易中获得的利益能否属于自己。经营、交易结果的不确定性将导致人们停止交易、不愿投资；如果他们还要做这些交易或投资行为，交易成本将高得令人难以接受（North，1990）[1]。因此，法律秩序的缺失，必将导致市场和经济发展的停滞。最近，La Porta，Lopez de Salines，Shleifer and Vishny（1997，1998）（后文简称 LLSV）的一系列令

1　参见 Clarke（2003）立足于中国近期发展的经验对“产权问题”（property right matters）的讨论。

人鼓舞的研究成果，将人们讨论法律与经济发展之间的关系的视野集中到了法律与资本市场发展这一主题上。LLSV 利用一个跨国数据库（该数据库包含大量不同制度和经济形态的国家的横向经济指标），证明一国实体法所规定的对股东或证券持有者的保护程度与它的资本市场的流动性和发展深度有重要关系：发展程度高、流通性好、股权分散的资本市场通常对中小股东权利的法律保护也最好[1]。而且，他们认为一国应该首先进行“股东中心主义”（shareholder-friendly）的法律变革，否则，资本市场就不可能发达。

法律经济学文献普遍认为，法律对市场发展起着重要作用，尤其是当市场已经发展到成熟阶段时更是如此。**有利于市场发展的法律（market-friendly law）固然令人渴望。但是，如何才能达到这一境界？什么东西可以更好地促进法治的变革？法律如何变革才能为经济的持续发展提供条件呢？**这些都是非常现实的政策选择问题。Coffee（2001）针对法律与经济发展的相互关系提出了一种观点：初步市场发展在前，然后才可能有以“股东中心主义”为基本理念的法律变革，由此推动市场的进一步深化发展，不可能是先有完善的法治，然后才来发展经济。Coffee（2001）提出这一观点的初衷并不是要回答资本市场与股东权利的法律保护之间的相互关系问题。他的这一观点是建立在历史依据上的：“尽管证券交易所自 17 世纪中叶起就已出现，但交易所存在的初期，通常只进行债券交易。这一状况一直持续到 19 世纪中叶。在此之后，又经过一段相对较短的时期，个人掌握的财产日益增多，在美国和英国出现了股权分散的现象。然而，这些分散的股权和少数股东在当时却缺乏有力的法律保

1　参见 Shleifer and Vishny（1997）就证券市场发展的法律问题这一课题所作的深刻而全面的调研。

护。比较完善地保护证券投资者的法律制度是后来才有的。”Coffee进一步解释：“这种发展顺序从政治上也显然有说服力：只有在那些最有动力推动法律变革的群体形成之后，只有当这些群体认为通过法律变革，他们的利益真的能够获得保护的时候，法律变革才可能在这些群体的追求下发生。”因此，要想引发法律变革，必须首先形成利益群体（这里指分散的公众股东），然后，靠这些利益群体才可能形成有效的游说力量，才可能成为法律变革的利器，从而推动司法变革。

这里存在两个问题。首先，利益群体是怎样在市场发展进程中出现的？其次，哪种类型的市场或经济行为更有助于法律发展？广义的市场包括不同的类型，例如，证券市场，消费品市场，劳动力市场等。这些市场在一个国家可能同时存在。这些市场所形成的利益团体不可能力量均等。如果真的如此，那么，哪种类型的市场更有利于创造出最能推动法律变革的利益群体呢？毫无疑问，对不同的国家，因自身的情况各异，回答也就不同。如果最有助于推动法律变革的市场或者经济活动具有一些共性，理解这些共性将有助于我们理解法律与经济发展间的相互关系。

本章论证的主题集中在两个方面。首先，我们要说明，Coffee（2001）关于“发展与规范”之先后顺序的解释，以及美国和英国资本市场的发展历史，很大程度上与中国正在进行的改革实践是一致的[1]。市场发展的初期阶段，经济发展先于法律发展，然后由法律发展促进经济的深化。这与其他事物的发展变化规律有所不同，与前苏联和东欧国家通过“休克疗法”（shock-therapy）推动经

1　参见 Boycko，Shleifer and Vishny（1997）关于俄罗斯社会变革和法律的适应性问题的论述。

济改革也不同。中国从1978年开始在农业领域通过“摸着石头过河”的方式尝试从原有的计划经济体制向市场经济体制过渡。20世纪80年代初，当农业领域的改革取得成功后，中国开始了国有企业向股份制企业的改造，并于1990年12月首先在上海成立证券交易所，让几个先行改制的国有企业公开上市。当中国的证券市场已经帮助老国企从公众那里募集到资本时，其对法律变革的影响开始变得重要了。这一经验就是“先发展，后规范”的实例。

其次，我们将比较证券市场和消费品市场对法律变革所作的不同贡献。从经济数字的角度看，中国证券市场对国民经济和整个社会的影响还仅仅是“边缘性”的。中国大约有6000万证券市场投资者，而各种类型的消费品市场却拥有12亿人口的消费者。换言之，证券市场仅仅直接影响到一小部分中国人，在中国经济中所占比例很小。而消费品市场则影响着绝大多数中国人。因此，由证券市场发展成长起来的利益群体从数量上远小于因消费品市场而成长起来的利益群体。然而，正如后文将要论证的那样，前者却更有力量推动法律变革，而后者则不然。这是为什么呢?

—— 中国的法律传统

中国的法律传统有别于西方的显著特点是：司法系统并非独立于行政系统（例如，Jones [2003] 就此做出了精彩的论述）。至少从唐朝（618—907）开始，直至 清朝末年，中国一直就是中央集权制。皇帝通过其官僚结构和他的绝对权力控制、管理着整个国家。最低等级的官员是县级，这些官员代表中央政府行使包括征税、公共工程建设，乃至法律诉讼等所有国家权力。因此，司法审判仅仅是众多行政行为中的一种。由于在政府机构中根本没有“分权”的思想，那些郡县级地方官员事实上不受任何制约，唯一的制约是未来的升官机会、职位的升迁机会。

中国法律传统的另一特征是，强调行政处罚与刑事制裁，缺少民事责任以及程序法方面的规范。中国传统观念认为，法律是统治者用来加强其统治权力、维持社会秩序的工具（至今，该观念在很大程度上仍然存在）。因此，《大清律》作为清朝法制体系的核心部分，主要汇集了涉及官员行为、官僚机构职责等政府机构的制度；而并不包括解决个人与官方之间以及民间纠纷的法律条款。这部法典仅仅涉及一些被认为可能影响到朝廷制度的民事行为。因此，该法典本质上属于行政法典和刑事法典，它倾向于依赖行政和刑事处罚来调整社会关系。这与西方法律源头——罗马法的传统有明显的区别。罗马法的灵魂是市民法，而不是行政法或者刑事法。罗马法诞生于还处在小规模农业社会时期的罗马，所以，罗马法的发展主要是用于解决发生在罗马市民间、罗马市民与社团间，以及社团间的纠纷。因此，民事（civil matters）很早就占据了西方法律的中心位置。正如 Jones（2003）评论的那样：“在中国，只有当帝王的利益受到侵害时才会有像罗马市民法那样的法观念。”

近现代中国法律体系的精神与历代王朝的相比并没有很大改变。法律仍旧被看作统治阶级进行阶级统治的工具；司法系统依然被政府行政权力牢牢控制，并没有独立有效的司法体制；政令与法院的判决经常混淆在一起；“分权学说”没有被官方正式采用。大约从20 世纪 80 年代中期开始，中国的法律体系开始发生真正的变革，大量的新的实体法被颁布（尤其是在商事和民事法律领域），并于 1991年颁布了《中华人民共和国民事诉讼法》。也就是说，比起以往各朝代，现在中国有更多的书面“成文法”（laws on the books）了。然而，正如我们后面将探讨的，这些实体法和程序法并没有从根本上彻底改变我们前文所谈到的中国传统法律文化的两个特征。许多法官并没有受过专业教育，他们中的很多人（尤其是在不发达的省份）甚至是没有接受过法律专业学习的退役军人。尽管如此，自 1978 年以来，中国开始建设一种具有实质意义的司法制度架构。总体来说，这种制度架构类似于西方的法律组织架构，只不过中国的司法制度体系中设置了一个由执政党领导的委员会，这个委员会掌控法官的工作分配、职位升降和更替等。

正如我们前文提到的，经济改革进程中产生的问题和冲突在推动法律基本结构的变革中扮演了十分关键的角色。经济发展越来越要求司法独立。中国正在进行的改革是“先发展，后规范”的典型例证。下面我们将说明，正是中国证券市场的发展，推动了中国法制的创建和变革，尤其是证券民事诉讼制度已经成为“成文法”的重要组成部分。

—— 中国证券市场及其法律的发展

“文革”结束后，中国随即于 1978 年开始经济改革。但是，直到 20 世纪 80 年代中期，改革的主要成就还只是集中在农村，做包产到户。但是，土地的所有权并未分配给私人，农民只是在一段较短的时期内享有土地使用权（每隔几年，村委会会重新分配土地的使用权）。这样做的主要目的是鼓励发展家庭联产承包责任制（改变改革前的集体生产模式）。尽管如此，农民的收入和生活水平还是大大提高了。

农业改革的成功引发了关于如何在国家所有权（state ownership）占统治地位的工业领域进行改革的讨论。20世纪80年代中期，首先将农业生产的个人责任制模式引入工业企业。也就是说，国有企业（state-owned enterprise）的管理者或管理团体在任职的几年内，必须就企业的年收入或营利目标承担个人责任；部分利润可作为奖金分配给管理者和工人。由于这种责任制模式导致很多管理者的短期行为，所以无法较好地解决国企改革的问题[1]。人们开始意识到，如果产权不明晰，不可能有效地引导管理者进行长远规划。因此，80年代末期，中国开始尝试"股份制"，试图将国有企业转变为股份制企业。

中国证券市场的发展背景

随着大量股份公司的设立，中国政府开始准备设立一个正式的股票交易所，以便新成立的股份公司的股票上市交易。出于当时的政治考虑，改革家们人为地将股份主要分割成三种类型：国有股、法人股、流通股。为了防止国有资产流失，也为了防止投机行为，国有股和法人股不能公开上市交易。然而，无论何种股票，股票的持有者都有同样的现金流权（cash-flow right）和投票权（voting right）。现在，一个典型的股份公司的股份分布特征基本表现为国家股、法

1 从某种意义上讲，国有企业代表的是一种极端的所有权分散形式，即国有企业的所有权平均分成一定的份额归整个国家的公民享有。由于政府控制着国有企业管理层的人事任免，因此没有相关的机制来约束这些代理人以及代理人的代理人，使他们真的能够为了最终股份持有人（公民）的利益而工作。于是，国有企业管理层问责机制的缺失就不足为怪了。由于问责机制的缺失，具有极端分散的股权结构的国有企业运作不好，那是必然的事。当所有权与经营权出现极端分离的时候，必须要有有效的治理结构来制约。

人股和流通股各约占 1/3[1]。假如大多数法人是国有或国家控股的，则国家就直接或间接控制了多数企业的约 2/3 的股份。这种股权结构是证券民事诉讼困难背后的主要原因之一，因为如果民事诉讼判决向中小投资者赔偿损失，那就会造成国有资产流失。这使法院陷入两难境地。

除国有控股的股权结构外，另一个阻碍证券民事诉讼的原因是意识形态问题。中国传统的政治观念认为，只有通过劳动所得的收入才是正当的。虽然上海证券交易所早在 1990 年 12 月就开业（两个月后，深圳证券交易所开业），但直到 2002 年 11 月，资本收入才被作为正当收入写入中国共产党党章。中国共产党第十六次全国代表大会修改了党章，正式承认通过劳动和资本（如货币资本、智力资本和管理资本）取得的收入都是正当的。也就是从 2002 年开始，共产党员才正式被允许购买或交易股票；在此之前，共产党员通过持有股票而获得的收入都是不合法的。显然，中国传统的“合法收入观”与股东权益保护的理念是相悖的，这正是中国的证券和公司法律法规执行不力的部分原因所在，也是法的制定与实施间的一道障碍。回到原来的问题：是什么原因使这道障碍在 2002 年被消除？中国是如何使法律最终从文本走向现实的呢？

要回答这些问题，我们应谨记：在中国，证券市场是为了帮助国有企业从社会筹集资本，从而解决国有企业面临的资金短缺问题而建立的；证券市场并没有给社会大众提供多样化的投资组合

1 参见 Chen and Xiong（2001）就法人股价值被低估问题所作的研究。他们认为，由于这些法人股不能公开上市交易，没有流动性，所以这种股票的市场价相对于流通股价平均低 86%。这种因股票流通性而导致的定价扭曲是公司治理问题的一个重要研究领域。

方案和规避当前收入与远期消费之间风险的渠道[1]。因此，股东权利及其保护问题，是在股票交易开展多年以后才被普遍关注，而不是设立证券市场之前就已考虑过。1990 年至 2000 年，中国政府对每年首次公开上市（IPO）的股票采取了配额制，以使股票的 IPO 工作能够按计划有条不紊地进行。中国近 150 年来的“现代化”（modernization）进程中，从来没有偏离过这种在计划中发展的理念和实践（例如：Goetzmann and Koll，2002；Kirby，1995）。这种有计划地发展证券市场的另一目的是想让新发股票的速度尽可能慢一些，这样可以抬高原始股的价格，大大增加市场对原始股的需求，为国有企业发行股票创造一个良好的市场环境。换言之，政府主管部门的首要任务是管理并维持一个好的、有吸引力的证券市场环境，至于这是否以牺牲股民们的利益为前提，似乎并不重要。

每年年初之前，国有企业发行股票的配额将被分配给中国的 31 个省、自治区和直辖市。表格（见文末附录）显示了平均每年约有 100 家新挂牌上市的公司，最少的年份有 13 家，最多的年份有 206 家。这意味着，每个省、自治区和直辖市平均每年会得到 3 个上市配额。无疑，这种**配额限制使审批上市的权力价值非常高，从而给寻租和受贿创造了巨大的空间。为此，每个省级政府行政部门都设立了专门的证券上市管理办公室去疏通与中国证监会的关系，以得到更多的配额并为帮助本地企业上市做准备**。

由于每个辖区内有多少企业能够上市已成为衡量各级地方政府工作成绩的重要指标，又由于地方官员借此可能获得升迁，所以，各

1 Walter and Howie（2003）坚信，中国政府发展股市的主要动因以前是，而且将继续是把其作为帮助国有企业进行改革的工具。至于资本市场发展出的“副产品”则是次要的。

级地方政府官员更有激情去帮助本地企业在财务上操纵业绩，甚至作假，以使更多本地企业的股票能上市；或者，当地方企业因虚报财务数据或盈利情况而被媒体曝光时，地方政府往往会帮助掩饰这些欺诈行为。由此可见，**当政府是为了帮助国有企业摆脱资金困境而推出证券市场时，当地方政府是为了政绩而帮助国有企业上市时，二者都很难过多考虑股东的利益。从一开始，中国证券市场就不是为股民、股东们而设立的。这也为后来的股东权益保护问题出了难题。**

当一个公司成功取得上市配额以后，还需要做大量的文件准备和审批工作，这一时间大概要经过两年。漫长的上市过程包括两个阶段。第一个阶段叫做"上市辅导期"。所谓上市辅导，就是将亏损的国有企业资产分成两部分："好"的部分经包装后上市，"坏"的部分在"好"的部分上市后成为该上市公司的控股股东。在此阶段，有时就会做一些假票据和假合同粉饰利润以迎合上市条件的要求。例如，《中华人民共和国公司法》（以下简称中国公司法）要求公司发行新股应在最近三年内连续盈利。此外，证监会颁布的规章中进一步要求公司发行新股被正式批准前，必须满足一定的净资产回报率（ROE）。企业往往通过虚报财务数据和收入等方式来满足这些要求。

完成新股发行后，为了增发股票，中国公司还必须满足对净资产收益率的要求。例如，中国证监会这几年对上市公司申请增发新股须达到的净资产收益率的具体要求做了多次微调：（1）1993 年规定，在最近两个会计年度的净资产收益率是正的；（2）1994 年规定，最近三个会计年度净资产收益率平均不低于 10%；（3）1996 年规定，连续三个会计年度净资产收益率不低于 10%；（4）1999 年规定，最近三个会计年度净资产收益率平均不低于 10%，且连续三年超过 6%；（5）2001 年规定，最近三个会计年度加权平均净资产收益率不低于6%。上市公司针对这些政策的每一次变化而重新调整财务报表作假方式，以适应最新的政策要求。一项研究表明（郎咸平与汪姜维，2002），1994年以前，很多上市公司每年的权益回报率也就稍微超过10%；而在1994年至1999年间，多数上市公司的权益回报率略高于10%，但不会超过12%；但从2000年起（特别是2001年以后），大多数上市公司的权益回报率都在6%到8%之间。这项**研究有力地证明，在中国证券市场上广泛存在操纵业绩的现象。这意味着投资者被系统性地欺骗了。**

中国的上市公司的另一普遍行为是Johnson，La Porta，Lopez de Silanes and Shleifer（2000）以不同方式定义的"掏空行为"（Tunneling）。所谓掏空行为是指，上市公司的控股股东或大股东与该上市公司从事关联交易，以掠夺上市公司的资产。通常的做法是，上市公司以不合理的高价从它的股东那里购买低价值或者无价值的资产或租借土地、厂房、设备等。正如《新财富》所报道的，控股股东或者大股东的"掏空行为"广泛存在，已经引起证监会的关注[1]。

即使存在上述制度性问题，中国证券市场仍旧在亚洲市场排行第三（前两位分别是日本和香港）。截至2003年7月，上海证券交易所和深圳证券交易所共有上市公司1259家（包括A股和B股）。上市公司的股本总额超过4万亿元人民币[2]。交易的月周转率达到

1 参见Clarke（2003）就公司治理问题发表的文章。《新财富》的文章可从http://www.newfortune.net.cn获得。

2 由于国有股和法人股不能上市流通，没有可靠的信息对国有股和法人股进行估价，所以，中国上市公司的准确股本金额仍然是未知数。所谓4万亿股本总额的说法来源于中国证监会官方网站上发布的消息。他们将发行的股本总数与A股市场流通股市值价值简单相乘得出这一数据。在Chen and Xiong（2001）看来，这种算法明显高估了中国证券市场的股本总额，因为法人股、国有股在转让或者拍卖时其价格通常相当于市场流通A股价格的14%。另参见Walter and Howie（2003）关于中国证券市场股本总额的论述。

18.2%。这 1259 家公司中约有 20% 是没有国有股控股的私营企业。

这绝不是说中国的证券市场发展得很好，只不过表明它具有强大的生命力。表 1（见文末附录）显示了每年的新融资总额的情况。在表 2（见文末附录）中我们看到，20 世纪 90 年代，中国证券市场的新融资总额（根据新融资总额与 GDP 的比值算）低于美国，却高于日本和德国。应该承认，这一阶段是中国证券市场的开端，因此它应该在开始时出现繁荣景况。

前面对中国证券市场发展背景的回顾表明，**从 20 世纪 90 年代至今，个人所有权和股票交易的基本理念还没有被完全接受；对私有财产权的保护也并不充分，中国还缺乏维持资本市场发展的法治基础**。总之，这些事实与 Coffee（2001）所提出的“先发展，后规范”的假设是一致的。中国在发展证券市场的初期，对如何构建适合证券市场发展的制度体系并没有清晰的思路。当投资者数量日渐增多时，一批强大的利益群体发展起来了，这促进了相关法律和制度的发展。

1999 年《中华人民共和国证券法》颁布以前

由于证监会和其他政府部门控制着证券市场发展的整个过程，控制着证券发行和交易的每个阶段，所以，就像晚清的股市一样，中国证券市场的启动是自上而下的。证券交易所是国有的并且由政府任命的官员管理，而那些证券公司也都直接或间接的是国有的（或者国有控股）。自证券市场启动以来，各股份公司为了能够上市，普遍进行“财务辅导”并重新包装，或者制造不实的财务信息以符合相关规定的要求，这已是“公开的秘密”。

虽然人们知道证券市场上存在不少的会计造假和市场操纵行为，

但直到2001年一系列丑闻暴露前，证券民事诉讼仍然没有被重视。尽管在1990年末就成立了上海证券交易所，但直到1993年中期证券市场开始持续低迷之后，许多投资者才开始意识到应该通过起诉上市公司及其管理层、董事或其他当事方要求赔偿。如表3（见文末附录）所示，从1990年12月到1992年5月21日这一年半的时间内，上证指数从100点直线升至1266点。特别是仅在1992年5月21日这一天，指数即从617点飙升至1266点。随后的5个月内，指数又连续下滑。但这种下滑状态并没有持续更久，也没有引发广大投资者要求相关操纵者承担民事责任。在1992年底，政府介入证券市场，鼓励股票交易，重振股市。

在20世纪90年代初，即使有投资者想起诉要求赔偿，法院也不会受理这种诉讼。在1994年7月1日前，股东们唯一可以寻求保护的法律就是《中华人民共和国民法通则》（以下简称民法通则），这一法律规定了民事侵权行为的受害人有权要求民事赔偿。然而，中国法院对于民事侵权诉讼尤其是对证券领域的民事侵权诉讼普遍缺乏实践经验，这一缺憾直至今天依然存在。造成这一现实的部分原因或许是因为中国的法学教育在“文革”时期完全停止，直到1980年才恢复。

中国法律制度借鉴大陆法系国家尤其是日本和德国法律。而且，中国法律遵循“未经明确允许就是禁止”的原则，也就是说，没有法律或最高人民法院的司法解释的正式书面规定，法官不能根据自己的理解和法律原则去判决具体案件。当1986年民法通则颁布实施时，中国还没有证券市场，所以，在民法通则修改或者制定新的民法典之前，中国民法中没有关于证券民事责任制度的相关规定就毫不奇怪了。

在中国，必须先有全国人民代表大会通过一部法律，随后由最高人民法院颁布针对这部法律的一个或多个司法解释，这时，法院才能受理某个新型民事诉讼案件。这一过程通常会持续5年甚至更长的时间。

由于1999年7月1日《中华人民共和国证券法》(以下简称中国证券法)颁行之前，没有证券方面的法律，不得不用行政规章来填补这一空白。1993年中国证监会颁布《股票发行与交易暂行条例》，禁止证券市场上各种形式的卑劣行为，并规定可以就因这些行为而导致的经济损害提起民事诉讼[1]。但是，法院对审理证券民事诉讼准备不足，因此这些行政规定对个体投资者并没起到任何作用。1993年暂行规定的处罚方式或者是中国证监会的行政处罚，或者是检察机关提起刑事诉讼。以下是三个典型案例[2]：

(1)第一起因内幕交易而受行政处罚的案件是中国证监会于1994年1月28日公开做出的对中国农业银行襄樊市信托投资公司上海证券部(简称襄樊上证)予以行政处罚案。违规者由于下述行为被处罚：①内幕交易及操纵市场；②占用客户保证金账户进行自营股票交易。处罚决定，对襄樊上证通过挪用客户资金、内幕交易获取的非法所得16711808元人民币予以没收，并对其处以人民币罚款200万元。但，在这个案件中，没有

1 Hutchens(2003)对中国证券民事诉讼的历史作了精彩的论述。该文分析了在一个缺乏民事法律传统的国家中各种因素(积极和消极)对法律发展的影响。

2 欲了解更多的证券行政处罚案件及其细节，可访问中国证监会官方网站:http://www.csrc.gov.cn. 在其前任主席周小川的领导下，中国证监会为提高市场和行政监管的透明度作出了巨大的努力。其中证监会官方网站的开通并向社会提供丰富的容易获得的信息也是其努力的重要内容。

对任何管理者或其他个人罚款或做其他形式的处罚。尽管如此，此案标志着中国证券市场朝规范化迈出了第一步。

（2）第一起因虚假信息披露及误导性陈述引起的行政处罚案件是中国证监会于1996年9月2日公开做出的。在此案中，违规者是大明集团股份有限公司（胜利油田的上市公司）及其承销商、会计师事务所、律师事务所等帮助大明集团股票上市的中介机构。中国证监会认定，大明公司在股票发行、交易过程中，有虚假披露、严重误导性陈述和遗漏重大信息等行为。证监会因此对大明公司处以100万元人民币的罚款并对大明公司全体董事予以警告。对于涉案承销商、会计师事务所、律师事务所也分别处以200万、40万和20万元人民币的罚款。同样，在此案中的行政处罚中，仍旧没有对管理者个人或其他人员处以罚款。

（3）1999年12月，成都市人民检察院对“红光实业”董事长及主要高级管理人员证券欺诈案提起公诉。提起刑事起诉的背景是，1998年11月26日，中国证监会做出决定，对红光实业处以罚金，同时对公司董事及高管人员提出警告。该公司被发现编造虚假利润，虚报1996年利润15700万元，少报1997年亏损3152万元。2000年11月14日，法院做出判决，认定红光公司“欺诈发行股票罪”的刑事犯罪成立。

1995年以后，行政处罚和刑事处罚步伐加快，这主要基于以下背景。1990年12月上海证券交易所开业，当时只有约45000个个人股票账户，其中多数投资者是上海本地人。在1991至1992年股市不停高涨时，很多个人投资者因受股市的暴利刺激吸引而投身进来。（Hertz [1998] 曾对中国股票交易现象从社会学角度做出了说明。）《人民日报》间或发表的支持证券市场的评论文章以及一些政界高层人士的评论，进一步激发了公众购买股票的热情。政府的目的是通过这一途径帮助解决国有企业的财务困难。

截至 1999 年底，中国证券市场拥有 4400 万个股票账户（到 2003 年 4 月，股票账户已经超过 7000 万个）[1]。正如上文所述，开始于 1996 年初的对证券违规者的规制行动，结束了从 1993 年中期以来长达三年的“熊市”。在此空前漫长的市场不景气期间，很多个人投资者被套牢，这些投资者开始寻求挽回损失的途径。专家学者们结合这些投资者的遭遇，呼吁完善市场规范，并最终创造一个良性的证券市场。来自公众的压力迫使中国证监会在 1996 年采取了更积极的行政举措。因此，**从整个证券市场的发展历程来看，是先有“熊市”，加之迅速增加的投资者群体，然后才有实质性的规制行为，才有对司法改革的呼声。“牛市”是造不出好的法律变革的。**

然而，公众从行政处罚决定中看到，首先，那些应对误导或欺骗投资者承担责任的管理者和中间人个人实际上并没有受到处罚（仅予以口头警告处分），通常是上市公司被处以罚款。也就是说，最终是股东而不是应承担责任的违规者支付了罚金。其次，罚金并没有分给遭受损失的股东，而是上缴国库。第三，如前面提到的第三个证券刑事案，被告虽然已经被监禁了，但这丝毫没有使投资者的经济

1　证券市场上投资者数量与证券交易账户存在较大差别。首先，同一个投资者，如果他同时在上海证券交易所和深圳证券交易所进行证券交易，可能同时拥有两个交易所的证券账户。这意味着 7000 万个证券账户可能需要缩减一半。其次，投资者可能通过借用别人的身份证而开立多个证券账户。这是那些市场操纵者的惯用伎俩，以此躲避对其交易行为的监管。有人认为真正的投资者数量约为 1000 万左右。参见 Walter and Howie（2003）。

损失得到赔偿。

无法从行政或刑事制裁中获得补偿后，投资者大众终于意识到中国传统法律体系中所强调的行政处罚和刑事处罚的局限性。对于普通投资者来说，他们更关心的是自己的损失能否得到补救，而不是违规者是否已经被罚款或被监禁。因此，公众开始探讨通过证券民事诉讼维护自己的财产利益。中国的新闻自由虽然受到较多限制，但财经媒体（包括印刷品、网络和电视）却有幸能够得到较多自由。因此，投资者、专家和学者可以公开探讨股东权益和民事诉讼这些话题。尽管由于某些政治性考虑，政府禁止成立任何正式的股民组织。但通过多种途径，股东的共同经济利益还是形成了非正式的股民利益群体。

1994 年生效的公司法规定了股东权利，其中包括股东有权对因虚假陈述、操纵市场等行为造成的损失主张经济赔偿，但是这些规定非常模糊。正如前文提到过的一些因素（例如缺乏具有操作性的司法指导或最高人民法院的司法解释），接下来的几年法院仍然拒绝受理证券民事诉讼案件。

1999 年 4 月，一名上海股东提起民事诉讼，要求红光实业对其因证券欺诈而造成的损害进行赔偿。但是，上海法院在好几个月的时间内都无法答复是否可以受理此案。2000 年初，法院还是最终决定不受理该案。

突破口在哪里

1998 年 12 月 29 日，全国人民代表大会通过了中国证券法，该法于 1999 年 7 月 1 日起生效。该法与 1994 年中国公司法一起组成了中国关于公司组织形式、证券公开发行和交易的基本法律框架。

但这并不意味着受害的投资者就能直接向法院提起诉讼、请求赔偿损失或者要求公司的董事会和管理层为了股东利益的最大化而工作。

1999 年 1 月至 2001 年 6 月是中国股市的又一个“牛市”（上证指数最高达到 2218 点），证券法正是在这段时间里生效的。在此期间，财务数据造假、市场操纵、内幕交易等现象层出不穷。中国证监会先后发布了 92 个行政处罚命令，涉及的机构 104 家，涉案人员达 270 人[1]。媒体也就相关欺诈案进行了详细的报道，但是，“牛市”使证券法在长达两年的时间内被人们遗忘了（或许投资者们正忙于数钱）。

证券法生效的头两年内，没有多少投资者试图通过民事诉讼的方式获得损害赔偿，司法机关也没有为证券法的具体实施进行知识储备，最高人民法院也没有起草有关证券法实施的细节性问题和程序性问题的司法解释。当多数投资者从牛市获利，而部分投资者受损时，推动法律变革的力量并不强大。

接下来发生的一系列事件改变了这种状态。2001 年 4 月 23 日，中国证监会宣布对四家广东的基金管理公司作行政处罚，总罚款金额为 4 亿元人民币，与此同时要求被处罚者返还同样数额的非法所得[2]。做出该行政处罚的事由是：从 1998 年 10 月至 2001 年 2 月，该四家公司发布虚假信息，联合操纵上市公司“亿安科技”股票价格。“亿安科技”董事局主席及其亲属以及该上市公司的高级管理人员等都涉嫌其中。《财经》杂志 2001 年 7 月号的封面文章就该股票操纵案做了详细的报道。随即，《财经》杂志 2001 年 8 月号又就另一

1　相关信息请访问中国证监会的官方网站：http：//www.csrc.gov.cn。

2　这些罚款还有待收缴上来。无论是民事判决还是行政罚款，在中国执行起来都非常困难。这是中国面临的另一有待解决的现实法律问题。

个热门上市公司“银广夏”的财务问题作了深度调查报告[1]。报告披露，从1998年至2001年，“银广夏”编造了大量的收入凭证（包括价值数亿元人民币的向德国的出口凭证）、并不存在的建设项目和生产车间等。整个造假涉及的金额超过10亿元人民币。虚报利润达人民币7.7亿元。这个事件不仅使广大投资者感到震惊，同时在整个社会上也引起了强烈的反响。在这之前很多人想当然地认为，财务会计造假的上市公司毕竟还是少数，并没想到问题会严重到如此程度。“银广夏”事件被冠以中国的“安然事件”的称号。这些事件正好发生在上证指数从2218点高位下降到九月份的1700点左右期间。（见文末表3）

这些事件使法律变革被提上议事日程。失望的投资者开始在证监会门前示威。证监会主要官员开始会晤最高人民法院领导，协商能否让司法介入证券市场，让法院在证券监管方面发挥更大的作用。然而，“管好自己的一亩三分地”是中国官员的典型思维方式（无论是在行政机关还是在法院系统）。就证券市场监管而言，大家通常认为这是证监会的事情，而不是法院的事情。所以，虽然证监会努力强调这是法院系统应有的职能，法院系统最初还是不情愿介入证券民事诉讼。

2001年9月20日，投资者同时在北京第一中级人民法院、广州市中级人民法院和上海市中级人民法院起诉“银广夏”及其管理层。此间，一些江苏的投资者也打算提起诉讼。律师也正在为起诉“银广夏”及相关人员和机构准备材料。与此同时，报纸和电视也连篇报道那些愤怒的投资者上当受骗的故事。大量分析证券民事诉讼的

1　参见《财经》以前和近期的一些文章。http://www.caijing.com.cn。

文章也如雨后春笋般涌现在互联网上。一个诉讼浪潮正在形成，这极大地冲击了最高法院和中国现有的司法系统。如果不能正确地疏导这种“浪潮”，其政治后果会非常严重。

关于证券民事诉讼的临时禁令

2001 年 9 月 21 日，最高人民法院发布了一项通知，要求所有下级法院暂停受理证券民事诉讼案件。这个通知在证券诉讼的浪潮即将汹涌澎湃的时候出现，使每位置身于股市、关心中国资本市场法律发展的人都感到非常震惊，并立即招致各方专家及利益团体的批评。大家讨论最热烈的不仅是证券市场的发展问题，更涉及法治问题，尤其是法院的职责问题。这个通知立即将最高人民法院推至聚光灯下。**回过头看，证券民事诉讼给中国的法院系统提供了一个绝好的机会，本来可借此在中国社会赢得更多的政治地位和尊重。然而，最高人民法院放弃了这次机会。**

经过多方了解，我们终于明白，原来最高人民法院是考虑到下面几个问题：首先，由于证券民事诉讼是不同原告就同一事由在不同的地方法院起诉同一被告，有可能会出现不同的判决结果，这将影响整个法院系统的声誉和可信度。在中华人民共和国的历史上，还从来没有出现过这样的先例——不同原告就同样的事由同时在不同省份提起诉讼同一被告。法院系统该如何应对可能发生的危机？会不会在法律及政治上造成混乱？其次，如果每一个被侵权的投资者都单独提起诉讼，整个法院系统将被数以万计的证券诉讼所淹没。第三，由于没有先例，地方法院的法官们对当事人的诉讼地位、必需的证据类型、损失计算等问题都没有统一的标准。最后，如果大量的上市公司被起诉，如果个人原告都得到正当的赔偿救济，将会造成国有资产的大量流失（因为大多数上市公司都是国家控股）。在这种民事诉讼中，被告人的利益实际上就是国家利益。这恰恰是原告权益与国家利益相抵触之处。在二者间是否有折中的办法呢？如何才能达到司法独立？——这些因素使法院对证券民事诉讼"叫停"。

"叫停"的通知发出后，法学专家们在媒体上展开了广泛争论和分析，从而为社会大众提供了一个接受法学教育的绝好机会。在此期间，即使没有受过任何法律训练的人也知道什么是"集体诉讼（class action）"，为什么集体诉讼可能是证券民事诉讼最好的方式[1]，为什么更强调民事诉讼而不是行政或刑事诉讼，在证券民事诉讼中谁负担举证责任，为什么法院应当受理股民提起的诉讼等。因此，现在很多投资者和读者也能够评论"集体诉讼"和"举证责任"了。如果你留意这些变化，就会发现，法律文化正是在这一过程中获得了发展。

禁令的部分突破

2002 年 1 月 15 日，最高人民法院发布第二个通知，指示下级人民法院可以受理和审理已经由中国证监会及其派出机构做出生效行政处罚决定的、因虚假陈述而引发的民事侵权赔偿案件；然而，仍然暂不受理因其他如内幕交易和市场操纵等行为引发的民事诉讼案件。

该通知有条件地为证券民事赔偿开了一扇门，但通知设置了一道前置程序，即需由行政部门事先做出生效的处罚决定，这似乎混淆了司法与行政的职能，再次引起广泛的争论（促进法律文化发展的又一新机会来了）。这一规定有悖于中国宪法规定的司法独立原

1　陈志武（2002）对美国证券集体诉讼立法情况和如何在中国实现集体诉讼作了详细的论述。

则，有悖于股东权益的保护。最高人民法院对此作出解释，认为下级法院对证券民事侵权案件的取证及证据认定等方面缺乏经验，这个前置条件只是一个过渡性安排。

虽然如此，通知发布还不到一周，2002 年 1 月 24 日，三名投资者在哈尔滨以虚假陈述为由起诉上市公司“大庆联谊”及其管理层的案件被受理。随即，又有 767 名投资者以同样的理由起诉了“大庆联谊”。由于最高院的第二道通知中指明暂不受理集体诉讼，这些诉讼只能一个个单独进行[1]。但 770 人中还只有 94 人同意单独诉讼。尽管如此，为这 94 个单独诉讼，哈尔滨中级法院就此举行了为期两个月的听证会（从 2002 年 8 月至 10 月）。

2002 年，另有 9 家上市公司及其高管和其他相关责任方在不同的法院被起诉。他们中间，“银广夏”约为 1100 个单独诉讼的被告，并且诉由都是虚假信息披露。2002 年各地方法院受理了这些诉讼并对其中的一些案件进行了开庭审理，直至本文撰写完成时，仍没有一个案件获得法院判决（有几个案件通过法庭调解结案）。其原因还是很多具体程序问题和实体法上的规则不够明晰，比如当事人的诉讼地位、如何认定损害（损害到底是不是证券市场的系统性风险），等等。

这些困境促使最高法院于 2003 年 1 月 9 日又颁布了《关于审

1　郭锋律师代理了 676 名“大庆联谊”受害股东，他替其当事人争取集体诉讼而非个人诉讼的权利。他坚持自己的立场不放，和哈尔滨市中级人民法院的协商持续了长达 1 年之久（2002 年）。如同 Hutchens（2003）所说，郭峰律师坚定不移和坚持不懈地奔走于最高人民法院和哈尔滨中院之间，为推动证券民事诉讼起到了至关重要的作用。这表明，律师在中国法律变革过程中扮演了重要的角色。就在郭峰律师为集体诉讼奔走的同时，代表其他 94 名原告起诉“大庆联谊”的律师同意采用单独诉讼的方式。这也是为什么哈尔滨中院在 2002 年 8 月与 10 月间举行听证会的原因。

理证券市场因虚假陈述引发的民事赔偿案件的若干规定》(以下简称《若干规定》)。该《若干规定》共37条，对证券法做了具体解释，是在广泛听取法学界、金融界的专家和学者们的意见后制定的。该解释仍将可以受理的证券民事诉讼范围限定在因虚假陈述引发的案件，仍旧要求受理案件的前提是有关行政部门已就该案件做出了行政决定，或者有刑事判决。不仅如此，《若干规定》还对提起证券民事诉讼设置了新的限制，《若干规定》第九条规定，所有证券民事赔偿案件必须由上市公司所在地有管辖权的中级人民法院管辖。法官们认为这一规定使司法过程更便捷了(例如，调查证据更容易了)。这一限制与《中华人民共和国民事诉讼法》(以下简称民事诉讼法)的规定并不一致，在民事诉讼法中，原告可以选择由原告或被告所在地法院管辖。此外，如前文所述，当地政府对本地的上市公司具有强烈的保护意识，这意味着当地法院在审判中可能偏袒被告。这就暴露了中国法律体系的另一个特征：司法便捷优先于原告的诉讼权利。

总的来说，《若干规定》为地方法院审理因虚假陈述引发的民事赔偿案提供了更具体的实践指导[1]。《若干规定》在2003年初引发了人们对证券市场的新热情，使已失望的投资者们对损失赔偿有了更多的希望。但是，迄今为止，相关法院仍旧没有对2002年的那些案件做出判决。如此多的未决案件表明，地方法院也许还在等待最高人民法院对一些尚未明确的细节做出更明确的指示。从中国证券法颁布实施到现在，已经过去4年了。尽管很多方面已经有了进展，法院系统在具体执行证券法方面仍需更多的努力[2]。在法的制定与法的

1 参见 Hutchens(2003)文章关于证券民事诉讼对法律体制的影响的深入分析和论证。

2 通过对大量处于经济转轨时期国家的考察，Pistor(2000)认为，法律的移植通常难以获得成功。移植的实体法律如果想取得成功，就必须改变一国原来的一些固有制度性结构。

实施之间还有很大的差距。这也说明了，在大陆法系国家，自上而下地制定法律然后布置实施的法律传统是根深蒂固的，也往往成为社会发展的障碍。**中国的实践经验进一步证明了普通法系的优势，因为在判例法下，法官们有通过实践创造法律的权力，能使法律更强劲地发展。**

——产品责任民事诉讼

与证券民事诉讼相比，产品责任民事诉讼领域并不是近些年民法变革的前沿话题。下面这些法律和司法解释构成了产品责任民事诉讼的基础：

(1)《中华人民共和国民法通则》(1986年)规定了因产品瑕疵而导致的民事赔偿问题(第一百二十二条、第一百三十条、第一百三十一条、第一百三十二条和第一百三十六条)。

(2)《最高人民法院关于下级人民法院如何审理产品责任民事案件的操作细则》(1988年1月26日)；

(3)《中华人民共和国民事诉讼法》(1991年)规定了审理产品责任民事案件的程序细则；

(4)《中华人民共和国产品质量法》(1993年)和《中华人民共和国消费者权益保护法》(1993年)是关于产品质量民事责任的主要法律。

1993年通过的两部法律是对20世纪80年代和90年代初市场上存在的假冒伪劣消费品猖獗现象的反应。然而，由于这两部法律日渐成为行政和刑事诉讼的规则，它们跌入了“法制”的序列。基于产品质量法律提起的民事诉讼非常少见。与证券民事诉讼在最近两年取得的长足进步相比，产品责任领域的民事诉讼缺乏具有里程碑意义的事件。

中国有众多行政部门和政府机构监管各类消费品，例如计量检测中心、药品监督管理局等。这些行政机关成为推进产品质量法实施的主要公共力量。他们经常通过“政治运动”似的活动，通过没收和焚烧等方式来试图消灭假冒伪劣产品。第一次这类运动是由全国人大于 1992 年发动的。在此后的十年间，没收的商品价值总额超过 30 亿元人民币。

通过 www.lawyee.net（中国最大的法律数据网站之一），我们能够检索到的最早的产品责任民事诉讼案发生在 1989 年。该案中，位于内蒙古包头市的一家供销合作社起诉同市的一家电冰箱供应商。诉由是原告的职员在打开被告出售的电冰箱时因触电而死亡。经包头市产品检验局检测，该电冰箱存在质量瑕疵。当地法院因此认定冰箱生产商应该承担法律责任并判定：（1）归还电冰箱价款 7900 元；（2）赔偿受害者家属共计 13987 元；（3）赔偿其他损失和开支 5400 元。

尽管还有其他一些零星的基于产品质量责任的民事案件，但是大多没引起太多重视。通过 www.lawyee.net，我们共收集了 80 个产品质量案件（其中 43 个为消费者产品质量案件，7 个案件中存在因产品质量致人死亡的情节，32 个案件中包括对产品使用者的身体伤害）。其中，59 个案件以原告胜诉结案，法官判决的最大赔偿数额为 108 万元人民币，赔偿平均值为 127395 元。赔偿通常包括三个部分：直接损失、惩罚性赔偿和原告因诉讼而支出的成本。

在众多产品责任案中，尤其令媒体关注的是起诉“东芝”的案件。1999 年 10 月，美国德州地方法院主持了一起起诉东芝美国公司的集体诉讼案，在原被告双方达成的和解协议中，东芝美国公司向原告赔偿 2.1 亿美元[1]。诉讼事由是，NEC 公司宣布并刊登声明指出其 1989 年出产的软盘微处理器存在瑕疵，而东芝公司在明知（knowingly）的情况下仍然在其笔记本电脑中使用该产品。磁盘驱动瑕疵导致两个笔记本使用者的数据丢失。原告团体包括 50 万该东芝产品的使用者。东芝公司在美国达成调解协议后，并没有向其中国的消费者通告其产品中存在的瑕疵，而是继续将存在瑕疵的该类产品销售给中国的消费者。

2000 年 5 月 8 日，一个中国消费者因偶然的机会在网上发现了这七个月前的和解结果，并将其公布于众。东芝公司的态度引起了广大消费者的普遍愤怒。网站上的留言版和各种媒体上充斥着民族主义色彩、情绪化的评论。司法界和法律专家就此展开了激烈的辩论。2000 年 5 月 25 日，九名东芝笔记本用户在北京对东芝公司提起共同诉讼[2]。同年 8 月 15 日，三位原告在上海又一次将东芝公司告上法庭。直至近日，没有消息报道这些案件的结果，或许因为与此案件有关的争论包含了过多民族主义色彩的内容，因此政府要求法院就此进行低调处理吧。为了说明中国对消费者权益保护的进展非常有限，有必要介绍 1999 年发生的一个有名的名誉诽谤案件：“恒生

1 参见 Robertson（1999）关于此和解方案的报道。

2 必须指出的是，尽管在 2000 年 5 月的此消费者产品责任诉讼案中，原告被允许采用共同诉讼的方式来捍卫自己的权利，然而，直至今天，最高人民法院仍不允许在证券民事诉讼中采用这种集体诉讼的方式。或许，在产品责任诉讼中，他们不用过多考虑如证券民事诉讼中存在的那些政治性因素。相反，法院在是否允许证券诉讼采用集体诉讼形式时较多考虑的是政治风险问题。参见 Lawrence（2002）。

电脑公司”诉王洪案。1997 年 8 月，王洪先生购买了一台恒生笔记本电脑。之后不久，王先生发现该电脑经常无故死机。电脑的保修期是直到 1998 年 6 月 1 日。在保修期内，王洪将电脑拿到恒生电脑专卖店，但没有得到任何维修服务。以后，王洪又多次与恒生电脑专卖店联系维修事宜未果，一直持续到 6 月末。王洪决定在网上发布谴责恒生电脑的帖子，并向政府支持的中国消费者协会进行投诉。两个月后，维修服务的事情还是没有取得任何进展。接着，王洪在网上发布了更多愤怒的帖子。《微电脑世界周刊》和《生活时报》分别于 1998 年 10 月 10 日和 7 月 27 日就此事进行了报道。

1999 年 4 月，恒生电脑公司将王洪和这两家媒体告上法庭，起诉其名誉侵权。基层法院判定王洪和这两家媒体的侵权事实成立并判决王洪向原告赔偿 50 万元（相当于王洪年收入的 25 倍），另外两家媒体分别赔偿 25 万元。案件上诉至北京市第二中级人民法院，北京二中院仍然认定侵权事实存在，只是改判王洪向恒生电脑赔偿人民币 9 万元（相当于王洪年收入的 4.5 倍）。

法院在王洪诽谤案中的判决证明了保护消费者权利的道路还有多么长。王洪只是试图获得他应该得到的，而且是他付了钱的售后服务而已。他在网上的帖子只不过是提醒广大消费者联合抵制该厂家的产品。然而，为此他还是付出了沉重的代价。

—— 产品责任与证券民事诉讼之比较

一个有趣的研究课题是：为什么证券民事诉讼导致了法律的重大发展而产品责任诉讼却没有呢？这两个领域有什么明显的特征差异？从实际影响来看，证券市场所涉及的人群相对较小（12 亿人中最多只有几千万人是股民），而消费品却涉及整个社会生活的方方面面。因此，消费者权益保护对整个经济而言应该更加重要。但是，正如本文前面讲的那样，在推动法律变革方面，证券市场具有更大的推动力。

我们试图提出以下几个观点：首先，证券投资者群体的特点在于其同一性，或者说其高度可认同性（commonality）。在证券欺诈中，股票持有者在同样的地点、同样的时间被同样的欺诈行为所伤害。损失的因果关系非常容易证明，尤其是股票的持有者本人对损失的发生并没有任何责任。与此相比，产品（消费品）损害却不同，即使是同一产品，例如东芝笔记本电脑，对使用者造成的损害将会发生在不同的时间和不同的地点。这一事实表明，受害的消费者之间具有较弱的同一性。尽管可以从技术上证明消费者所遭受的损失是基于同样的产品瑕疵，但是产品制造者和经销商经常会以消费者使用中的过错作为抗辩理由。产品责任案件要求特定原告提供因果关系的特定证据。

其次，证券交易中的损失能够比较容易和迅速地确定。价格差异是衡量证券投资损失的有效，也是直接的手段，这不仅很容易计算，而且经济损失是证券案件中的唯一损失。与此相比，因产品瑕疵导致的对消费者的损害通常是不明显的，也是难以衡量的。这些损害，例如死亡，后果严重，但其损失后果则比较主观且难以用金钱衡量。损失的不确定性和测度损失的困难性使受害者的处境难以得到其他受害者和社会的同情与认同，使利益群体难以形成。

最后，证券市场的两个特点：受害者的共同性和损失的可迅速测量性，这些都有利于媒体的广泛报道和辩论，使有关证券民事诉讼和股东权利保护这样的话题具有广泛的读者面。人们对证券交易得失的敏感性是导致证券市场受到整个社会关注的一个重要原因。与此相反，没有什么消费品的话题成为这么多人日常关注的焦点。因此，媒体对证券市场的关注同样是有利于形成具有一定政治影响力的证券投资者群体的重要原因之一。

——结 论

自从韦伯和哈耶克提出有关法律与经济发展的关系问题以来，关于法律是否会影响经济和市场的发展的争论已经持续了数十年。近年，有些学者通过援引中国这些年的发展经验，尤其是通过将中国与具备更加完善的制度机制的印度进行对比后认为，法律与经济增长和市场发展没有关系[1]。这种结论实际上是建立在“先规范，后发展”这样的理念上的。然而，对中国实践经验的近距离观察表明，对新兴市场而言，“先发展，后规范”或许更能准确表述其特征。正如 Coffee（2001）所认为的那样，经济和市场发展的开始阶段，是建构制度的阶段，同样更是尽力发现问题并挑战旧制度的阶段；经济社会发展之后，法律的变革也就随之发生了。在一国经济发展的第二阶段，也就是当一国试图寻求更加长远、成熟的经济发展时，法律的变革是必需的。因此，**法律秩序未必是市场发展初期的前提条件，但却是市场成熟发展的前提条件。**

市场的萧条通常需要法律的变革来改变。19 世纪 30 年代早期美国的经验验证了这一点。中国证券市场的两个萧条时期（1993—

1 参见 Thakur（2003）就中国和印度的情况所作的比较，另参见 Kristof（2003）就俄罗斯、乌克兰和中国的情况所作的比较。

1996 年和 2001 年至今）同样引发了法律（尤其是司法）的重大变革：第一个萧条时期促使中国证监会采取更加严厉的措施处罚违规者；第二个萧条时期推动了证券民事诉讼的发展。

通过中国经验得出的第二个观点是，**不同的经济活动对于法律的变革会产生不同的推动力。资本市场可能是形成具有一定的政治影响力的团体并从而对法律变革产生重大影响的最有利的力量**。这是因为资本市场具有两个基本特征：(1) 在该市场上形成的利益团体具有高度同一性和认同感；(2) 在该市场遭受的损失是确定的而且是可以立即被知道的。资本市场的这两个特点不仅使市场投资者之间能够比较迅速、容易地产生认同感，而且为在公共媒体和其他场所展开的公共辩论创造了观念性基础，从而促进法律文化的发展。证券民事诉讼是对“法律是统治阶级进行阶级统治工具”这一传统中国观念的挑战。

参考文献

1. Black, Bernard S., 2001, "The Legal and Institutional Preconditions for Strong Securities Markets ", *UCLA Law Review* 48, April 2001.
2. Cheffins, Brian R., 2001, "Does Law Matter ? The Separation of Ownership and Control in the United Kingdom ", *The Journal of Legal Studies* 30, June 2001.
3. 陈志武，2002，"证券集团诉讼在美国的应用"，《证券法律评论》2002 年第 2 期，第 260—294 页。
4. Chen Zhiwu and Peng Xiong, 2001, "Discounts for Illiquid Stocks: Evidence from China ", Yale School of Management.
5. Clarke, Donald C., 2003, "Corporate Governance in China: an Overview ", China Economic Review.
6. Clarke, Donald C., 2003, "Economic Development and the Rights Hypothesis: The China Problem ", forthcoming in the *American Journal of Comparative Law*.
7. Coffee, John C., Jr., 2001, "The Rise of Dispersed Ownership: The Roles of Law and the State in the Separation of Ownership and Control ", *Yale Law Journal* 111, October 2001.
8. Goetzmann, William and Elisabeth Koll, 2002, "The History of Corporate Ownership in China". Working paper, Yale School of Management and Case Western University.
9. Hertz, Ellen, 1998, *The Trading Crowd : An Ethnography of the Shanghai Stock Market*, Cambridge University Press.
10. Hutchens, Walter, 2003, "Private Securities Litigation in China: Materials Disclosure about China's Legal System ", forthcoming in the *Pennsylvania Journal of International Economic Law*.

11. Johnson, Simon, Rafael La Porta, Florencio Lopez de Silanes and Andrei Shleifer, 2000, "Tunneling ", *American Economic Review Papers & Proceedings* 90, May 2000.

12. Jones, William C., 2003, "Trying to understand the current Chinese legal system", in C. Stephen Hsu, ed., *Understanding China's Legal System: Essays in Honor of Jerome A. Cohen*, 2003, New York University Press.

13. Kirby, William, 1995, "China Unincorporated: Company law and business enterprise in twentieth century China ", *Journal of Asian Studies* 54, pp.43-63.

14. Kristof, Nicholas D., 2003, "Freedom's in 2nd Place?" *The New York Times*, Aug. 29, 2003.

15. La Porta, Rafael, Florence Lopez-de-Silanes, Andrei Shleifer, and Robert Vishny, 1997, "Legal Determinants of External Finance ", *Journal of Finance* 52, July 1997, pp. 1131-1150.

16. La Porta, Rafael, Florence Lopez-de-Silanes, Andrei Shleifer, and Robert Vishny, 1998, "Law and Finance ", *Journal of Political Economy* 106, December 1998, pp. 1113-1155.

17. 郎咸平与汪姜维，2002，"寻找最适当造假利润率",《新财富》, 2002 年 10 月号。

18. Lawrence, Susan V., 2002, "Shareholder Lawsuits: Ally of the People: A lawyer campaigns for minority-shareholder lawsuits against Chinese listed companies and wins a partial victory, but political sensitivities mean class-action suits are still barred ", *Far Eastern Economic Review*, May 9, 2002.

19. North, Douglas, 1990, *Institutions, Institutional Change and Economic Performance*, Cambridge University Press.

20. Pistor, Katharina, 2000, "Patterns of Legal Change: Shareholder and Creditor

Rights in Transition Economies ", *European Business Organization and Law Review* 59.

21. Robertson, Jack, 1999, "Toshiba's $2 Billion Settlement Confounds the Industry", *Silicon Strategies*, November 08, 1999. (http://www. siliconstrategies. com/story/OEG19991108S0007)
22. Shleifer, Andrei and Robert W. Vishny, 1997, "A Survey of Corporate Governance, " *The Journal of Finance* 52, June 1997, pp.737-783.
23. Thakur, Ramesh, 2003, "China Is Outperforming India ", *International Herald Tribune*, Jan. 7, 2003.
24. Walter, Carl E., and Fraser J. T. Howie, *Privatizing China: The Stock Markets and Their Role in Corporate Reform*, John Wiley & Sons.

附 录

表1：中国股市历年的融资总额

年份	新上市公司数	融资总额 （以百万元为单位）
1991	13	500
1992	40	9,409
1993	124	31,454
1994	110	13,805
1995	24	11,886
1996	203	34,152
1997	206	93,382
1998	106	80,357
1999	98	89,739
2000	137	154,086
2001	79	118,214

* 这里的数据包括原始股和股票增发等。数据来源是北京的色诺芬公司（www.SinoFin.com.cn）

表2：中国与其他国家的股市融资总额比较

年份	中国	美国	日本	德国	法国
1991	0.02%	0.23%			
1992	0.36%	0.90%	0.06%		
1993	0.91%	1.64%	0.16%	0.11%	
1994	0.30%	1.64%	0.08%	0.03%	0.18%
1995	0.20%	1.08%	0.20%	0.27%	0.29%
1996	0.50%	1.26%	0.54%	0.56%	1.94%
1997	1.25%	1.72%	0.27%	0.29%	0.08%
1998	1.02%	2.35%	0.74%	2.74%	0.88%
1999	1.09%	1.34%	0.93%	1.04%	0.85%
2000	1.72%	2.03%	0.90%	1.44%	1.44%
2001	1.20%	2.33%	0.49%	0.29%	1.56%
2002	0.94%	1.26%	0.34%	0.20%	0.85%
平均值	0.79%	1.60%	0.47%	0.61%	0.90%
均方差	0.65%	0.25%	0.25%	0.25%	0.47%

* 这里的数据包括原始股发行和股票增发等。我们用一国的股市融资总额跟同年 GDP 的比值来测量其股市融资水平。数据来源是北京的色诺芬公司（www.SinoFin.com.cn）

表3：上证综合指数的历年表现

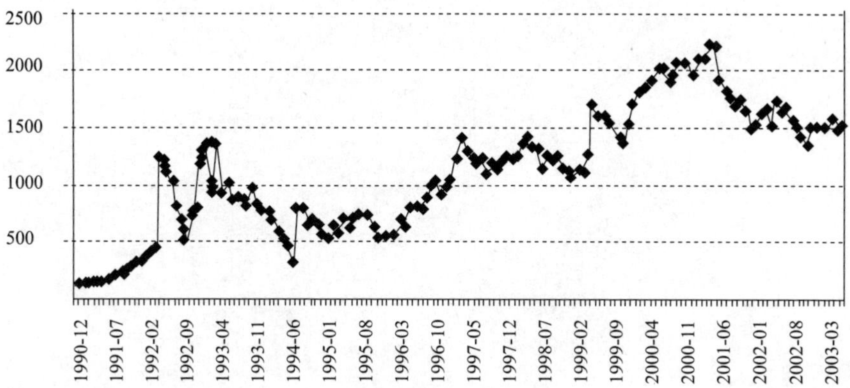

* 数据来源是北京的色诺芬公司（www.SinoFin.com.cn）

[第五部分]

文化的金融学逻辑

☆ 对儒家文化的金融学反思

☆ 儒家“孝道”文化的终结与中国金融业的兴起

☆ 儒家文化与中国金融发展的滞后

☆ 市场经济是个人解放的必由之路

2003 年，河南乡村，集市上的标语“到期还款光荣，赖债不还可耻”。儒家传统在中国的乡村也已经是支离破碎。全江摄 / 供图：CFP

第 19 章

对儒家文化的金融学反思

> "五四"新文化运动给中国带来了自由、民主、法治的思想，让中国走近世界一大步。但是，现在人们发现，在当年打倒"孔家店"后，今天似乎又要重建"孔家店"，这是怎么回事？我们缺少了什么才使个人权利、个人自由难以扎根？

近几年来，儒家文化再次成为热门话题，这些讨论不局限于文化圈，而是直接涉及小学、中学，以及大学生每周花多少时间读古代经典、多少时间学现代知识的问题。此外，要求立儒学为国教的呼声也不小，因此信不信儒学已不仅是个人的选择问题，还是一个全社会以及整个国家的根本问题。实际上，一些新儒家学者声称要"以夏变夷"、"用中华文明整合世界"，国家已拨款数亿在国外设立孔子学院，以具体行动在世界推广儒家文化。中国这么大，世界更大，做一些这类事情也未尝不可。但是，其成效将如何则可能是另一回事。

那么，**文化到底是什么东西？儒家文化为什么会在中国出现？除了儒家外是否有别的更"好"的社会秩序安排？西方文明真的只是物质文明，而东方文明是更高尚的精神文明吗？**"五四"新文化运动给中国带来了自由、民主、法治的思想，让中国走近世界一大步。但是，现在人们发现，在当年打倒"孔家店"后，今天似乎又要重建"孔家店"，这是怎么回事？我们缺少了什么才使个人权利、个人自由难以扎根？

文化显然不是一成不变的，比如，今天的中华文化跟汉朝的汉人文化、唐朝的唐人文化、宋明时期的中国文化，甚至民国时期的华人文化都不一样，其他种族文化的动态变迁也大致如此。如果文化是不断变化的，那么是什么在推动其变迁？为什么有的文化内容经久不衰而有的则时过境迁即消失？这里，我们试图从金融学、经济学的角度来回答这些问题，尽量从文化之外的视角来理解文化。我们会发现，文化内涵必然是因某种需要而生，同样会因为某种不需要而死。换言之，一旦文化的某种功能能够由其他更受社会欢迎的东西取代，那么那项文化内涵的生命就会结束。我们会看到，随着经济和金融技术的发展，社会所需要的文化内涵也会变化。所以，简单意义上的文化复古不仅是一厢情愿，而且是毫无意义。

——文化为什么是这样而不是那样的

文化的内容当然很多很广，我们关心的不是像“川菜”“湘菜”这样的非制度性文化，而是规范言行的制度性文化以及影响人们作价值判断的处世文化。此外，先要说明的是本文不谈及儒家“三纲五常”中的“五常”等处世之道，原因是，像“仁、义、礼、智、信”这些道德规范是世界各种文化的普遍价值，并非儒家文化独有，否则我们中国人出国之后就不会有与别人交往的任何基础。这些内容是今天的中国以及任何社会都应该教导的。

本文的反思集中在儒家“三纲五常”中的“三纲”以及相关的“五伦”社会秩序。“家文化”是各种文化的核心，也是儒家跟其他文化的核心差别的体现。我们来看看它们的差别。

不管是远古，还是现代，任何人自出生即面对两种基本需要：一种是吃穿住行这些物质消费，即所谓的物质生活，“民以食为天”；另一种是心理或说精神需求，即所谓精神生活。从生存需要看，物质生活的重要性应该排第一，精神生活居其次。人的这两种基本需要既是文化的起因，也是文化的目的。

所有动物都有其文化，而一种动物的文化程度又跟该动物的个体独立生存能力有关。在所有动物中，人出生后的自生能力可能在最弱之列，婴儿一岁之前靠吃奶，即使一岁之后能吃一般食物、能走路了，在十二三岁前一个人还是难以独自谋生。相比之下，马的自生能力极强，小马出生一两天内即可站立走路，也能很快自己吃草。但尽管如此，出生之后，小马还会追随母亲一两个月，母马也会给以母爱，保护小马，形影不离，所以，连马也体现出一定的“家庭观念”、“家文化”。笔者小时候在湖南农村，最怕的就是还在抚育一群小狗的母狗，母狗为保护其孩子所表现出的凶恶，真是奋不顾身，任何人只要靠近它家的领地范围，母狗绝对会出来咬你！所以，狗的“家庭观念”也不弱。以“家”作为基本生存单元是动物的共性。当然，对于自生能力远比马要弱的人类，家更是人种延续下去的最基本条件。任何今天还存在的民族，它必须有重视家庭的基本文化内涵，否则就不可能延续到今天。各类文化都重视家庭，这是人种生存的基本底线。

除了要满足今天的物质消费和精神需求外，一个人面对的更重要的挑战是对未来生活的担忧，包括未来物质生活所需的收入的不确定性、身体健康的不确定性，还有未来精神生活、心理状态的不确定性。不确定性风险事件可以是天灾人祸，比如，根据邓云特先生在1937年《中国灾荒史》一书中的统计[1]，16世纪中国共发生过504起

1 邓云特，《中国灾荒史》，上海书店，1937年，第54页。

大水灾、旱灾、蝗灾、雹灾、风灾、疫灾、地震和雪灾，平均每年5次以上；17世纪共有各类大灾507次，18世纪共411次，19世纪407次，20世纪的头35年有101次大灾。这些记入史册的不包括小灾，也不包括时常发生的战争和大大小小的农民起义，兵荒马乱时期个人的物质生活与精神生活当然会受到冲击。这些都是人们想规避的系统风险。

在个人层面，生病、交通或工作事故、房子起火等意外事件也会引发财产收入、精神状况上的损失，还有娶妻、嫁女、盖房、养老等这些大开支项目，都是个人一辈子要应对的不好预测的风险或大额开支事件。此外，在创业、生产投资上也会面对大大小小的不确定性，有可能血本无归，有可能收成不好。

这些因自然、社会以及个人自己带来的难以避免的风险事件让人充满忧虑，这就逼着人们去寻找规避未来物质风险和精神风险的手段，否则一个家庭、一个民族生存下去的概率就会远小于100%，社会也不能安宁。大致讲，人类有两种途径规避未来风险，其一是靠发展，“发展是硬道理”，通过提高物质生产力和精神供给量来提升人类整体生活水平，这当然能加强个人度过风险事件的能力。物资供应有结余时，即使一时发生天灾人祸或生产歉收，也不至于给人造成致命的危机。“硬”技术创新的贡献即在此。

其二是通过个人之间的经济交换、精神交换，达到互保、互助、资源共享的效果，以此提升社会共同的避险能力，使个人能更好地渡过经济紧张、精神压抑的困境。任何社会中，个人之间的收入风险特征以及能力都会不同，使他们能通过交换而达到互保、互相配置资源的效果。在精神生活方面也如此，不同人会在不同时候出现喜怒哀乐，为人际间的感情交换提供了基础。

问题是，如何进行交换？在经济利益方面，金融产品就是让不同人（买方和卖方）实现在不同时间和不同状态之间的物质交换（当然，在未来也许可以有实现不同时间和不同状态间感情交换的证券）。例如，借贷合同是让贷方今天把钱借给另一方使用，但到期时借方要还本付息，其效果是贷方把今天的收入转移到未来花，借方则把未来收入转移到今天花。其他诸如人寿年金、医疗保险、人寿保险、养老基金、股票、债券等金融产品，虽然合约的支付安排不同，但道理都是实现不同人在不同时间、不同状态间的利益交换。可问题是，这些金融品种直到近代才发展。那么，在古代以及传统社会里，类似这样的金融保险交易和精神感情交易靠什么方式进行呢？这是一个交易风险或者说契约执行问题，如果大家都担心另一方会赖账、不履行其交换义务，那么互保互助交易就无法发生。历史上不同时期、不同社会所推出的文化与制度基本都是为了保证这些交易能顺利进行。

在原始社会，由于生产能力低下，靠狩猎、采摘野果谋生，其收成的风险太高，打猎时可能连续多日一无所获，没有食物供给，生存挑战必然是每天的首要问题。如果那时期生产和生活都以个人或家庭为单位，那么人的生存能力会极低，人类可能很快灭种。所以，原始部落就成为规避生产风险、规避天灾人祸、提供原始精神消费的基本组织。尽管部落公有制淹没了个人的空间，也没有独立的家，但在当时生产能力的约束下，原始部落可能是最理想的经济互助体和社会共同体。那时没有正式金融契约交易，但部落里共享一切，其实就是基于隐性利益交换的原始社会保险安排。

到了农业社会，可以圈养家禽，在固定的地方重复种植粮食，这两类生产技术革新大大提高人类生产力，使物质供应大增，降低了饥饿的频率。在这种情况下，人类文化也发生变化，人们没必要再继续部落公有制这种经济互助组织。毕竟，为了支持公有制达到分摊未来风险的效果，每个人需要牺牲太多的个人空间和个人自由。只要生产力有所突破，让个人的独立生存能力有实质性提高，人们必然会寻求新的、扩大个人空间的经济组织与社会组织，一种全新的文化也会应运而生。这就是阿马蒂亚·森所说的“发展就是使个人更自由”，也是人性所向。

在农业社会，外部化的法治没有建立，与陌生人交易的成本还太高，商业特别是金融保险、借贷、证券业都不发达，还没有市场提供的互保互助交易。所以，在走出部落公有制之后，还必须找到一种新的保证经济交易、精神交易能顺利进行的安排。这时，家族、宗族就成为主要的经济互助体和社会共同体，亲情与血缘成为保证互保、互助交易能顺利进行的自然基础，家族像是一个非正式的内部金融市场。以家庭为基础性存在单元当然没把个人充分解放出来，不等于个人完全自由了，但“家”可能是那种时代里让个人达到规避未来物质风险、精神风险的最可靠安排。

在任何社会里，家庭有两个主要功能：一个是经济互助，一个是社会功能即精神互助。其经济功能包括两方面：第一，在家庭内部存在各种隐性金融契约关系，父母在后代身上有投资，所以后代有隐性“回报”责任；兄弟姐妹之间则你欠我的、我欠他的等等；这个家欠同族另一家的等等，相互间存在许多说不清也说不完的隐性债务、保险责任。第二，因血缘关系，“家”能大大减少各成员间利益交换的执行风险，减少交易成本。

为了支持“家”的经济互助和精神互助功能，社会就必须有相配的家庭、家族文化，帮助实现这些错综复杂的隐性金融契约。这就

是儒家以及其他源自农业社会的传统文化所要达到的目的，也是两千五百年前儒家文化产生的背景。

——儒家文化的今与昔

也就是说，在没有市场提供的各类保险、借贷、股票、投资基金、养老基金等金融品种的前提下，成家生儿育女，而且最好是生儿子，就成了规避未来物质风险和精神风险的具体手段，即所谓“养子防老”。生儿女既是父母对未来的投资，又是为未来买的保险，儿女是人格化了的金融品种。父母也许爱子女，也许不爱，这不是最重要的，关键是儿女长大后要“孝”，这是保证父母投资有所回报的关键。“养子防老”是保险和投资的概念，而“孝”则是儿女履行隐性“契约”的概念。以“孝”和“义务”为核心的儒家文化是孔孟为了降低这些隐性利益交易的不确定性、增加交易安全而设计的。正如谢幼伟先生在《孝与中国文化》一书中所说，“中国文化在某种意义上，可谓‘孝的文化’。孝在中国文化作用之大，地位之高，谈中国文化而忽视孝，即非于中国文化真有所知”。

于是，由“三纲”、“五伦”建立并延伸出来的家秩序、社会秩序就很关键了，臣必须服从于君，子必须服从于父，妇必须服从于夫。这些服从关系是无条件的，也不管有理还是无理。按照梁漱溟先生的说法[1]，“就是把社会中的人各就其关系，排定其彼此名分地位，而指明相互间应有之情与义，要他们时时顾名思义。……伦理关系即表示一种义务关系，一个人似不为自己而存在，乃仿佛互为他人而

1 梁漱溟，《中国文化要义》，上海人民出版社，2005 年版，第 80 页。

存在者”。儒家文化的核心是按照天然的长幼以及男女将每个人编入一个等级组织中，然后，根据出生位置给他课以一辈子不变的责任与义务；不管是成年之前，还是之后，甚至儿女、弟弟都六七十岁了，每个人在这个层次秩序中的地位不变，永远是在长者说话时幼者只有听话的份，只能低一等或几等，永远没有自我。**从儿女出生开始，通过《论语》等经典将他们嵌入“孔家店”，扣上“三纲”包袱，让他们任何时候都会因不服长者的意愿而内疚得无地自容。这个“孔家店”只有一个目的：保证父母、兄长以及其他长者的投资有回报。**

人出生之前是无法选择家庭和出生顺序的，所以，以长幼定名分、责任所实现的利益交易是非自愿的交易。而强制性的交易有悖于个人权利。

不以个人权利但以名分界定的等级结构，的确让中国社会在两千五百年中基本不变（改朝换代除外），但这种文化也阉割了中国人的个性，阉割了我们的创造力。阉割了个性的结构或许稳定，可代价是中国长期处于温饱和饥饿之间。就以这些年的留美学生为例，我们这些学生以及毕业后留美工作的人，虽然专业水平较高，但跟美国人、印度人、欧洲人相比，儒家文化让中国人往往缺乏个性，习惯于听话，但不争取自己的权利和利益。“顺从”、“听话”的习惯当然让我们只适合打工。

国粹派喜欢说西方文明是物质文明，而中华文明则是更高境界的精神文明，其根据似乎是西方近代工业科技发达，物质生活丰富，而中国却到近年才解决温饱。——这种逻辑值得商榷，原因很简单，**西方物质生产比东方发达并不必然意味他们的精神文明就落后，而东方的物质生产落后也并不必然意味我们的精神文明就先进。会不**

会是东方的物质文明和精神文明都落后呢？

我们可以从三方面看这个问题。第一，精神生活丰富的前提是精神食粮供给丰富，学术和文学艺术又是其主要源泉。两千多年来中国的学术一直围绕儒、法、墨、道家打圈圈，佛教在汉代逐步进入中国后，曾推动过唐宋时期文学、诗词等领域的发展，也出现过宋明理学，但总体上没离开对早前经典的解读和再解读，并且这些哲学与文学发展基本限于士大夫的小社会内，对绝大多数人为文盲的社会的精神生活影响有限。正如著名的新儒学代表人物张君劢在20世纪30年代所感言的："然秦后两千年来，其政体为君主专制，养成大多奴颜婢膝之国民。子弟受大家族之庇荫，依赖父母，久成习惯。学术上既受文字束缚之苦，又标'受用'、'默识'之旨，故缺少论理学之训练，而理智极不发达。此乃吾族之受病处。"[1]

中国并没像西方那样有系统组织的宗教，规范人们日常行为的儒教不是严格意义上的宗教。在这种缺乏正式的理性与非理性生命观的社会里，大众的精神世界只好由"牛鬼蛇神"迷信来支配，看不出这种精神文明高级在哪里。反倒是汉代进入中国的佛教、明代传入的天主教以及其他基督教派扩展了我们的精神资源。退一步讲，**"中庸之道"扼杀的不只是物质文明上的创新能力，而且也激发人们不要在精神资源上有"出众"的创新突破。**

第二，或许有没有以宗教或者理性学术支撑的精神文明不重要，更重要的是我们把生活重点放在精神追求上，而不是过分追求物质生活。中国人追求的精神生活或许不是宗教性的，而是家庭温暖和亲情。但是，人之间的友情是一件非常个人化的事情，每个人有不同

1　张君劢，《明日之中国文化》，山东人民出版社，1998年版，第84页。

偏好、不同性格，即使是同父母的兄弟姐妹，性格与喜好也难以相同，他们除了知道彼此是兄弟姐妹而"应该"有亲人关系外，不一定有心灵深处的相通，不一定有出于"自愿"的友情。家庭成员间会因为名分以及相应责任而彼此相依赖、相交往，可是这不等于他们的关系能超出原始情感而达到更高的心灵沟通境界，就像包办婚姻中夫妻知道彼此有责任、是夫妻，但他们之间可能没有"爱"的体验。难以想象在人的个性与自由空间都被压抑的社会里，情感与心理世界能够天马行空，飞翔到朴素感情之外。

第三，中国文化的核心重点在于维护"家"的经济功能，轻视其社交与情感功能，这必然抑制中国文化的精神文明内涵。从某种意义讲，连温饱问题都没完全解决的农业社会里，"家"的第一功能当然应该是实现家庭成员间的经济利益交换，所以儒家文化里"孝"、"顺从"、"听话"排在第一，这是可以理解的。但问题也在这里，一旦经济利益交换是"家"的最主要功能，人们容易先看到利益，后才是亲情，或者只看到经济利益。经济利益夹在"家"中，你搞不清亲戚对你好是真好，还是出于利益。在现实生活里，笔者在湖南家乡看到更多的是因为利益大打出手的儒家家庭，而不是突出亲情、突出情感关系的温情脉脉的儒家世界。**那种理想化了的儒家世界在中国还没实现过，从内在逻辑上可能也很难实现。说到底，在儒家文化抑制物质文明发展的情况下，传统中国始终没完全走出温饱的挑战；在那种境况下，说精神情感世界里能达到文明顶峰，那只能是奢望。**

传统学问对中国社会的研究太多停留在研读经典上，好像研读经典就是了解真实的中国。显然，"四书五经"讲的是"应然"，但"实然"可能是另一码事，就好像不能说基督教《圣经》里的世界就是西方社会一样。书本里的儒家伦理社会当然温情脉脉，充满诗情画意。而真实的中国传统社会里，虽然不“言利”，但实际连“家”里也以利益当头。从经济学的角度讲，儒家“刚性”的“孝”可能反而迫使家庭关系以利益交换为主。

我们可以从今天的中国来看到这一点。中国今天实际上是一个包含了许多不同亚文化的社会。2005 年，杜俊林同学协助笔者对北京、丹东、徐水县以及三个河南村——九连城、牛庄、宋庄作过一次调查，各地随机抽样 300 多人，这些地方的收入水平和经济发展程度当然是北京最高，丹东市次之，徐水县第三,九连城、牛庄、宋庄最低。

许多家庭交往、社会交往呈现经济交易的内涵。比如，在现代社会中，送礼往往是象征性的，“醉翁之意不在酒”，“大礼”反而是有目的的。但在传统社会中，送礼是一件很认真的事，而且要大，因为“礼尚往来”不只是为了“情”，更多的是一种借贷利益交换。村里人遇到婚嫁、乔迁等大事时，都会大摆宴席，然后收受礼金，相当于帮助缓和大开支给主人带来的困难；此后，等到对方也有类似大事时，再送去相应数量的礼金。

对六个地方的抽样调查结果是，北京人之间的借贷和礼物往来最少，丹东和徐水次之，农村人之间的借贷和礼物往来最多。因此，前者已不是传统社会，但后者仍然是。特别是在农村，借贷和礼物主要发生在亲戚之间，亲戚之外很少。由此可见，在农村，亲戚间的经济利益关系很重，家庭、家族仍然是经济互助中心。

当问他们“你为什么要生小孩”时，北京只有 12%的人说“养子防老”，而三个村平均有 69%的人说“养子防老”，丹东和徐水在这两个极端之间。当被问到“你是不是因为爱小孩而生孩子”时，北京有55%的人说“是”，而三个村平均只有16%的人说“是”，丹东和徐水仍然在两端之间。

通过对总样本的计量分析发现，收入越高同时又买了某种金融保险品种的城市人更容易说“生儿育女是出于感情”，而不是为防老等经济目的。

这说明像北京、上海这样的发达城市，有了满足生活需要的收入同时又利用保险品种、投资基金等把夫妇未来的经济风险安排好之后，他们更多把“家”看成是感情交流、满足精神需要的社会单元，原来由“家”胜任的经济功能逐渐由金融市场承担，“孝道”责任逐渐由“爱”取代，经济与金融发展正在改变这些社会的文化。相比之下，在农村，家庭关系仍然以经济交易当先，“养子”继续是规避未来风险的主要手段，而“家”的情感功能就弱，那里更需要儒家伦理来维系隐性经济交易，于是，那里保留了更多儒家价值观。

那么，中国未来的文化走向会是什么呢？是朝着像北京、上海等发达社区的文化发展，还是要恢复儒家传统、走回传统乡村的价值体系呢？社会文化的走向是个人难以设计的，而是由社会的需要所决定。

——金融发展对西方文化的影响

为了帮助理解中国文化的未来走向，我们可看看经济与金融发展是怎样改变个人权利、个人自由在西方文化中的地位的。今天北京、上海跟农村的文化差别实际上是西方文化的今天跟过去的差别的映射。西方并非历来就以个人为中心，是经济与金融的发展把他们逐渐从对家庭和教会的经济依赖中解放出来。

当然，如今针对个人的金融证券品种已眼花缭乱，它们的功能目的各不相同。为了便于讨论，我们就以人寿年金（life annuity）为例，这应该是对个人规避未来风险最重要的金融品种之一。想到未来，人最不确定的是到底会活多少岁，是活到 120 岁还是 70 岁呢？如果今天按照活 70 岁去存钱，万一活到 120 岁，那剩下的 50 年的收入从哪里来？如果按照活 120 岁去存钱，万一只活 70 岁，那不是存钱太多？——寿命的不确定性极容易让自己在老年时变成后代的负担，也丧失自己的独立自主性。人寿年金便是为解决这个问题而出现的，只要购买者证明其今天身体健康，那么他可分期或一次性申购人寿年金，买到以后，投资者可在 50 岁（也可从其他年龄开始）至去世之前每年得到事先约定的收入，比如四万元，这种收入支付可以继续到购买者去世或者夫妇双方都去世时为止。有了这种金融安排，父母就不必依赖后代的经济支持度过晚年，也不用担心自己会不会活得太久，经济独立显然是个人自由的基础。

民主、自由、法治思想的实践早在古希腊、古罗马时期就出现，这是我们熟悉的历史，但以往不一定熟悉的是，人寿年金以及其他保险和借贷品种也在 2000 多年前的古希腊、古罗马出现并发展。按照 C. F. Trenerry 在 *The Origin and Early History of Insurance* 一书的考证[1]，公元 150 年的《罗马民法典》就有关于人寿年金、人寿保险交易的条款，早在公元 225 年一个叫 Ulpian 的罗马人编出了人寿年金、人寿保险的定价表，那也是精算数学的起源。因此，古希腊人、古罗马人就能利用这些金融工具实现个人自由。另外一类促进个人之间互保、互助交易的是在古罗马兴起的宗教以及其他民间合会，

1　C. F. Trenerry, *The Origin and Early History of Insurance*, P. S. King & Son, LTD., 1926, p.26.

这些合会通过把众多成员的会费集在一起，然后对遇到意外事件的成员给予经济支持。

但是，有意思的是，随着罗马帝国于公元476年终结，欧洲进入所谓“黑暗的中世纪”，民主、自由与法治继而由宗教专制取代，人寿年金等金融市场也跟着消失，个人的经济风险、养老等重新由传统的家庭来胜任。比如，从8世纪到10世纪，德国、比利时的宗族极发达，地权归宗族，族产以及成员奉献用于规避个人成员的经济风险，这样做的效果之一是让“家庭”的部分经济交易功能由宗族承担。但是，为支持宗族结构以及重新回到“家”的经济互助功能，其宗法与“家”文化也变得更“刚性”，让个人失去自由与权利，失去个性。

按照 Aaron Gurevich 的说法[1]，欧洲人到12世纪是如此缺乏个性，如果你去看一幅那个时期的群体人物油画，你会发现那上面的人物从表情到衣着、到举止都完全一模一样，看不出任何差别，完全没有个性，所反映的精神世界之浅薄可想而知。

从12、13世纪起，威尼斯、佛罗伦萨等意大利城邦的商业迅速发展，这不仅使他们的人均收入增长，让人们走出温饱的挑战，而且于13世纪后期人寿年金、人寿保险、嫁妆基金等金融品种再次出现在威尼斯等地，等到14、15世纪意大利文艺复兴、个人权利意识重现时期，西欧的金融已有相当的发展，为个人实现自由与权利提供了初步的金融手段支持。

各类保险、借贷、债券、投资品种在15、16世纪尤其有更快的发展，并扩散到荷兰、法国以及后来的英国。这些日趋成熟的金融工

1 Aaron Gurevich, *The Origins of European Individualism*, Blackwell Publishers, 1995, p.1.

具成为 17 世纪开始的思想启蒙运动和个人自由进一步发展的重要经济基础，现代民主政治制度也是在欧洲的这样一个背景下出现的。

我们看到，如果要把利益交易从“家庭”功能中剥离，由金融市场取代，这当然能减轻因利益交换给家庭带来的张力，但也要求一种全新的社会政治制度、一种新文化，例如，以个人权利为基础的法律以及保证法治的权力制衡体系，否则，在家庭、宗族之外的市场金融交易就难有交易安全，契约权益无法保障。换言之，**如果个人经济风险交易功能主要由家庭来承担，那就对家庭文化有相应的要求，在中国就有了儒家文化；如果这种经济功能主要由市场来承担，那么社会政治法律制度必须有相应的内容，在此背景下西方发展出自由、民主与法治，与此同时，西方的“家”越来越成为一个单纯的精神生活细胞，以兄弟姐妹间、长辈与晚辈间的感情交流为基础。**

当金融市场取代了“家”的保险互助功能，从而使类似于儒家这样的传统文化的必要性降低之后，人们的“生活质量”是否反而不好呢？是否反倒让人变成行尸走肉、醉生梦死呢？新儒家学者最喜欢批判的当然是美国，喜欢拿美国来说明为什么西方文化不可救药而必须由中国文化来拯救他们。美国的保险、银行、证券业是当今最发达的，各类金融产品让美国人把多数能想象到的未来收入风险、生活需要提前安排好。除了医疗、人寿、财产、汽车、失业、残疾等传统保险品种，住房、汽车等个人贷款品种，退休基金、投资基金等证券外，美国的金融与保险业总是不断了解新出现的个人生活或养老需要，根据新需要再推出新金融产品，目的是让个人不至于因意外事件而在经济上拖累亲人。

比如，20 世纪 90 年代新推出的“长期护理保险”（long-term care insurance），其背景是随着人均寿命的上升，退休后许多人还能生活 30 年或更长，过了 70 岁、80 岁可能不一定生病，但生活行动可能越来越困难，需要有人在身边护理，此种护理费用是一般医疗保险不包括的。这时，一种可能是要求儿女放弃工作、放弃自己的家，搬回老家照顾父母，如果这样，儿女就要牺牲自己的事业与生活，而且如果每代人都中途放弃自己的事业和家庭去护理、照顾长辈，那意味着每代人都无法实现自己事业与生活的最大潜力，会是一种让一代一代都不幸福的社会安排。四世同堂如果只是一种抽象的境界还可以，但最好不是现实生活。

另一种可能是由保险公司提供“长期护理保险”，如果张三从中年开始每年付 1500 元保费，那么他退休后，一直到去世之前都可根据需要去养老护理中心，或请人到自家来护理，费用由保险公司支付。其特点是：保险交易发生在父母跟保险公司之间，而不是在父母与后代之间。这一新的保险品种目前越来越受欢迎。

隐性和显性的经济交易几乎完全从家庭关系、家族关系中退出之后，父母可以在退休后仍然保持自己的独立人格，不需要受后代的支配。对于儿女来说，他们也不用感到“孝”的责任压力，但他们出于爱父母还是可能自愿选择去照顾父母。

一旦强制性的经济责任不再存在于父子、兄弟之间，父亲没必要再以一副威严不可亲近的面孔出现在儿女面前，用不着强制儿女无条件地听自己的话并要求在父母讲话时儿女不能还嘴，而儿女则可从“孔家店”中解放出来。父母与儿女间、兄弟姐妹间因经济利益关系引发的张力也就消失了，他们之间可以更平等地注重感情交流和心灵沟通，让亲情、友情成为家庭关系的主旋律。这就是为什么在美国，父母往往想方设法和儿女多交流、拉近距离，有意找儿女也感兴趣的话题去交谈，以此培养跟儿女的感情，而不是像在传统中国家庭里的“因为你是我儿子，所以你喜欢不喜欢都必须对我有感情”。美国家庭里，正因为生小孩是出于感情、出于对小孩的爱而不是“养子防老”，生小孩后不会不去养他，因为生小孩本身就是他们自己的偏爱，不是由经济原因所迫。这也是为什么中国人往往不能理解美国人领养别人的小孩后会照样那么去爱他们，而且不分男孩女孩，一样喜欢领养。以往，中国人之所以只认自己亲生的孩子，是因为当生孩子是出于经济目的时，亲生的孩子在儒家“三纲”之下更靠得住（交易更安全），而领养别人的孩子到时候难以靠得住，可能没有投资回报（交易不安全）。

从表面看，在金融市场把经济交易从美国“家”中剥离出去后，没有了那些你来我往的经济交换，家庭关系好像很没有“人情味”，特别对于习惯于儒家文化的人可能更是如此。实际上，**如果儒家的本意是要把家庭建成一个不“言利”、以纯感情维系的基本社会细胞，那么由市场取代家庭的经济功能才是最好的药方，这样，个人空间才能达到最大，他的精神世界才可以更自由地拓展，精神生活才可以丰富多彩。**中国香港、台湾，以及新加坡、日本或许就是这种改良后的儒家社会，这是否也是我们的走向？

——中国文化的出路

“五四”运动给中国带来了自由、民主、法治思想。回过头再看，当时的思想先驱至少在两方面存在盲点，其一是私有产权，其二是发展金融与保险市场，这二者是实现自由、民主、法治的经济基础。换句话说，如果没有自己的私有产权而是靠“领导批准”谋生，那么个人就没有伸张自己权利的财产基础，自由、民主、法治当然无从谈起；如果没有市场提供的保险与金融品种让你去规避自己一辈子的生活风险，那么在你打倒“孔家店”、失去了“家”这个传统的互助保障体系之后，你会对未来充满着不安，这时你也不会有底气去争取个人的自由与民主权利。如果没有这两类经济基础，打倒“孔家店”之后，你又不得不重建“孔家店”。也正因为八十几年前的思想先驱以及后来者都缺乏这种认知，所以，那之后的政权还去试过不同的制度安排，甚至走过与这两个基础要素完全相反的路，到最后当然就无法实现“五四”运动所倡导的民主、自由理想。

这些认知盲点的确也跟中国学术历来轻“术”的传统有关，因为经济学、金融学都是太低级的“术”，所以，看不到这些也不奇怪。遗憾的是，**时下的新儒家学者还是不能走出用文化来谈文化的圈圈，特别是以儒家文化来评价儒家文化，其结论当然不会是别的，用“四书五经”来看“四书五经”，只能是越看越美**。如果脱离传统儒家社会的实践现实，不去研究特定文化背后的成因（特别是经济成因），不能看到儒家体系只是多种不同文化体系中的一种，那么提出“以中华文明整合世界”这样的主张就不奇怪了。

一些学者认为中国文化重视家庭，而西方文化则不然——这显然是一种误解，实际上中国人和西方人都重视“家”，只是追求的“家”的境界不同。传统中国的“家”侧重强制性的经济交易功能，西方社会的“家”侧重基于自愿的感情交往功能。在处于温饱与饥饿之间的农业社会里，生存是一个永恒的挑战，所以“家”的功能很难超出利益交易和保险互助，温情脉脉会过于奢侈，这种社会可能必须要有“刚性”的家庭结构，要阉割个性，否则“家”之内的经济交易就很难有确定性，这就是儒家以及任何传统农业文化的共性。在近代西方社会生产力上升、人们收入超出温饱之后，“家”的经济功能逐渐由金融保险市场来胜任，这时的“家”文化没必要那么“刚性”，也不必约束个人的自由，因为感情的交融是逼不出的，只有基于个人权利、基于个人自由选择的“家”里，父母、兄弟姐妹之间的感情交流才是自愿真诚的，才不是出于“义务”责任感而为的。中国人和西方人的儿女都会照顾父母老人，只不过前者可能更多出于“义务”责任感，而后者是出自“爱”，差别即在此。

儒家学者说，中华文化比西方文化更侧重精神生活的境界——这种结论很难站住脚。儒家文化强调压抑个人世界、阉割个性，让你只知道你的名分，让你丝毫不能有质疑、挑战长者或权威的倾向，让你只能按照士大夫给你设定的麻木人生去过日子。相比之下，西方的“家”文化已经走出利益交易功能，强调的是个人的权利与自由，让你根据自己的偏好和世界观去不受制约地最大化自己的精神世界。**一种是被阉割个性的精神文明，另一种是个性自由被最大化了的精神文明，哪种境界更高、更能丰富人生之体验？**

从北京、丹东这样的大中城市的文化观念变化中，我们看到，随着经济和金融证券在中国的快速发展，大中城市的“家”已经发生了极大的变化，其经济功能也逐步由金融市场取代，看到儿女时父母首先想到的不再是自己的投资和养老保障，也不再把儿女当成自己的财产，“家”已主要是情感交流、心灵沟通的地方。家庭生活不再死气沉沉，而是越来越有个性，父母跟子女间的交往也日益平等，个人自由在中国终于有了更好的基础。这是中国主流文化发展的大趋势。

从原始社会到农业、到工业、再到服务业社会，人类的制度性文化总在随着生产力和金融市场而演变，其整体方向是个人自由空间的最大化，发展就是使个人自由。最初在生产能力低下时，人是迫不得已接受部落公有制，牺牲个人与家庭；一旦农业使人的独立生存能力稍微提高，人们的基本生活单元就从部落归缩到宗族、家族，然后再归缩到离个人更近的“家”；到了工业社会，生产能力远远超过人的温饱需要，金融市场的发展又将经济互助交易功能从家庭中剥离出来，使个人从家庭的经济制约中得以解放，给他以最大自由追求自己精神世界的最高境界，是经济发展和金融市场解放了个人。北京、丹东等大中城市文化观念的变迁即证明人类追求自由的自然倾向，这一点不会因人种而异。因此，在今天的发展水平上，儒家基于“三纲”的“家”文化和由此延伸的政治哲学可以休矣。

——“用中华文明整合世界”的口号有意义吗

当然，像前面谈到的“用中华文明整合世界”之类的呼吁已不是第一次。据袁伟时先生在《告别中世纪》一书中所讲，早在 1901 年，也就是在鸦片战争败给英国、甲午战争输给日本、义和团运动让中国败给八国联军之后，就在清朝廷被迫逃命到西安、中国自己身处亡国危机的时候，辜鸿铭先生声称“……人类未来文明……依赖于中国文明的根基，或更确切地讲依赖于远东民族可称为儒家文明的东西”。以中华文明拯救世界的呼声在“五四”前后进一步达到高潮，其中梁启超的言论尤为突出，“我希望我们可爱的年轻人……把自己的文化综合起来，还拿别人的补充它，叫它起一种化合作用，成了一个新文化系统……把这新系统往外扩充，叫全人类都得到它的好处……我们的年轻人啊，立正，开步走！大海对岸那边有那几万万人，愁着物质文明破产，哀哀欲绝地喊救命，等着你来超拔他哩！”[1]

1　梁启超，《欧游心影录》，《饮冰室合集》专集之二十三，第 37—38 页。

前辈们的超脱和大公无私当然令人敬佩，但是这些勇敢背后可能难以找到学理基础。1901 年和 1919 年前后，都是中国自己国难当头、国家前景渺茫的时期，那时还主张拿让中国走到那种亡国境界的文化体系去救他国的命，这的确需要超强的勇气。另外一种解释是，中国传统学问存在根本性的“实证”盲点，让文人把中国过去一百多年的遭遇跟中国文化脱离开来，认为那些落后挨打不是传统中华文化所致，而是由外国人所致。有意思的是，今天的情况跟那时期正好相反，中国经济今天正在崛起，这时我们只愿意把成功归功于自己，归结于中华文化，跟世界整体发展无关。也就是说，**如果自己处境不好，那是别人强加于我的；如果我们成功，那完全是自己的功劳。所以，无论如何，我们的文明似乎总是上等的。于是，在中国经济今天处于崛起势头的时期，再次听到“用中华文明整合世界”，就不奇怪了。**

但是，在我们对制度文化的成因有更深入了解之后，“用中华文明整合世界”的口号是否还有意义呢？

四川广安牌坊村人均耕地不到 0.5 亩，有大量闲散劳动力外出打工，近则重庆，远至广东、福建沿海。基于儒家“孝道”的传统养老与风险保障体系正在瓦解。一种基于金融市场与法治的体系将取代传统家庭加儒家文化的社会体系。 供图：CFP

第 20 章

儒家“孝道”文化的终结与中国金融业的兴起

儒家“孝道”文化当然不是今天就已终结了，而是正在发生的事情。随着人们对自由的认同程度的上升，随着金融市场的进一步发展、人口流动的加快，传统家庭结构会加快转型。一种基于金融市场与法治的体系将取代传统家庭加儒家文化的社会体系。

中国金融业的发展艰难，这一点基本是共识。实际上，在政府管制多得让人寸步难行又没有可靠的法治的情况下，人们对金融交易当然会缺乏信心，金融市场难以深化就不奇怪了。虽然从眼下的状况看如此，但从长远发展趋势看，我们不得不认识到中国金融业的潜力巨大。

为什么金融业的潜力极大并隐含着巨大的商机呢？这不仅可以从企业融资、把未来收入流作金融证券化的角度来理解。融资与证券化当然为金融业创造了许多商机，但更重要的发展潜力来自中国社会结构的转型、文化变迁以及不断深化的城市化进程，这些社会转型正在逼迫人们减少甚至放弃对儒家“孝道”文化的依赖，转而依靠正式的保险与其他金融证券市场，由市场逐渐取代家庭为个人提供经济保障。人们正在发现各类保险与金融品种是更可靠的养老和保障未来生活需要的手段，而且也能给个人提供更大的自由空间，减轻年轻人的压力，增加长者的个人尊严。

再换个角度看，我们意识到，过去三十年中国的发展重点是制造业、养殖业和种植业，是解决当下的生活需要问题。到今天，当下的物质生活已基本解决，收入也有剩余。解决了今天的消费问题之后，经济发展的重点当然是要解决好未来的生活问题，要规避各类未来风险，而这恰恰是金融证券与保险市场的作用所在。因此，下一步的经济发展重点必然是金融业。相关的制度必将被改革，否则无法适应这种发展的需要。

——中国历史上的儒家“孝道”文化

为什么中国人的未来生活保障不能再靠儒家“孝道”文化，而是靠金融市场取而代之呢？以“孝道”为中心的文化体系将逐渐终结，这一趋势不会因我们个人的偏好而改变，它是由经济发展和社会变迁所决定的。为理解这一点，我们看到，人自出生开始即面对两种基本需要，一种是吃穿住行这些物质消费，即所谓的物质生活；另一种是心理或者说精神需求，即所谓精神生活。就生存需要而言，物质生活的重要性位居第一，精神生活其次。

今天除了物质消费和精神需求外，一个人面对的同样重要的挑战是如何满足未来的生活需要，而未来又可能充满各种不确定性以及各类担忧，包括经济收入的不确定性、身体健康的不确定性，还有未来精神生活、心理状态的不确定性。从优先次序讲，当然是首先满足今天的生存需要，再尽量规避未来的风险。在今天的需求得到满足并出现剩余之后，人必然把重点放在规避未来的风险上，这就是金融市场交易的作用所在。人类发展的进程大致如此。

在农业社会里，虽然对多数人来说物质产出难有剩余，但温饱基本能够解决，所以当下的消费挑战能勉强应对，但因为生产力还没高到有太多剩余的程度，所以农业社会的人们还顾不上用金融产品来规避未来的生活需求。事实上，农业社会里的商业特别是金融保险、借贷、证券业都不发达，甚至根本就不存在，没有市场提供的互保、互助金融品种，所以，家族、宗族就成为主要的经济互助体和社会共同体，在家庭、家族内部成员间以及长晚辈之间实现互通有无、互相帮助等隐性经济交易，家族像是一个非正式的内部金融市场。换句话说，那种社会里，经济问题往往通过小范围内的社会组织，而不是通过广泛的市场来解决。

为什么会这样呢？我们知道，为了规避未来收入风险、养老以及意外事故而进行跨时间空间交易时，必然有一方或几方先付出，然后在未来某个时候或发生某种事件时另一方给以回报，这是一种信用交易，涉及不同人在不同时间、不同事件状态之间的经济支付交易，这就要求双方有极强的信任基础，在一方违约时另一方能有补救的办法，否则没有人愿意把辛辛苦苦赚到手的收入付给另一个人，没有人愿意加入这种交易。也就是说，信用交易必须以可靠的契约保障体系为基础（契约可以是隐性或显性的）。

在没有发达法治的农业社会里，亲情与血缘成为保证互保、互助交易顺利进行的自然基础。另外，像两千五百年前由孔孟推出的儒家“孝道”及相关价值体系，即是增加家庭内部隐性交易安全的进一步保证。换句话说，**在没有市场提供的保险以及其他金融品种的前提下，“养子防老”是最主要的规避未来风险的手段，而儒家“孝道”文化体系则是保证作为投资者的长者能有回报的文化制度保证。**

由儒家“孝道”文化支持并以儿女作为具体载体的养老与风险保障体系的确在中国持续了两千五百年，之所以这套体系能维系这么久，其原因大致如下。第一，土地为家族所有，长辈掌握了土地分配权。对于两千五百年没有走出农业社会的中国来说，没有土地就没有生存力。因此，长辈的土地支配权让后辈想不“孝”也不行，这当然能保证代际间的隐性利益交易，让长辈在儿女身上的投资有回报。第二，在洋务运动之前，中国的工业欠发达，商业也不活跃，对多数人而言，可能交易的金额会非常小，利益交换的规模非常有限，因此，在传统社会里，“违约不值得”，基于家族和“孝道”文化的信用交易体系一直“够用”，不需要成本更高的外部法治体系。第三，在铁路于 19 世纪末出现在中国之前，除了马车和水路运输外，跨地区交通非常艰难，地区间的人口流动非常有限。只要大家都世世代代生活在同一村，社会舆论也会迫使每个人遵守“孝道”、“守信”。正是由于这些因素，“孝道”文化在两千五百年里基本能给中国社会提供一个可靠的、以“家”为基础的养老与风险保障体系。

——社会转型让“孝道”文化成为历史

在今天的中国，为什么“家”的经济交易功能日益淡化，“家族”作为非正式内部金融市场的功能越来越弱了呢？为什么基于儒家“孝道”的养老与风险保障体系正在瓦解？许多人说是由于现代人道德沦丧所致。这也许是部分原因，但更重要的原因是由于经济发展以及社会变迁正在把“孝道”文化体系淘汰，其原因又因城市和农村有别。我们先从以下两方面看农村的变化。

第一，农村土地归集体所有，家族、家庭的长者不再有给后代分配土地的权力，族产空空，因此，长者对后辈难以有约束力。除非恢复土地私有制，否则传统长者的“威慑力”难以再现，“孝道”与“家规”就无“刚性”。

第二，种田已不再是致富的路子，非农的收入远高于农业收入。这意味着大家都去外出打工，背井离乡往城市移民。今天，中国以每年约1%的速度在城市化，相当于每年有1300万人口从农村进入城市。以笔者在湖南的家乡为例，全村350户家庭中，有75%的家庭有儿女常年在外地城市工作、生活，其中一部分在外地有正式户口，即使没有正式户口，不少人已在外地安居。这些年关于北京、上海、广州等城市民工子女的上学问题、医疗问题等等讨论得很多，这当然是好事。从另一方面看，在子女相继离开农村后，留在家乡的父母长辈的养老与保险问题已越来越严重。子女移居外地，儒家"孝道"文化的约束力已相当弱。因此，在农村，基于儒家"孝道"的传统养老与风险保障体系正在瓦解。

农村如此，在城市，儒家"孝道"文化更是靠不住，养老与保险只能靠金融市场。首先，城市人没有农田作为最后的生活保障，所以这条路不通。其次，城市人因工作迁居异地的现象已非常普遍，人口流动是常规。记得在20世纪80年代初到上海出差时，由于周围的人都讲上海话，笔者基本不敢开口讲话，怕暴露自己的湖南口音；但今天到北京、上海等地就不用有这种担心，因为周围的人相当多也是外地人，即使他们听出你的外地口音，也无所谓。跨地区人口流动大大增加后，家庭、家族内部的经济交易越来越难以执行，代际间和亲戚间的信用交易越来越不安全，"不孝"、"违约"的频率日益上升，"孝道"文化的约束力越来越弱。

因此，**今天不管是农村，还是城市，在社会结构和人口流动量发生根本性的转变之后，"家"的经济交易功能已越来越难以支撑，"孝道"文化所依赖的社会结构和经济基础已瓦解，原来由家庭、家族承担的经济互助互保功能必须由金融证券与保险市场来取代。**对

于创业者来说，这当然隐含着巨大的商机。

实际上，从经济收入或者说生产力的角度讲，在农业社会时期，由于人们的产出能力不高、没有足够的剩余去自己安排自己未来的生活需要，所以农业社会的人是“迫不得已”靠“家庭”实现养老、保险等经济交易，并不得不接收阉割个性的儒家“孝道”文化。但是，从晚清洋务运动开始的工业化过程，经过近一百五十年的努力已使中国的生产力大大提高，物质品种是史无前例的丰富，现代工业、农业已解决了中国人今天的生活挑战。但，在解决了今天的物质需求之后，人们的剩余收入与财富越来越多，接下来的挑战便是如何安排好未来的物质与精神需要。在收入能力达到如今的高度后，人们没必要靠传统的家庭结构来规避未来风险和养老需要，当然更希望用各种证券市场安排未来的生活需要。

——从美国过去一百年的金融发展看中国金融的未来

这种判断对中国家庭文化以及金融业的未来走向有什么含义？我们或许能从美国的经历看出一二。虽然美国的历史和文化背景跟中国不同，但，工业革命，特别是现代交通运输技术也大大改变过去美国的社会结构，那些社会转型从根本上推动了美国金融的发展，改变了其金融行业结构以及美国的家庭文化。仔细地研究会帮助我们预测中国金融业和家庭的未来走向。

20 世纪之前的美国跟近年的中国在许多方面相类似，“家”与“家族”对美国人的经济互助、互保作用也很强，主要原因也跟农业在美国经济和社会中的分量有关。比如，1978 年的中国跟 1820 年时的美国在就业人口的产业分布上是惊人的相似。1820 年时，美国就业人口在农业、工业和服务业之间的比例分别为70%、15%和15%；中国1978年时的就业人口在这三个产业间的分布为70.5%、17.3%和12.2%。到1890年，美国就业人口在三个产业中的分布是38%、24%和38%，而中国到2004年有46.9%的就业者在农业、22.5%在工业、30.6%在服务业。

因此，从社会人口在三大产业间的分布看，今天的中国跟19世纪末的美国类似。我们知道，19世纪60年代在美国兴起铁路热潮，同时开启了所谓的第二次工业革命，那个时期建立的铁路网以及后来的电力革命、电话革命、汽车革命大大改变了美国社会结构，不管在哪里出生，人们可以到任何地方去就业，哪里的收入机会更好就搬到哪里，跨地区人口流动加大，城市化速度加快，越来越多的美国人从农村迁居城市。1820年时美国90%以上的人口居住在乡村，到1900年左右降到50%。1865年时美国只有14个人口过10万的城市，1929年则有93个这样的城市。到19世纪末，社会结构的变迁已使许多美国人不再能依靠传统的家庭、家族达到经济互助互保与养老的效果。

虽然至19世纪末美国社会结构已发生巨大变化，但是，其社会保障体系与退休养老基金市场还没有出现，金融市场还主要以银行和保险为主，那时已有一定规模的股票和债券市场，但并没有各种能让人们全面安排好个人未来经济需求的金融产品。换句话说，在家庭的经济交易功能衰落的同时，金融市场上的退休养老品种还没跟上社会结构变化的需要，出现了这类金融产品的缺位，这当然蕴含着某种社会危机。

有意思的是，今天中国的金融行业结构也接近1900年的美国。如果我们按一类金融机构的资产占该国金融业的总资产的比例来衡量其在整个金融业的地位，判断该类金融机构的发达程度，那么在1900年时，美国的银行资产占整个金融业资产的81.1%，保险公司资产占13.8%，证券公司占剩下的5.1%，当时还没有基金公司，也没有退休养老基金。相比之下，今天在中国，银行业金融资产约占金融业总资产的78%，保险公司占5%左右，证券业、信托业、基金公司占剩下的17%。虽然今天中国保险业的相对水平低于1900年时的美国保险业，但总体上中国今天的金融业结构与1900年左右的美国很相似。在社会结构上，今天中国正在经历的变化也跟那时期美国社会所经历的变化非常类似。

真正让美国认识到其金融行业结构跟新的社会结构不配套的事件是1929年的大股灾，那次股灾引发了美国有史以来最大的经济危机，众多公司相继破产，失业率最高达到25%，每四人中有一人失业。那次危机让人们发现，传统家庭、家族所提供的互助网络已基本不可靠，而此前金融市场又不提供失业保险、养老基金和各类风险特征的开放式基金，金融市场所能提供的保障有限。再者，那时的美国政府也没有任何社保基金、失业救济金等，个人经济保障在美国历来是公民自己的事，不是政府的事。也就是说，那次经济危机让人们看到在大的系统性风险事件发生时，三道防线都不到位。

1935年美国通过《社会安全法》，由联邦政府建立社会保障体系，为民众提供最后一道经济保障线，以适应社会结构发生了大的变化后的新现实。

但更重要的变化是金融业本身。首先，传统金融产业的相对重要性逐渐下降，以保险业为例，到1955年时，保险公司金融资产占整个金融业资产的份额达到21.4%，但此后持续下降，到1975年时为11.8%，到2005年为6.9%。银行业金融资产占整个金融业资产的份额到 1955 年时为 57.8%，1975 年为 56.4%，2005 年时降到 24.8%。当然，虽然银行与保险业的相对份额在逐年下降，它们的绝对规模却在不断翻倍，银行业的资产在 1900 年为 129 亿美元，1955 年为 2599 亿美元，2005 年升到 11.7 万亿美元；保险业的资产在 1900 年是 23 亿美元，1955 年为 962 亿美元，2005 年则是 3240 亿美元。

相比之下，退休基金从无到有，其金融资产在 1955 年时为 517 亿美元，1975 年为 4599 亿美元，到 2005 年为 89955 亿美元。开放式基金业是另一个后起之秀，1955 年时所管理的资产才 113 亿美元，到 2005 年时升到 83228 亿美元。表 1 给出历年美国银行、保险公司、退休基金、开放式基金的资产分别占当年 GDP 的百分比，以

表1：美国金融行业结构在 1900 年后的变迁

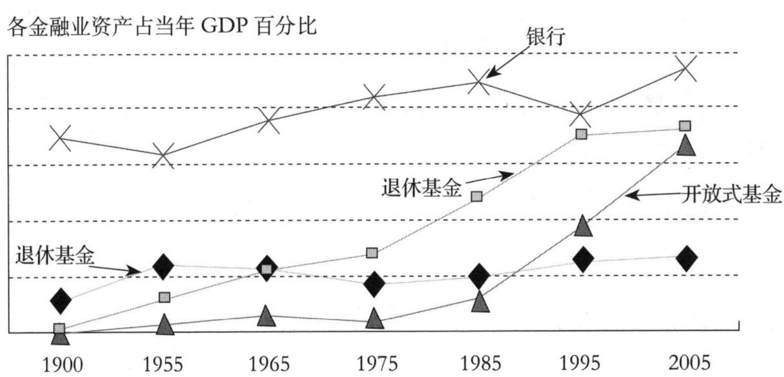

19 世纪后半叶到 20 世纪初，美国社会结构发生大转型，家庭内的经济互助交易功能退化，金融市场取代家庭为个人提供各类规避未来生活风险与养老需要的金融品种，结果美国金融业特别是养老基金、开放式基金等快速发展。

* 数据来源：Raymond Goldsmith, *Financial Structure and Development*, 1969 年，Yale University Press。1955 年后的数据来自美国联邦储备银行 Flow of Funds 年度报告

此反映各业在1900年后的发展进程。1900年时银行和保险业资产分别为GDP的70%与12%，跟中国银行业与保险业分别为GDP的80%和7%差不多。从1900到2005年，美国的这两个行业都有发展，但是它们无法跟退休基金和开放式基金业的发展速度相提并论，这是否也是中国退休金业、基金管理行业的发展走向？

美国的个人理财品种到今天已是五花八门，要多细有多细，让个人能安排好多数可以想象的未来需要或偶发事件，让你不用为未来的经济需求或危机担忧，金融发展的效果不仅让你能更好地安排未来，而且让你生活得最自由，不需要指望子女或任何人。对整个经济来说，这意味着极大的经济增长动力，金融服务以及相关行业占美国GDP的比重在1977年达到26%，到2000年为35%，比整个中国服务业占GDP的比重还要高。原因之一，是美国的金融市场已基本取代了传统家庭、家族的经济交易功能，让经济交易退出家庭。

19世纪后半叶到20世纪初，美国社会结构发生大转型，家庭内的经济互助交易功能退化，金融市场取代家庭为个人提供各类规避未来生活风险与养老需要的金融品种，结果美国金融业特别是养老基金、开放式基金等快速发展。

——由金融市场取代家庭的经济交易功能

我们是否要担心一旦经济交易功能退出家庭，家庭会破裂呢？是否让家庭不再有凝聚力呢？这种转型对家庭文化、对社会文化当然会有极大的影响，而且转型过程中会有许多阵痛，但其长远影响是正面的，会强化个人权利和个人自由。正如笔者在上一章《对儒家文化的金融学反思》中谈到的，家庭有两个主要功能，一个是经济互助，一个是社会功能即精神互助与感情交融。为了支持经济互助功能的运作，“家文化”与社会文化往往必须有许多“强制性”且抑制“个性”的内容；但是，为了支持精神互助与感情交融，“家文化”与社会文化又必须要尊重个人权利、尊重个人的自由选择。中西文化的差别也在于此，理解这种差别即可帮助我们不用为未来的中国家庭担忧。

许多学者认为中国文化重视家庭，而现代西方文化则不然——这显然是一种误解，实际上中国人和西方人都重视“家”，只是追求的“家”的境界不同。传统中国的“家”侧重强制性的经济交易功能，现代西方社会的“家”侧重基于自愿的感情交往功能。在处于温饱与饥饿之间的农业社会里，生存是一个永恒的挑战，所以“家”的功能很难超出利益交易和保险互助，温情脉脉会过于奢侈，这种社会可能必须要有“刚性”的家庭结构，要阉割个性，否则“家”之内的经济交易就很难有确定性，这就是儒家以及任何传统农业文化的共性。在近代西方社会的生产力上升之后，“家”的经济功能逐渐由金融保险市场取代，这时的“家”文化没必要那么“刚性”，也不必约束个人的自由，因为感情的交融是逼不出的，只有在基于个人权利、基于个人自由选择的“家”里，父母、兄弟姐妹之间的感情交流才是自愿真诚的，才不是出于“义务”责任感而为的。中国人和西方人的儿女都会照顾父母老人，只不过前者可能更多出于“义务”责任感，而后者是出自“爱”，差别即在此。

一旦金融市场将经济交易功能从家庭剥离出，一旦不以利益交换定义“家”，中国的“家”文化必须要改变，应该被重新定义在精神互助和感情交融这些功能上，以爱和感情定义“家”。如果是这样，中国“家”的凝聚力会重新上升，但会是基于家庭成员个人自愿选择、以感情交融为主题的凝聚力，而不是靠名分、靠外部强制维系的凝聚力。这是什么意思呢？这意味着父母、兄弟姐妹、亲戚间会尽量多花时间和耐心强化彼此的了解，会尽量寻找共同话题增加沟通，会更加彼此平等，而不是动不动就以“三纲五常”压人。这也意味着没有感情的夫妻会选择离婚，没有感情交流的家庭、家族会没有凝聚力，也没必要在择偶时要求门当户对。

儒家“孝道”文化当然不是今天就已终结了，而是正在发生的事情。随着人们对自由的认同程度的上升，随着金融市场的进一步发展、人口流动的加快，传统家庭结构会加快转型。一种基于金融市场与法治的体系将取代传统家庭加儒家文化的社会体系。

第 21 章

儒家文化与中国金融发展的滞后

自 19 世纪 60 年代跟工业科技一起进入中国的西方证券技术，到今天是否已真的扎根？股票、债券、基金、金融权证等现代金融技术在中国是否还水土不服？如果还水土不服，到底缺少哪些土壤或土质？

2007 年 2 月 27 日是个不一般的日子，上海证交所综合指数下跌 8.8%，当夜带动全球股市震荡，从西欧到北美、南美、非洲、亚洲，普遍下跌 3%以上。客观讲，中国股票下跌并非美国、西欧等股市下跌的真正原因，因为中国股市历来我行我素，跟全球股市并无相关性。由于外资不能直接投资 A 股市场，到目前为止被批准参与 A 股交易的 QFII 只有 100 亿美元，境内老百姓的钱又不能投资境外，中国股市跟国际市场不存在实质性的连接。所以，中国股市的波动顶多为已处于紧张状态的全球资本市场提供一个抛售的借口，由此产生了表面上的推波助澜效果。

虽然客观上讲如此，但其意外效果是，这件事被看成是中国经济在全球地位的一次证明，另一方面也凸显了股市在中国经济和社会中的地位。本来一直是中国经济场外游戏的证券市场，现在看来不只对中国，而且对世界经济也有影响。在这种时候，我们自然会问，自 19 世纪 60 年代跟工业科技一起进入中国的西方证券技术，到今天是否已真的扎根？股票、债券、基金、金融权证等现代金融技术在中国是否还水土不服？如果还水土不服，到底缺少哪些土壤或土质？

有一点是肯定的，到今天为止，中国股市仍然不如赌场，对多数股民而言，股票充其量是一些大家交易买卖、跟背后上市公司脱节的符号，不是什么投资品种。也就是说，股票及其交易场所是一个世界，上市公司和它们的经营又是一个世界，这两个世界间的距离在中国还十分遥远。

正如《纽约时报》报道的，在 2006 年 4 月天津磁卡股份公司不能如期公布季报后，股市不仅没惩罚该公司股票，反而很快让其股价翻倍；2007 年初，证监会通报 17 家上市公司，谴责其大股东挪用、掏空上市公司资产，等于是说这些大股东从上市公司偷钱。消息一出，这 17 家公司的股票不仅没跌，反而都连续几天涨停板。另据《第一财经日报》报道，2007 年初，安徽省科苑（集团）股份有限公司公告称，宿州市政府对它财政补贴 5500 万元，用于弥补 2006 年该公司的亏损，这一弥补即让科苑股份从亏损变成盈利了，从而化解了退市风险。

居然政府财政弥补亏损也能算公司盈利、在大股东从上市公司偷钱后股价还能涨停板，这些当然是天下少有的奇闻。如果连这样的股市也能长期顺利发展，那真的是没有发展不起来的市场了，也没必要区分"良性"和"恶性"市场，或"良币驱逐劣币"和"劣币驱逐良币"市场了。

在股市非理性繁荣的时候，我们应该反思，中国资本市场的发展为什么会走到这种离谱的地步？如果把现代银行以及其他金融证券业都加进来，特别是看到银行业、保险业、证券业的巨额呆坏账之后，我们会发现，金融洋务运动虽然开始于 19 世纪 60 年代，但到今天仍然问题重重，为什么中国的金融发展步伐这么艰难？在本文中，我们试图从儒家文化、从历史机遇的角度来理解为什么证券类金融能够在西方发展，而在洋务运动之前却没有在中国出现；我们会看到，儒家对家庭家族的经济交易和感情交流功能的过度强调，把人际交易过度限制在血缘关系的范围内，以至于血缘关系之外的经济交易（特别是涉及信用的金融交易）基本没有发生、发展的机会，这不仅抑制了一般市场的发展，而且抑制了血缘关系之外金融交易所需要的制度架构的发展；结果是，到 19 世纪中叶西方证券金融技术进入时，中国根本不具备这些金融技术所要求的制度支持架构，逼着国人去寻找捷径。甚至到现在还没意识到，**证券金融技术和西方制度文化是套餐，要么就不要，要么就全要，而不能像超市购物那样只挑自己喜欢的。**

—— 金融交易的本质

当然，金融对中国并不陌生，早在商周时期就有贝钱等等，在宋代还发明了纸币，当马可 · 波罗在 13 世纪来到中国时，他对中国人认纸为钱十分惊叹。但是，在中国，金融的概念也差不多到此为止，金融就等于货币和简单借贷。这种片面的理解或者说局限之所以会存在，主要是在历史上中国除了货币类金融以及简单借贷之外，其他基本为空白。

通常意义上的货币当然也是一种金融证券，其特殊性在于货币既是用于交换的通货，又是跨空间、跨时间的价值储备或说价值载体，它帮助实现异地间的价值交换，也让人们能够把今天的价值储存起来，等未来再换回价值。简单讲，货币是实现时空间价值交换的金融契约，是特殊的金融票据。它的发明和发展，特别是现在的电子货币，对市场化以及专业分工的深化，都起到了至关重要的催化作用。同时，货币能够大大提高政府征税的效率，便于集权政治统治，这也许可以解释货币类金融创新为何在中国历来发达。

但是，金融的内容不只是货币，一般而言，任何涉及不同时间、不同事件、不同空间之间的价值交换都是金融契约交易。市场上的一般性交换以现货为主体，一手交钱、一手交货之后，不存在未来谁要付给谁钱的问题。相比之下，一旦交易的内容是今天一方付钱、另一方在未来某个时间（或发生某种事件时）才给以回报性支付，或者交易双方都是在未来但是在不同时间给另一方支付价值，那就是金融交易。跟一般现货交易的差别在于，金融交易以金融合同的形式实现，是契约交易，涉及未来支付兑现的问题。

比如，张三今天借钱给李四，李四保证一年后还，他们之间的借条就是一种金融契约，这是金融交易。王五去保险公司买财产险或汽车险，今天付了钱，未来是否有回报补偿，还取决于财产是否遭遇天灾人祸、汽车是否出事，他今天买到的也是一种合同。从银行借的住房按揭贷款、存放在银行的储蓄账户、养老基金等等，这些都是金融合同交易。

正因为金融交易涉及未来支付，金融合同是否能执行、合同保证的支付是否能兑现、交易双方是否能彼此信任、所提供的信息是否真实，这些对金融交易的发生和发展十分关键。这就是为什么如果说实物交易中存在假冒伪劣，那么，金融交易的假冒伪劣和不诚信问题就更上一层楼了，欺诈的空间增大许多倍。金融交易是纯粹的信用交易，如果没有可靠的文化与强制性契约执行制度的支撑，这种交易就难以发展。

进一步讲，像股票、债券、基金、期货等大众“证券”也是金融合同，涉及不同时间之间的价值置换，但跟一般金融合同相比，其差别如下。第一，这些金融合同可以在任何人之间流通，具有普遍的交换价值，其流通性几乎如同官方货币；第二，交易的双方可能是完全的陌生人，以前不相识，可能将来也不会相识。正因为这两种特征，“证券”交易可能带来的欺诈空间上升到全新的高度，不仅更容易让一方被骗，而且可以让成千上万的大众受骗，比如，深圳发展银行的股东上百万个，他们把自己的钱委托给自己从不相识的深发展管理层，如果后者行骗欺诈，受害面就不是几个人了。所以，**证券对契约执行和权益保护机制的要求远比一般金融交易要高，这就是为什么股市、债市、期货比银行业和保险业更需要可靠的法治架构，更需要宪政保护；这也是世界上没有几个国家能真正发展好证券市场的原因。**

——为什么中国历史上没有发展出证券金融

不管从历史，还是从当今现实的角度看，我们自然要问，为什么证券类金融自七百多年前开始在西方发展，而不是在中国、印度这样的传统社会出现？换句话说，无论是东方人还是西方人，人类自古以来就有金融交易的需要，特别是在远古时期，由于生产能力低下，一个人过了今天难以保证明天还能吃饱穿暖，所以，是人就有跟别人进行金融交易的需要，今天我收入多会给你一些，但今后你收入多、我收入少时，你要给我以回报。这种金融交易可以通过非正式契约实现，也可通过正式金融合同、证券来实现。既然自古就都有这种生存需要，那为什么西方发展出了正式、外部化的金融证券市场，而中国却没有呢？

我们可以从交易安全、保证金融交易信用的制度架构角度来理解。虽然有人际间金融交易的需要，但是如果没有一种保证契约能执行的基础安排，人们会因为担心对方未来失信、违约而选择不参加交易。当然，今天我们熟悉现代法治和宪政，知道这些是保证契约权益的制度架构，但是，这些都是近现代才发展起来的东西，在远古没有。在二三千年前，不同社会找到了不同的强化交易信用的解决方案，这些不同的解决方案也给后来的金融发展带来了不同的后果。

在中国，儒家的解决方案是以“三纲五常”为基础的名分等级秩序以及相配套的文化价值体系，其基础社会单位是基于血缘关系的家庭、家族。也就是说，儒家秩序的“硬性”基础是自然血缘关系和家庭，“软性”基础是“三纲五常”价值体系。通过把两者结合在一起，儒家文化的宗旨是使家庭和家族成员间的金融交易或说经济互助能够有坚实的信用基础，将任何成员的违约风险、“不孝”风险降到最低。所谓“孝道”的意义亦即如此。通过强化对后代的儒家文化教育，使家庭和家族成为大家都能信得过的金融、物质与情感交易中心。儒家文化的目的是增加家庭成员间的经济交易与感情交易安全，提升一代接一代的生存概率，增加成员的“归属感”等精神价值。

用科斯的交易成本理论的话来说，在外部市场还不存在或不发达的境况下，跟陌生人或没有血缘关系的人做交易，交易成本会太高，“失信”会太频繁。而如果在家族成员间做交易，特别是在儒家文化体系下，违约风险小，交易成本自然低。实际上，在外部交易环境不发达、外部交易成本太高的传统社会里，家庭子女越多、家族成员越众，家族内部交易所能达到的资源共享和风险分摊效果就会越好，该族壮大下去的概率会越高。这就是为什么在传统中国家家都喜欢多生子，都喜欢成为望族，而且最好是四世同堂、五世同堂。

儒家的成功之处在于，在农业社会生产能力的局限下，人们的确能在经济交易和感情交流方面依赖家庭、家族，而且只能靠家庭。在那种境况下，以名分定义的等级制度虽然阉割了人的个性自由和个人权利，但的确能简化交易结构，降低交易成本。就像印度的种姓等级制度一样，儒家文化体系让以农为主的中国社会存在了两千多年。它最适合农业社会。

但问题也出在这一点上，因为当家庭家族几乎是每个人唯一能依赖的经济互助、感情交易场所的时候，会让人们相信只有亲情、血缘关系才可靠，只跟有血缘关系的人做金融交易、感情互助，即使创办企业也只在家族内集资。我们说儒家文化抑商，其实这是儒家只认血缘亲情、排斥“家”之外经济交易的社会哲学的一种表现：一般的“商人”跟自己不会有血缘关系，怎么可以相信他？他想跟我做交易，说明他别有用心！——既然对没有血缘关系的商人都不信任，不能跟他们做交换，这本身又逼着人们更是只能靠“家”了，抑商反过来又强化了个人对“家”的依赖，没有别的路可走。

儒家文化长期主导中国社会必然会产生两种后果。第一，相对于家族而言的外部市场难以有发展的机会。市场的特点之一是交易的非人格化，是跟陌生人的交易，是只讲价格、质量的好坏，而不必认亲情。因此，“家”之内的经济交易功能太强，外部市场就会失去发展的机会，此消彼长。第二，由于陌生人之间的市场交易、利益交易机会有限，在这样的社会，就没机会摸索发展出一套解决商业纠纷、执行并保护契约权益的外部制度架构，合同法、商法以及相关司法架构就没有生长的土壤，血缘关系之外做交易的交易成本就无法降低。

这也说明为什么中国历代国家法典侧重刑法和行政，轻商法和民法，把商事、民事留给民间特别是家族、宗族自己去处理。当利益交易和民事范围主要以家族、宗族为界线时，生计与其他民事与其说是社会问题，还不如说是家庭、家族内的问题，所以中国历来有详细的家法宗法，而缺少国家层面的民法内容。

但是，超越家法宗法、不认人情的法律体系偏偏又是现代金融所需要的，无论是前面讲到的银行、保险业，还是要求更高的证券交易，其特点是超越血缘、超越亲情的非人格化信用交易，在地理范围上跨区域甚至跨国界。所以，**过分地依赖"家"实现经济交易、感情交易的后果是，人们难相信血缘之外的关系，市场和商法、民法都没机会发展。**

宋朝时期市场快速发展，部分经济交易功能逐步从家庭剥离出来，由市场取而代之，这本来可以帮助削弱中国人非血缘不信的传统，让人们认识到通过适当的契约机制，即使与陌生人做交易，也可以达到足够的交易安全。实际上，如果能走出血缘家族、与更广泛的市场参与者做物质和金融交易，每个人的福利都会更高，因为再大的家族，即使总有四世、五世或更多代人同堂，通过族内隐性金融交易和经济互助所能实现的资源共享与风险分摊效果总归有限，无法跟全社会范围内的市场交易所能达到的福利水平相比，这些年金融全球化给世界带来的好处就证实了这点。

但，一方面由于那时期的市场发展的确触动了儒家的家庭功能和结构，导致一场文化讨论，就像时下正在发生的儒家文化大讨论一样，宋朝新儒到最后把中国人重新带回家庭，排斥商业，减弱市场的空间；另一方面，蒙古人入主中原也中断了中国市场化的进程。明朝初期继续了宋时期的海外贸易，发展国内外市场，给中国人又一次推动陌生人之间交易的机会，当然也能同时促进有关制度架构的发展，但随着永乐之后的海禁，中国再次失去现代金融所需要的法治架构的发展机会，中国人再次回到“家”的怀抱，靠家庭家族而不是靠市场交易达到经济安全、利益交换和精神安逸。血缘、人情重新胜利。

—— 西方金融的兴起

以血缘关系和亲情为经济交易的基础能降低违约风险、降低交易成本，这是人类社会的共性，在西方社会也如此。只不过，这样做的代价是过多地把家庭关系跟利益联系在一起，弱化“家”的感情内涵。换句话说，儒家反对言利，所以抑制商业，压制外部市场化发展，但这样做的后果是强化了“家”的经济交易功能，加重了家庭关系中的利益交换本质。**跟中国不同的是，西欧较早地认识到经济交易并不是“非血缘关系不可”，较早把经济功能从家族内剥离出来，这间接给西方发展后来证券金融所需要的契约制度架构提供了机会。**

早在两千五百年前的古希腊，海洋贸易和城市化迫使人们走出“家”，淡化“非血缘不可”的传统观念。由于海洋贸易需要的资金多、风险又大，雅典商人被迫在家族之外寻找合作投资者，以分摊风险。这种商业组织的基础是契约，通过正式契约保证各方合伙人的利益和责任。为保证其运作，就需要专门从事解决合约纠纷、财产纠纷的机制，这就产生了对法治的需求。在雅典，手工业生产规模也在逐步增长，与族外人创办合伙制企业开始盛行[1]。

在公元前 200 年左右的古罗马，海上贸易也促进了跨家族商业组织的发展。此外，由于罗马帝国的财政税收越来越多，收税工作

1 参见 John Micklethwait and Adrian Wooldridge, *The Company : A Short History of a Revolutionary Idea*, 2003 年。

本身变得越来越繁重。结果，帝王干脆把收税工作外包给民间贵族，由这些贵族参股组建公司（societates），股东既有参与公司运营管理的，也有只作股东但不参加经营的，这些局外股东享受一定的有限责任，这即是现代公司制度的起源。

“公司”这种以契约建立的商业组织的意义在两方面。第一，不仅股东间往往没有血缘关系，而且多数股东只是被动的投资者，不参与日常经营，日常事务委托给其中一位或几位股东（或非股东）管理，这就带出今天我们熟悉的“委托代理”关系问题，引申出权利、责任以及其他契约关系问题。罗马法以及相配套的司法制度就是在这样一种背景下发展的。罗马法跟中国传统法律的差别在于，前者是为解决商事、公司、契约、财产等民事问题而发展的，它的前提是承认交易双方享有同等的权利，法律和司法者是没有直接利益的独立第三方，罗马法是所有西方法律的基础，是自下而上发源于民事的法律[1]。相比之下，中国以往的法律是手持强权的皇帝自上而下颁布、为其统治服务的工具，对民事涉及很少，更没有当事人权利的学说，这种传统和历史使后来中国的金融洋务运动变得异常艰难。

起源于古罗马的公司制度的第二个意义同样重大，公司是由不一定有血缘关系的股东组成，而这种通过契约形成的利益联盟具有跟家庭和个人同等的法律身份，也就是现在所讲的“法人”，可以像自然人那样独立签约，享有各种民事权利和独立的法律人格。更重要的是，公司跟家庭一样，都是一种成员间的结盟，只不过，前者是以契

1　关于公司制度在古罗马的发展，参见 John Micklethwait and Adrian Wooldridge, *The Company : A Short History of a Revolutionary Idea*, 2003。有关市场发展对西方家庭的影响，韦伯的论述较多，参见 Max Weber, *Economy and Society*, 1978；以及 Katherine Lynch, *Individuals, Families, and Communities in Europe, 1200–1800*, 2003。

约为基础的结盟，后者以婚约和血缘为基础。两者都能运作正常这一事实，间接地开始削弱罗马人对血缘和家庭的神秘感，不用再认为经济交易、金融交易“非血缘关系不可”，经济交易的范围可以走出家。这样一来，市场的范围得以拓广、加深，对支持市场交易特别是信用交易的制度的需求也跟着上升。说到底，“公司”就是一系列契约集合而成的法律实体，股东愿意出资买股份本身就必须有极强的信用作为前提，公司的成立与存在就是一种高级信用交易的体现。

保险市场、借贷市场在古罗马也有发展，公元150年左右的《罗马法典》中就有针对保险交易、借贷交易的条款[1]，金融交易逐渐由市场代替“家”来实现。

不过，在公元5世纪，西罗马帝国灭亡，罗马法律体系与金融市场、商业机制一起走进历史。欧洲进入中世纪后，市场开始退缩，“家”的经济交易作用重新加强，西方人回归家族。但是，跟宋朝之后的中国不同，中世纪的西方人并没有完全回到“非血缘不可”、只认亲情的古老传统，而是由基督教会、各类行会与合会取代了之前市场和家庭的部分功能，在市场和“家”之外提供经济交易和友情交流。特别是教会，从中世纪初开始，基督教通过“教父”、“洗礼”等安排，让每个小孩除了血缘父母之外还有“教父母”，“洗礼”即是一个人在宗教意义上的再生，标志着他正式进入上帝的世界，他的“教父母”便是他进入上帝世界的生父母。基督教历来规定“教父母”跟“血缘父母”不能是同样的人，这样，个人除了血缘父母的“家”以外，还有“宗教家”。一个是以血缘建立的“家”，一个是以教缘建立的“家”，这当然扩大了个人的经济互助空间和精神互助

1 C. F. Trenerry, *The Origin and Early History of Insurance*, P.S.King & Son, LTD., 1926, p.26.

空间，同时也淡化了“非血缘不可”的传统价值。

换言之，即使在中世纪欧洲，西方人的经济交易和感情交流并非局限在血缘关系内，教会和其他社会组织也提供了更广范围内的金融互助、资源共享、精神支持的功能。按照韦伯所讲的[1]，在中世纪的西欧，教会、借贷互助会、丧事互助会（burial society）等互助性社会组织具有独立“法人”的身份和权利，保留了古罗马“公司”的契约性联盟性质（隐性或显性契约），在许多方面跟“家”的法律权利雷同。比如，教会和互助会可以拥有、买卖财产，有自己的财务账簿，可以负债，可以起诉别人，也可能被诉；会员身份可以遗传，甚至可以买卖转让，等等。

如果中国和西方在传统上有差别，最大的差别可能就在这里：儒家文化下的中国人只相信血缘关系，而西方人从两千多年前就认识到，做信用交易的双方并非唯血缘关系不可。中国历来缺乏家族之外社会组织的发展，黑帮、土匪以喝“鸡血酒”相约结盟，但这些从来就是非法的。在明朝，许多地方修建祠堂，族庙、族产也普遍，民间社会组织开始显性化，但这些仍然以家族为主。只是到近代，特别是鸦片战争之后，随着跨地区贸易的进一步兴起和城市化的加快，行会、同乡会才发展较快。

正由于教会、各类互助会是基于信仰或其他需要的联盟，所以，即使在中世纪，西方社会还是保留了超越血缘的法治制度与文化的演变空间。有了这种制度文化的发展，西方人在“家”之外做交易的成本就被慢慢降低，超越血缘的利益交换、信用交易和精神互助就有进一步发展的可能。

1 参见 Max Weber, *Economy and Society*,1978，第二卷的第 8 章。

到 12 世纪末，宋朝中国的经济比西方发达，而在超越血缘关系的社会组织、契约法律与相关制度文化的发展方面，西方已走在前面。本来，如果中国那时不选择重归儒家，而是继续市场化发展；如果不选择再次重农，而是继续城市化；如果明朝不选择海禁，而是继续海洋贸易——那么，中国或许有机会发展出超越血缘的法治制度与文化，建立后来的证券金融所需要的制度架构。但是，儒家胜利了，中国人重新以“家”和血缘关系来解决经济交易与情感交流需要，市场开始萎缩，制度创新和科技创新基本停止。

但西方走的是另一条路。到 12 世纪，西欧已有一千多年发展超越血缘关系的社会组织、契约与相关制度文化的历史，虽然欧洲仍然处在中世纪宗教的压制下，但这些制度储备给了他们深化市场发展的无形资本。威尼斯、罗马、佛罗伦萨等意大利海岸城邦，由于水运的地理优势，它们在 12 世纪、13 世纪率先在欧洲重新发展商业，启动文艺复兴，带领欧洲走出中世纪。

那么，那些契约与相关制度储备对西欧有什么帮助呢？第一，跨区域贸易的发展必然引申出异地支付的问题，否则在一方坚持“必须先交货，否则不交钱”而另一方坚持“必须先交钱，否则不交货”的时候，交易经常会无法进行。有了契约保证机制以及超越血缘的文化基础，商业银行信用票据就是在那时问世的[1]，现代银行也

---

1 参见 Geoffrey Poitras (2000), *The Early History of Financial Economics：1478–1776*，以及 Charles Kindleberger (1993), *A Financial History of Western Europe*。换言之，此时的城邦政府必须找到把未来许多年的税收提前变现的办法，必须做长期融资。按照 Geoffrey Poitras 于 2000 年出版的 *The Early History of Financial Economics：1478–1776* 一书的介绍，1262 年，威尼斯政府是第一个把众多短期债合到一起，由一只意大利文称为“Mons”的长期债券基金持有，然后再把该基金的份额按股份证券的形式分售给投资者，这种股份的意大利文名称是“Prestiti”，它可以在公众市场上随便转手交易。这算是现代资产证券化、股票市场、债券市场及公众基金的前身。

起源于那个时期，这些金融技术归功于佛罗伦萨的银行家。他们的商业汇票跟 19 世纪初中国山西票号的作用是一样的，只不过在时间上早 700 年。

第二，商品贸易发展促进西欧城市化，使更多人离开自己家族所在地进入城市，远离血缘关系，这些自然增加了对市场提供的保险、借贷等金融需求。到 13 世纪后期，人寿年金、人寿保险、嫁妆基金等金融品种再次出现在威尼斯和其他意大利城邦，被中止了近一个世纪的金融再次出现。

第三，由于西欧城邦的战争开支不断上升，对长期债券融资的需求大大上升，这时，它们已经建立的契约制度机制与信用体系就能发挥用场了。比如，到 13 世纪中期，威尼斯、佛罗伦萨和热那亚这三个城邦已发行太多短期政府债，靠简单的到期再借、一次接一次地把短期债务续接下去的做法已经难以奏效，它们必须推出长期债，把利息和本金的支付压力平摊到未来许多年，逐年支付。

威尼斯和佛罗伦萨的这些债券基金股份以及人寿年金产品，很快成为西欧人欢迎的投资品种。这些证券化的财富载体逐渐改变西欧人的理财投资结构。到 1427 年，佛罗伦萨的家庭财富投资结构已发生根本性变化，就在世界其他地方的财富载体基本还是土地、企业产权和少量金银钱币的时候，佛罗伦萨富有家庭的财富已有三分之一以政府债券形式存在，剩下的财富一半投资于土地、一半投入实业企业[1]。财富载体的证券金融化程度在人类历史上从没有这么高过，对个人、家庭理财这是一种革命性变化，这本身也折射出当时西

1 David Herlihy and Christiane Klapisch-Zuber, *Tuscans and Their Families: a Study of the Florentine Catasto of 1427*, 1985, Chater 4, fig.4-2.

欧社会的契约制度支持必须相当可靠，信用交易必须足够可信，否则没有人愿意将这么多财富投入没有血缘基础的证券票据。到 16 世纪中叶，意大利、法国、荷兰、德国已发展出有相当规模的中央政府和地方政府公债市场。

到 16 世纪中叶，西欧已经有近三个世纪发展证券金融、银行金融、保险金融的经验，超越血缘的信用交易已不是新鲜事，金融市场逐步代替"家"为个人提供经济安全、保险、融资以及养老安排，制度支持架构也有了进一步发展。那时距离哥伦布发现美洲大陆已有半个世纪，英国人看到葡萄牙与西班牙的海洋贸易成功，也开始蠢蠢欲动。为了解决海洋贸易需要的资本大、风险高的问题，英国商人在古罗马人以及 13 世纪威尼斯商人的基础上，推出更完善的"股份有限责任公司"这一企业制度，通过向众多投资者发行股份，不仅帮助探险创业者融到大量资本，而且以一种高效率的方式把海洋贸易风险分摊到众多投资者身上。英国的股票交易从此开始，并由此演变出今天我们熟悉的伦敦、纽约等世界资本市场中心。

——中国的证券洋务运动

到鸦片战争时期，中国的金融业有些发展，像山西票号、江南各地钱庄与合会等金融业务，都因康熙、乾隆时期逐渐起步的内外贸易而得到推动，但其规模还无法跟同时期的西方相比。更重要的是，正如前面讲到的，儒家文化以"家"作为近乎排他性的人际经济交易的范围，使中国社会失去了发展超越血缘的契约制度架构以及相配套政治制度的机会，所以，虽然康乾时期市场制度有了进展，但跟已经发展"家"之外社会制度长达两千多年的西方无法相比。

但是，鸦片战争的失败让中国人看到跟世界的差距，逼着中国走“富国强兵”之路。在洋务运动中，新式银行、保险、证券等现代金融技术都被引入中国。以证券为例，薛福成、盛宣怀、张之洞、李鸿章等都意识到要做洋务就必须广泛融资，要广泛融资就必须采用西方的股份有限公司制度，发行股票。薛福成在《论公司不举之病》中谈到，“公司不举……则中国终不可以富不可以强”。

“证券”这个词在19世纪60年代首先出现在中文里。最初，在上海租界，外国注册的洋行向当地居民以及外国商人发行股票，例如，旗昌轮船公司（1862年）、汇丰银行（1865年）。这些公司在租界或境外设立，受外国法律和法院机构的管辖，所以这些证券发行和交易基本不受到中国本土制度架构的局限。

李鸿章等人主张推动本土并受中国法律管辖的华人公司发展。但对这些外来的“公司”、“股票”，靠什么“水土”或制度来支持呢？中国人历来在血缘关系之外不相信任何人，要他们把自己辛苦赚到手的钱财投资给别人办洋务企业，这当然是一个陌生的概念，更不用说去做了。怎么办呢？

我们首先要认识到，现代“股份有限公司”有三个显著特征。第一，它是一个“法人”，是一个由一堆契约构建的法律体。前面讲到，没有契约执行和权益保障制度，这种法律体就没有意义。由于股票的发行和交易范围不限于亲戚、熟人，而是全社会，所以行政、立法与司法必须相互独立并互相制约，否则，相关法律和司法难以在涉及公司、证券权益纠纷中保持中立，契约权益的执行和保障机构必须中立、独立，否则社会对契约、证券中规定的权益和权利就没有信心，就不会信任，信用交易就难以发展。所以，证券权益、契约权益的保障问题实际上也是一个政治制度问题。

第二，投资者的责任有限，亦即，他们的损失最多不超过最初的投资，他们的责任到此为止。这又跟中国的传统冲突，因为中国只熟悉无限责任。过去的古典书籍中充斥着“父债子还”的故事，子女要偿还父母甚至祖父母的债，债务一代代地相传。有限责任不仅跟中国的文化冲突，而且要达到这一点，社会的法治程度必须足够高。有限责任是现代公司的基本特征，如果没有它，处于被动地位的外部投资者不会愿意投钱。

第三，现代公司的核心就是所有权和控制权的分离，也就是说，众多的外部投资者将资金信托给公司管理层，后者对公司资产有实际的支配权。对于只相信血缘亲戚的中国人来说，这当然又是一个陌生的事情，他们怎么会相信这些陌生人，由这些陌生人去管理自己的资产?

当然，发展支持证券交易的制度体系不仅涉及政治改革、制度变革，而且不是一两天能完成的事情。在“富国强兵”的压力下，晚清改革者必须找到某种解决近渴的信用增强机制，以弥补契约制度的缺失，让老百姓多少愿意出资买陌生人公司的股票。这就是“官商合办”、“官督商办”洋务公司模式的背景，由政府参股，并由政府和官员作直接或间接的信用保障，当然，出了事，政府必须得负最后责任。只有这样，外部持股人才能享受有限责任，他们才有信心投资。

例如轮船招商局是中国第一个现代公司，于 1872 年由李鸿章创立。当时他从直隶军费中拨款 13.5 万两白银作为政府的投资。个体商人答应出资 10 万两，但实际到位的只有 1 万两。 1873 年和 1883 年间，政府提供给轮船招商局的年贷款在 8 万两和 100 万两之间[1]。

1　李玉，《晚清公司制度建设研究》，2002 年。

轮船招商局成立后的十年里，又有 15 家公司上市，主要来自矿业、制造和交通业。他们的股票在上海的街头和茶馆里交易。由于公司的信息缺乏，股票本身又是一种新东西，投资者就无从区分公司好坏。这样，股票就自然为投机提供了环境，股票只是符号而已，是股就买。炒股狂热导致了 1882 年中国的第一次股市泡沫。那一年，很多股价上涨超过 100%。不过，紧随 1882 年股市繁荣的，是 1883 年的股灾。在 1883 年至 1884 年间，股价平均下跌超过 70%。这次股灾如此严重，以至于本地为股票投机者提供资金的许多钱庄破产，引发了上海和其他城市的一场严重金融危机。

早期的“官商合办”、“官督商办”确实给洋务企业提供了部分信用支持，但代价很大，这些公司与其说是商业企业，还不如说是政府官员的“自留地”。在公司亏损时，这些官员会通过政府帮忙；公司盈利时，政府和官员个人又会以不同名目转走利润。**官府的介入使公司成为腐败的工具。由于当时也没有成型的会计制度，更没有公司法或证券法，信息披露几乎不存在。所以，自 1872 年后的几十年，中国股市不如赌场就不奇怪了。**由于制度欠缺，在外部股东与内部管理层间的委托代理关系、在股东与官府之间的利益冲突解决都缺乏独立第三方的保障。

1904 年清廷推出《公司律》，也是中国的第一部专门的商事法律。到民国时期，国家立法、司法和行政相互制衡的权力架构开始出现，从制度设计上，法院至少能阻止行政权力对公司对外部股东权益的干预。1929 年，民国政府修订了公司法并推出证券交易法，为股份有限公司以及证券发展进一步铺路。在法治运作经验方面，长进也较多，特别是在上海，商事契约以及权益纠纷的当事人可以选择在民国法院，也可选租界法院作为仲裁方，这间接迫使民国法院

在 20 世纪 40 年代，天津解放北路上设有 49 家国内外银行；有 270 多家国内外保险机构，还有功能完备的证券交易所，是当时全国仅次于上海的金融中心和保险业中心。1949 年之后，从 19 世纪 60 年代到 1949 年所积累的证券金融经验、制度实践和法律进步，被一概摒弃。

面对竞争，竞争加快了那时期中国律师、司法的成熟。到 20 世纪 30 年代，上海具备了相当熟练的律师群体。另一方面，从晚清开始，上海钱业、银行业、证券业等行业自律公会也发展很快，通过行规以及准入与处罚机制规范会员行为，增强了各金融业的信誉。

1912 到 1930 年是中国证券业与其他金融业的黄金时期，有超过 1984 家现代工业和矿业公司建立，每家都有超过万元的股本资金，而总共有 4589 万元的投资；311 家现代股份银行建立。除上海的证券交易场所之外，20 世纪 30 年代，还有天津股票交易所、北平股票交易所、宁波股票交易所、汉口股票交易所、重庆股票交易所和青岛股票交易所。一个相对有规模的跨地区金融中介网络在中国出现。不论是在规模上还是在范围上，这些发展将中国的工业结构提升到了一个新的水平。后因南京政府大举介入金融业以及抗日战争，那次黄金时期被中断了。

——人民共和国时期的证券发展

1949 年中华人民共和国成立之后，虽然在头两年试验过约 10 只股票的发行交易，但在 1952 年，股票交易被关闭，从此放弃已发展了七十余年的契约执行与保障机制，抛弃了从 19 世纪 60 年代到 1949 年所积累的证券金融经验、制度实践和法律进步。此后，没收私有财产成为大势所趋。到 1958 年，中国实行了几乎完全的公有制，私营企业产值占全国总产值的比例不足 3%。

到“文革”结束时，公有经济的低效和亏损已不堪忍受，1978 年开始改革开放。在 20 世纪 80 年代，在不放弃公有制的前提下，尝试过包括生产责任制、奖金制在内的各种营救国有企业的办法，到 80 年代末，才不得不重新推出股份有限公司制度，再次捡起现代公司制度和股票市场。那么，这次的境况跟晚清洋务运动者所面对的有何异同呢？

首先，在晚清改革者引进西方金融技术、开始试验股份制公司和股票市场的时候，晚清经济基本是私有制经济，国有企业很少。所以，他们的目的很单纯：推动新工业，振兴中华。相比之下，**1990 年重新推出股份制公司和股票市场时，主要目的是让国有企业从老百姓手中融资，帮助解决国有企业的财务危机**。所以，股市的目的一开始不是给大众一个参与财富创造的途径，让他们更好地规避未来消费与收入风险；相反，股市只是分散政府改革代价的工具，股东权利和权益保护问题事后才想到。因此，这次股市试验从一开始就存在大的利益冲突，国家有太多的利益在其中，这必然影响国家的立法、司法和行政立场，使国家不能以独立的规则制定者和执行者出现在证券市场上。

第二，在 1872 年，中国没有三权分立的概念，更没有司法独立、市场监管独立的制度框架。那时洋务运动才刚刚起步，也没有多少现代制度学说的知识和理解。在那种背景下，清政府不得不直接出面为股份有限公司提供信用保障。与此相比，到 20 世纪 80 年代末，中国已接触西方一个多世纪，现代社会科学、法律、历史知识也传播了一个多世纪，现代政治制度架构也存在，包括立法（全国人大）、行政（国务院）、司法（法院系统）。但是，在现代政治制度没有落实之前，这些制度架构难以发挥真正作用，人们除了拿政府作为证券的最终信用担保人之外，没有别的机制能让他们对证券投资放心，所以，股民出现亏损时，必然要找政府。

第三，晚清时期没有压制私有财产或私有制的官方意识形态，也没有劳动价值论影响权力机构的立场。但是，20 世纪 80 年代至今的情况不同，官方意识形态反对私有制并以劳动价值论为基础，在这种架构下，保护外部股东权益、解决委托—代理关系的决心就要大打折扣，立法、执法、监管无力或进展缓慢就属情理之中了。

在晚清和现在，出于不同的目的，中国尝试过发展证券金融市场，两次都靠政府提供信用支持，才让人们对证券交易有些信心。但在晚清时期，是由于中国过去没能发展出保障超越血缘的信用交易的契约制度架构，所以官府才出面提供信用；而在最近的这次，之所以政府又成了证券交易的实际担保人，一方面是由于公有制、国有企业，使政府变成股票发行方，是最大的直接利益相关者，另一方面是由于政治体制改革落后，让中国到今天还没有真正独立的司法。

——千万别再重复宋朝的选择

同是洋务运动时期引进的西方技术，工业制造技术到今天基本在中国水土相服了，而金融技术却还在艰难地融入中国社会。为什么会有这么不同的经历？技术上的原因在于，“硬”技术多是看得见、摸得着的，它们的引进不涉及制度，对制度要求不高；相比之下，推出股票、债券、期货、基金等金融品种容易，但要人们“信得过”金融契约的交易，放心自己不会被别人骗，放心属于自己的权益总能拿得回来，这就要求有相配套的契约制度。工业技术和金融技术在中国的这种经历差距，也是以往“中学为体、西学为用”方针的必然结果。

从更深的层面我们可以这样来理解中西方金融发展的差别。说到底，为了生存，人们必须互相交易，特别是为了未来生活安全，人际间必须有金融交易，互相配置今天、未来以及不同事件间的收入和消费。大致讲，人类有三种途径实现个人间的金融交易，第一种是在血缘、在“家”之内进行经济互助交易，第二种是通过像教会等社会互助组织实现，第三是通过金融市场实现各种所需要的风险与消费安排。这三种金融交易途径不必是排他性的，在许多方面可以相互补充，但这三种途径的边界到底在哪里？哪种途径在哪种社会中被使用得更多或者更少？答案当然取决于每种交易途径的交易成本的高低，取决于相关制度与文化的内涵。

儒家的选择在第一种途径，甚至只侧重血缘内的金融交易，排斥市场和非血缘社会互助组织的经济交易功能。“三纲五常”等价值体系的作用即在此。其结果是，中国人对血缘关系之外的人无法信任，跟陌生人的信用交易极难实现或发展；另一方面，中国的教会和其他民间互助组织不发达，支持市场契约交易的制度也没机会发展，使通过非血缘社会互助组织、通过市场作信用交易的成本都很高，这反过来又迫使中国人非依赖“家”不可。于是，到晚清、到现在，中国仍然缺乏市场信用交易所需要的制度，民间自发互助组织也稀有。中国基本以第一种途径为主，第二、第三种途径的空间仍然很小。

在西方，这三种途径间的边界发生过多次转变。起初，在农业社会里，“家”也曾经是主要的金融交易途径。到古希腊、古罗马时期，市场的作用或说边界有所拓宽，让人们开始淡化“非血缘不可”的传统。到中世纪，市场的地位退缩，但教会等社会互助组织的边界被拓宽，个人生活安全由“家”和社会互助组织两者来保证。从中世纪末期开始，外部金融市场重新出现，并逐步发展，由此演变出来的契约交易制度使市场上陌生人间的交易成本大大降低，以至于在今天的美国，未来生活安全主要由金融市场交易来安排好，经济交易基本已走出家庭，社会组织的经济交易功能也弱化。所以，在今天的西方，信用交易基本以第三种途径为主，第一、第二种途径为辅。“家”和社会组织的功能主要定义在感情和精神交流上。

今天在中国发展金融仍然很艰难，从上面的分析中我们看到，其根本原因之一在于深植于社会的儒家文化，在于“非家不可”、“非血缘不可”的文化，这种价值体系不利于超越血缘关系的制度建设，不利于陌生人间信用的建立，也就不利于证券金融的发展。换言之，**在缺乏“家”之外信用交易的制度支持时，中国人不能把金融证券看成可靠的投资工具；在儒家文化只信血缘关系的传统下，中国人也不会把别人发行的金融证券当成投资工具；所以，股票和其他证券就成了自成一体的投机品，而不是投资品。一旦认识到这些，我**

们就能明了，在这次新的文化大讨论、新的国学热中，千万别再重复宋朝的选择，误导我们又回缩到儒“家”。市场经济的深化、政治制度改革才是真正出路。

第 22 章

市场经济是个人解放的必由之路

——答《南方周末》记者问

> 如果年轻人自己通过按揭贷款买房、结婚，自己以后赚了钱还银行，自己花自己的钱，而父母用积蓄买养老保险、养老基金，等退休后花自己的投资回报钱，那不是让大家都更有自尊、自由吗?

南方周末：市场在如何改变中国?

陈志武：人与人之间的关系、社会结构在改变。儒家文化一直强调以血缘关系为基础来实现人际间的利益交换和互助，“血浓于水”，血缘内交易的违约风险小。像任何传统社会一样，传统中国社会里，市场不发达，与陌生人交易的违约风险太高，太容易受骗，所以，人与人之间的经济交换、风险分担以及资源共享主要在亲属关系网内进行。儒家主张的“孝道”、“三纲五常”以及以名分等级建立的社会秩序，大致是为了最小化这些人际交易的违约风险。“孝顺”、“还人情”等都是金融交易意义上还债的概念。在过去两千五百年里，儒家文化对血缘、家庭的强调，确保了中国人能够在农业生产能力低下的情况下有足够的生存几率，能够一代一代地繁衍下去。特别是，家族越大、越旺，族内资源共享、风险互担能力就越强，其繁衍下去的概率自然越高。

但，这些年的市场化改革，尤其是市场交易范围的不断扩大，正以前所未有的方式改变中国。跨地区的人口流动，远离你的出生地到他乡去工作、生活，世世代代是左邻右舍的局面已成为历史，使社会结构完全变了。也就是说，**儒家文化所依赖的社会结构土壤已破裂**。你不能再依赖传统的大家族网络来保证你未来的经济需要，血缘网络离你越来越远，不能再靠它来对冲自然灾难风险或身体健康状况的不确定性。不过，在中国社会结构发生断裂的同时，保险业、养老基金业、投资基金业和银行系统正在快速发展，这些年的金融发展真的很快。非人格化的金融市场正在取代传统儒家文化维系的家庭、家族，为中国人的未来生活、养老、病残等意外事件提供保障工具。我对金融市场发展和全球化带来的这些社会后果非常感兴趣。

南方周末：那就是你今年夏天在中国研究的内容吗？

陈志武：我在这方面进行的研究和写作已有几年。我计划写一本书，探讨金融发展和一般市场发展对文化和社会带来的影响。我一直在搜集中国和亚洲其他国家的数据，以此理解人们的文化价值观——特别是对家庭、婚姻和人际关系的看法——是如何随着金融发展和市场发展而变化的。

比如，我和几位研究生做了两个问卷调查，一个是两年前做的，今年夏天又做了一次。其中，当我们问“你为什么要孩子”这个问题时，每个人可以选择多种答案中的任何几个。一个答案是“养子防老”，第二个答案是“因为喜欢小孩子和情感”，第三是“传宗接代”，等等。我们发现，城市居民与农村居民在答案选择上差别最明显。在农村，大约70%的人会说是基于经济上的原因，是“养子防老”。然而，在北京，只有约15%的人说是“养子防老”。城市居民更可能说是因为情感上而非经济上的原因选择生小孩，农村人极少会说是因为喜欢而生小孩。

但，除了城市与农村的差异之外，第二个最为重要的决定因素是一个人是否已经购买保险或者使用了任何一种市场提供的避险养老金融工具，买了保险或养老产品、投资基金的人更可能会说“生小孩是出于感情”，而不是“养子防老”。相比之下，家庭收入的高低对生小孩的目的和态度没有太大影响，反倒是有没有持有现代金融产品更有决定作用，这让我们感到意外。

南方周末：你认为市场的改变推动了文化价值观的改变，还是文化价值观的改变产生对金融市场的需求，从而推动市场发展？

陈志武：这实际上是一个双向互动、相互推动的过程。中国过去30年经历的情况可能是这样，从20世纪80年代初开始，先是市场化发展，把各地区间的市场整合到一起，包括劳动力市场和商品市场，劳动力开始跨地区流动，在哪里工作、生活逐步跟你在哪里出生长大没有关系，中国人和中国制造的商品也开始大量出国。当然，收入也在增加，人们的私有财产也在增加。到了90年代，人们开始接触现代金融产品，先是各类保险品种，然后是养老投资、基金品种、按揭贷款品种，慢慢地人们越来越意识到金融产品的好处，其中最重要的莫过于金融产品让你能把自己未来的各种经济需要、保险和养老安排好，让你在未来不管发生什么事，都不需要靠别人的施舍过日子，保证你总有独立的人格尊严，经济上的自足历来是人格独立的基础，而金融又是保证未来经济自足的工具。

我要说的是，虽然大部分人还没有清楚地意识到，但过去二三十年里，市场发展和金融发展已经在很大程度上改变了中国人的文化价值观。从我们的调查数据看，我认为北京、上海等城市人对家庭的价值观非常接近美国人的价值观，而很多人还没感觉到这点。

当你观察上海、北京等大城市里父母亲与他们的孩子交流的方式时，你会发现，它正变得越来越像在典型美国家庭观察到的那样，也就是，父亲通常不会试图在孩子面前摆出一副威严、不可亲近的样子，已经不是一种从上至下的、单向的、命令式的姿态。相反，你会看到，更多的父母以一种非常平等的方式与他们的孩子沟通，试图进行一种心与心的对话。

在我看来，当父母不再把孩子当作他们的养老保障、当作他们的投资载体时，他们没有必要担心："天哪，如果我的孩子现在就不听话，他将来怎么会孝顺？我在他身上的投资怎么会有回报？"于是，他们也就没必要处处打骂孩子、压制阉割小孩的个性，迫使孩子时时听话。这些父母为自己买好保险品、退休品、养老基金等等，此后，在经济上，他们就没有依靠儿女的必要。这样，跟孩子的关系主要集中在感情交流上，希望跟儿女在情感上靠得很近。但，他们意识到，如果你希望孩子在情感上和你靠得很近，你就不能逼迫他们"不管有理无理，都得听话"，而是更倾向于平等谈话。

有些时候，当我去拜访朋友时，我会有意无意地观察他们是如何处理跟小孩的关系的。而越来越多的时候，在城市家庭里，我看到父母们确实在试图与他们的孩子对话，不再是单向地训话。代际间的平等对话，这显然有失体统，是违背儒家"名分等级"秩序的，是反儒家传统的。

但在农村可不是这样。在农村，比如在我的湖南老家，几乎所有的人仍然从经济预期角度来处理家庭内部关系，生小孩、交朋友仍然以经济目的为首要考虑，家庭关系缺乏情感上的交流，感情的东西还过于奢侈。

南方周末：你认为保险和投资基金的引入会对人际关系造成这种影响？

陈志武：会的。在这方面，我已经做过许多研究，而且还会继续做。家庭或者家族有两大主要功能。一是促进经济交换，特别是金融交换，其作用是利用血缘这种天然的信用基础，促成成员间的资源共享、风险共担，以此增加每个人一辈子的福利。在历史上，在没有契约执行制度之前，人际间交易的违约风险、受骗风险历来是最头痛的事。而血缘是家庭、家族成员间天然共同的东西，你想推也推不掉，想从里面分离出来也难，它也就提供了一种天然的信任基础。而且，在现代市场制度出现之前，那可能也是最好的一种信用基础。

人际间的经济交换大致分为两类。第一类是有形商品交易，比如粮食买卖，这种交易是现货交易，一方今天付钱，另一方今天交货，是一次性买卖，对信誉、信任的要求不高。第二类是涉及由交易双方在不同时间、不同空间之间的价值交换，比如，我今天借钱让你上学，等你读完书工作后你要还债；或者，今天我遇到意外事件，你帮我，但一个共识是等你碰到困难时，我有责任帮你。当个体间的交换涉及跨越时空间的价值支付时，诚信、守约、信任就非常非常关键。这就是为什么家庭、家族永远有促进跨时空金融交换这种非常重要的经济功能，血缘关系，特别是在儒家“三纲五常”维系下的家族体系，可以大大降低跨时空价值交换的不确定性，降低违约风险，增加交易安全。

家庭的另一主要功能是情感、非物质利益的交流。而那些非物质交流到目前还难以被市场替代。你不能轻易订立情感交流契约，因为感情的东西太主观、太难以用客观尺度测量，所以，情感交流还难以市场化。当我们说“爱情价更高”时，实际上还没有人们能普遍接受的测度“爱情”价值的“价”单位，否则，爱情也可以市场化了！

当金融市场发展了，一个重要的影响就是，金融证券产品能够逐渐取代家庭的经济交易功能，让人们在远远比单个家庭、家族更广泛的范围之内进行资源互补、进行风险分摊，其风险分摊的效果远远超过在单个家庭、家族之内的效果。**一旦市场制度架构足够可靠，由金融市场取代家庭的经济交易功能后，大家的福利都会更高。让家庭重点定义在感情交流上，把经济交换功能从家庭、家族里剥离出来，家庭关系里可以不涉及利益交换。**

这种改变在中国正非常迅速地进行。虽然我们看到一些人为了利益而结婚，这在哪个社会都有，是个人的自由选择，但更多人正在重新调整家的定位。当然，在美国，这种社会转型发生在 19 世纪下半叶，到了 20 世纪上半叶，出现了社会保障基金、投资基金、养老基金，还有已发展多年的保险产业和银行系统，这些促成经济交易从美国家庭里剥离出来。到今天，在美国，当人们考虑借钱、养老、获得保险、规避生活风险时，大多数美国人都不会去找他们的亲戚，而是宁愿与市场发生这些交易关系，以此使亲情关系更重感情、友情。

南方周末:由金融市场取代家庭的经济交换功能会更有效吗?

陈志武:当然。一种是大范围内外部化、非人格化了的显性金融契约交易，一种是由家庭实现的人格化了的、小范围内的隐性契约交易；前者实现的只是金融交易，没有别的潜在债务，而后者是一辈子也无法了结的交易关系。在中国家庭里，因扯不完也扯不清的“孝道”债、“亲情”债、“人情”债而大打出手的事情太多，总说他给你多了、给我少了，或者是他怎么还不给，等等。

例如，一个孩子要结婚了，父母通常会把所有积蓄送给他，让他办酒宴、买房子。这非常普遍，大城市亦如此。有了父母所有的积蓄，子女得以结婚并买上一套房子。父母会想：“既然我们有积蓄，那为什么还让年轻的孩子承担每月还贷的负担呢？”表面看，这让后辈不用靠抵押贷款购房。但问题是，一旦父母把养老钱今天给了儿子，等到父母退休了、自己没有收入的时候，他们靠什么养老呢？我知道，按孝道，儿女要供养，要给父母当初的投资以回报了。但，这里，没有合同写明他们的孩子必须回报多少，多少算多，多少算少。

想象一种情景：年老退休的父母只能被动地等待，等着他们的孩子给钱，以养活自己。即使他们没钱了，如果孩子不给钱，他们可能也不好意思要，因为他们也许会顾及到自己的尊严，刚开始，自尊和自豪感让他们不愿向孩子要钱。想想，这对老年人的消费行为会产生怎样的影响啊！他们就会不敢花钱。即使他们从孩子那里获得一些钱，可能仍然不知道明年孩子会不会忘记给钱。或者，也许到了明年，孩子的收入没有那么高、不够给钱了。因此，在没有自己的钱的情况下，父母怎么也不敢用钱。那是一个非常不幸的境地。当然，实际的情况是，许多父母在没钱时不会管那么多了，管不上尊严了，还是会去要。人过到这种份上就没意义了。

同时，儿子可能有自己的家。许多中年夫妇，为了给一方父母多少钱而经常吵架，夫妻因此大打出手已是常事。养父母的责任成了夫妻关系的障碍。

我看到过很多这样的情况，也听到过很多故事。在这些局面下，年老的父母可能想："为什么我还这么健康？我依靠儿女才能继续生存，这有什么意思？"而儿女们可能把年老父母看成是压在自己生活上的负担。

当人际间的资源交易、风险交易主要以人格化的形式实现时，许多事情总是含含糊糊，一辈子也了结不清。比如，2002年，湖北一个小县城有个名叫王宏的30岁左右的人，很幸运中了彩票，赢了500万元奖金。他和夫人先是非常高兴，但他的叔伯、叔伯孩子、他自己的兄弟和父母，统统要求从这500万中分到一大份，每个人都说："没有我，你王宏怎么长大？"他实际上分了150万给他的亲戚，作为给亲戚的回报，这已经很多了。但是，他的亲戚认为这150万元远远不够，每个都说他应该得到更多。结果，他的兄弟不理他了，他的叔伯也不理他了。过了些时候，他的兄弟和叔伯家人跑到他家大打出手，他和妻子都受了重伤。

这样，一个混乱的产权体系造成了如此混乱的要求和反要求。当由传统大家族承担经济交易功能时，所有的投资和回报都是默认的、隐性的，不会用白纸黑字写在合同上，正是这种体系导致了上述大打出手的混乱局面。

这就是为什么把经济交易从家庭脱离出来对家庭关系的纯洁非常重要，对其他社会组织亦然。相比之下，**如果年轻人自己通过按揭贷款买房、结婚，自己以后赚了钱还银行，自己花自己的钱，而父母把积蓄买养老保险、养老基金，等退休后花自己的投资回报钱，那不是让大家都更有自尊、更自由吗？这样，家庭内关系就不以金钱交易为基础，而是侧重感情了。**

当经济交易是在市场上进行，交易一旦完成，那就真正完成了，它既简单，又不涉及情感。当一种经济交易夹杂着其他因素——友谊、情感和亲戚——那么，只会污染人类关系的灵魂。从人类的经验看，经济交易留给市场，感情交流留给家庭，这是最好的一种安排，也是市场化分工发展的总趋势。

南方周末：市场可以带来更多的个体自由。

陈志武：从根本上讲，那是我对这项研究感兴趣的深层原因。"五四"运动启蒙时期，自由、民主和科学等观念和理论引入中国。此后，更多知识分子对传播这些现代理念做出了杰出贡献。

但，回过头来看，我认为，那些年代的知识界实际上漏掉了一个关键点，甚至被误导了。第一，他们没有认识到产权制度对民主、自由、人权和法治的基础作用，甚至认为公有制反而是通向民主、自由之路。试想，在没有私有产权的情况下，我们靠什么去伸张、保护个人自由、民主及其他权利？没有自己的财产，就没有基础去主张自己的权利、去维护法治，就只能听任别人安排。

第二，他们没有意识到一个外在的发达的金融市场的重要性，没有外部金融市场，中国人就无法摒弃“孔家店”。金融市场提供的经济保障和跨时空价值配置交易，跟家庭、家族提供的类似交易功能，两者既有互补的一面，又有互相替代的一面。“五四”时期提出“打倒孔家店”，实际上，回头看，在当时没有足够发达的外部金融市场的前提下，如果真的把“孔家店”打倒，最后你会发现，你一个人孤零零的，既没有市场给你提供生活保障、帮你规避风险，又没有“孔家店”给你提供经济安全，最后你还是要回到“孔家店”，你会发现家庭还是你唯一能够依靠的。因此，**如果没有高度发达的金融市场，你最后将不得不重返“孔家店”，回到中国人代代依靠的家族支持体系。没有金融市场，中国人就无法从名分等级秩序的枷锁中解放出来，个人无法自由。**

不仅在中国是这样，在印度和其他传统社会也是这样。印度的种姓制度也是为了类似的经济交易功能，使农业社会内人际交易成本尽可能小。金融市场的发展所扮演的重要角色是，将个人从对各种权威组织如家庭、教会或政府的依赖中解放出来，不用为了生存而必须从属于这些组织的权力。我认为看到这点是非常重要的。

我不是反对家庭，家庭极其重要。只不过，我认为家庭应该被定义在情感交流上，其目的是给我们提供感情和精神归属上的安全。经济利益安全靠市场，情感安全靠家、靠亲情和友情。我永远不能忘记我湖南家乡的情景。悲哀的是，在我们那个村，由于市场没有完全发达、商品生产能力还是不高，直到十几年前，物质生存还是人们第一位的关注点，所以，所有的人际活动都还围绕吃、住、行，情感世界的追求自然过于奢侈。幸亏，工业化和产业技术终于全面进入中国，大大提升包括我老家在内的人们的生产能力和收入水平，到今天，物质生存不再是一种首要挑战，人们终于可以有基础拓展自己的精神世界了。

南方周末：可是，中国不是契约社会，而是人情社会。人们对契约不习惯，也并不十分信任。如果说机构与机构的交易容易对等，可以一定程度上克服非契约化带来的信用风险的话，那么纯粹自然人与机构的交易则是完全不对等的交易，个人弱而机构强，那么非契约化带来的信用风险就会比较高，令人却步。个人通过金融市场来发展自己独立的生存系统，实现个人对于家庭经济关系上的独立，实际上还很有难度。这也是中国金融市场发展的一个文化制约因素。换句话说，社会信用的缺失是通过市场解放个人的致命障碍。不知陈老师对此以为然否？

陈志武：实际上，任何人际关系、人际交往和交易都是契约关系，差别在于有的社会更习惯隐性契约，有的习惯显性契约；或者是，有些事情是以显性契约的形式，另一些以隐性契约的形式；而契约的执行基础可以是人格化的人情（亲情、友情、爱情等等）、社会风俗习惯，也可以是非人格化的正式法律体系，或者是这几者的混合，这只是具体手段、方式问题。但，从本质上，不管是隐性还是显性契约，正式还是非正式契约，交易、交换的实质不变。

比如，我给你送礼，这是做人情投资，在你收礼后，你的一个隐性许诺是，你以后要以某种方式还我以礼，或许你也送我东西，或者在我有求于你时给我帮忙，总之，直到你回我以礼之前，你欠我人情。这就是我们之间的隐性契约，友情、社会舆论、道德伦理等等是促进我们之间契约能够执行的基础，也正因为此，我们对这种交易才信得过。其他，诸如金钱借贷、实物借贷等物质交易，还有亲戚、朋友、同事、社会相识之间的非物质交往，比如，困难时相互帮助、心情低沉时相互安慰，甚至相互间的问候等等无形的人际往来，都涉及交易契约，今天你给我心理上的安慰，我会记住下次你或你的家人心情不痛快时，我也要回报你以安慰，这些都是彼此间的显性或隐性契约。

所以，人情社会也是契约社会，只是契约的形式不同，契约的执行方式也不同，仅此而已。为什么中国社会以前靠亲情、人情就能够执行各类隐性契约，而许多交易并不需要正式显性契约呢？关键在于所交换内容的价值高低、交易范围的宽广程度。农业社会没有几样东西值几万、几十万，犯不着那么动脑筋写下正式的契约，所以，中国自秦汉开始，只有在涉及土地买卖、房屋买卖时才写契约，我老家就一直如此。另外，当交易范围只是在本地、本村，世世代代都为左邻右舍，当然犯不着那么正式写契约。可是，这些并不意味没有契约关系在其中。

这也是为什么我说，随着市场范围的扩大、交易价值的上升，以人情为基础的契约执行基础就越来越不够用，中国人也不得不从非正式隐性契约走向正式的显性契约。社会关系和文化也因此而改变。

不过，如果由于政治等原因使正式的契约执行架构难以发展，让人们无法相信正式的契约，那的确反倒迫使人们更加依赖血缘、地缘、人情这些非正式信用架构，只有继续靠这些传统的东西来保证交易能够发生。只是制度供应和制度需求间的这种张力，最终会迫使非人格化的契约执行架构的快速发展。

至于中国人是否今天就能依靠金融市场完全解决个人一辈子生活安全的问题，当然还没到这一步，各种非人格化的契约制度和信用架构还需建立，但这是一个基本发展方向，增量意义上的发展速度已经很快，这个方向是所有社会的追求。美国的金融在全球最发达，所以，市场在取代亲情和友情的经济交易功能方面，也走得最远，市场的空间也在不断扩大。但，即使在美国，血缘网络、教会以及其他社交网络，也多少起到个人生活的最后经济保障作用，当一个人实在走投无路、经济自立无望，他也只好向亲友求救。

南方周末：这几年儒家文化热在中国升温，部分原因是因为人们觉得社会道德已衰落太多，必须靠恢复儒家文化来解救。另外，就是现代化或说“西化”也大大冲击了中国社会。你怎么看这些现象？

陈志武：我知道，转型给中国社会带来许多冲击，使许多原来习惯的社会架构断裂。在这种时候，人们自然倾向于回到过去，到博物馆里找过去熟悉的东西，希望以此解救现代化带来的冲击。但，客观讲，这是一厢情愿，是一种心理安慰。

在过去市场不发达的情况下，农业生产能力又极其有限，温饱总是最主要的挑战，所以，儒家主张以血缘家族为基础来实现人际间的资源共享、风险共担，并给它配以“三纲五常”文化价值和名分等级社会秩序，那可能是过去两千多年里相对最优的一种安排，使中华民族能够繁荣昌盛。在那种社会秩序下，“三纲五常”和名分等级秩序的刚性当然阉割人的个性，但却可以使人际间的交易风险大大降低，节省交易成本，所以，牺牲一些个人自由和权利是当时生产能力低下的条件下迫不得已的选择。加上当时的人口流动少，世世代代是左邻右舍，这也使儒家依赖的道德约束多少能行得通。

可是到今天，情况已大不一样，人口的广泛流动，市场范围的扩大，已削弱了道德的约束力。再加上今天金融市场已经在许多方面取代了家庭的保险以及其他经济交易功能，没必要再把亲情和经济利益交换混在一起，也没必要再接受“三纲五常”对个人自由的约束，换句话说，今天为这些约束所要付出的代价远远高于所能得到的好处，所以，儒家主张的约束已不合算，自立和个人自由的价值更高。

在中国历史上，唐宋时期曾经有过类似的对儒家文化的挑战。那次，挑战来自两方面。第一是自汉朝开始进入中国的佛教，第二是唐宋商业市场的发展让人们感到，即使跟没有血缘关系的人交易，也能达到很好的资源互补和风险分摊的效果，市场化对儒家以血缘为核心的主张产生挑战。所以，宋朝时期也产生过儒家文化大讨论。不过，那次以朱熹等新儒的胜利而结束，到明清时期，儒家继续成为中国社会的主流。

但这次跟唐宋时期不同，最大差别在两方面：第一是现代交通运输和通信网络，加上跨地区的人口就业，这些从根本上改变了中国的社会结构；第二是市场的发展，特别是金融市场的发展，已在相当程度上把人际交易从家庭、家族剥离出来，由市场取代。一些传统学者不能看到中国社会的这些变化，也不懂各类现代社会科学领域在 19 世纪之后的发展，还是按照中国传统的学术方法，按照从经典到经典的研究范式，得出结论认为中国社会还能走回去。我不知道中国还有几个人能认同他们的药方。

解决中国社会道德规范的根本出路，不是回归儒家传统，而是从根本上重新定位中国的家庭、家族，不再强调刚性的、阉割个性的“三纲五常”与名分等级秩序，而是强调平等、自由和人权，强调自由选择和自愿结盟，把家的核心定位在感情交流和爱上面。

2012 年，北京，金融大街。无论向左走还是向右走，发展金融都是中国唯一的出路。供图：CFP

最后的话

发展证券金融是中国唯一的出路

金融证券技术不仅对个人、企业以及社会意义重大，而且对国家的发展和生存都如此。那么，金融证券技术对中国未来发展的意义究竟在哪里?

金融技术、经济增长与文化之间存在怎样的联系？一般来说，关于金融的话题主要会讲金融发展或者金融市场，而不是以“金融技术”来表述，更不会把文化和金融技术联系在一起。在我看来，文化，尤其是家庭和社会的文化在很大程度上取决于一个社会的金融技术发展与否，或者说许多文化内容都是为了克服金融的欠发展而产生并演变出来的。金融发展与否也是国家兴衰的决定因素之一。因此金融技术发展是经济增长、社会福利趋向合理化的必要架构。

——科学技术与金融技术

“五四”运动讨论的德先生和赛先生之中，赛先生在中国社会被接受的程度现在已经非常广泛，关于科学技术给人类社会带来的好处，我们大家都能够理解或者充分认识了。比如，1854 年容闳作为第一个留美中国学生从耶鲁大学毕业后，坐船从纽约回国共花了 154 天，经历近半年时间的海上折磨才到家。而今天从纽约到北京只要坐 13 小时的飞机。现代运输技术显然大大加快了跨地区贸易的速度，使人们在一年里能完成的交易次数上升十倍、百倍，运输成本也大大降低了，使产品市场扩展到全世界，让我们的收入增长许多。越洋电话、email、互联网技术就更不用说了，这些不仅使世界变得很小，也大大增加了人类生产力，使经济发展上升到全新的高度。由此我们很容易看到信息和交通技术对人类的贡献，对 GDP 的贡献是多么的巨大。那么金融技术呢？似乎我们都不曾想过这个问题。

按照我们熟悉的政治经济学，只有劳动才创造价值。我们中国人的传统观念也是如此，总觉得只有生产那些看得见摸得着的东西、制造实物，那才是真正在做事，在真正创造价值。我们说金融的作用是帮助对资源进行配置、对不同时期和不同境况的收入进行配置，也帮助不同人之间进行资源配置，这些当然是看不见、摸不着的贡献。因而，按照中国的传统观念，当你说“华尔街公司和我们这些研究金融、经济学的人也给社会创造关键的价值”时，这是我们中国人绝对不能理解，也不能够接受的。

如果长此以往，研究金融、经济学的人在社会里就只好是二等公民或者三等公民了。我们怎么证明我们做的东西和那些搞工程、搞科学的人对社会做的贡献是可以相比的？要改变人们传统的观念可能是非常长的一个过程，但是我们不妨试一试。因此，我今天要讲的就是金融技术方面的变迁、创新和发展，给社会带来的影响实际上至少不应该低于电脑和科学技术能给社会带来的贡献。

——货币金融技术创新促进经济增长

从中国金融史中，我们都知道货币的发明和发展对人类的贡献是非常大的。看一个很简单的例子。20 世纪 90 年代俄罗斯企业之间所做的交易，以货易货占的比例非常大。90 年代末，俄罗斯的企业间交易有 55% 以上是以货易货，也就是说货币在这些企业的交易中所起的作用还不到一半。交易的非货币化意味着什么呢？这是个什么概念呢？这种现实会对社会生产和劳动分工带来什么影响呢？想象一下，假如 A 公司生产自行车，B 公司生产衣服，C 公司生产巧克力，那这三个公司进行交易的时候，A 公司从 B 那里得到的是很多衣服，而 B 从 C 那里得到很多巧克力，C 又会从 A 那里得到很多自行车；大家都这样做了以后，很多企业交税也没办法用现金去交了，所以给政府交的税也是自行车、衣服和巧克力；使政府没钱给老师发工资，就只好也发衣服、自行车和巧克力等等。那些工人、那些老师拿到衣服和自行车后怎么办呢？不可能全部自己用吧？结果，每一个人都成了零售商。本来一个教授每天可花十几个小时做研究，可现在必须花五个小时上街卖衣服、卖自行车、卖巧克力。我们可以想象一下，当整个社会 55% 甚至 90% 是以货易货，那结果是什么呢？是全民都是零售商，每个人都要花很长时间去做一些和自己最擅长的事情不相关的事。由此产生的后果就是社会没有专业分工，使专业分工的深化和细化不可能发生。

按照这个道理推下去，从贝钱到银钱、铜钱、铁钱，再到纸钱，然后又到电子钱，这些货币变迁历程都使人类的市场交易不断加快、不断深化。比如，如果几百年前要做一笔从北京到广州的贸易，那时可能要用铜钱付款，可能需要大马车拉运、雇用保镖，大概要几个月或更长时间才把钱送到，信息反馈回来又要几个月，完成一笔交易可能要一年多的时间；有了纸币以后就要快多了，交易风险也小了，只要把现金或银票装在兜里快马跑就行了，完成交易的时间大概能缩短几个月。因此，跟交通运输技术一样，货币金融的发展也能加快市场交易速度，降低交易成本，增加人们的财富创造力。

关于货币的作用，一般的教科书都只说货币增加了交易的方便性和交易速度。其实，货币对于社会分工的细化以及对各专业的深化都起了不可估量的作用。当然，我讲这个就是想说明，与货币有关的金融创新，对社会带来的贡献其实是非常大的。

有关货币的金融创新在中国历来就非常发达，现在研究的成果显示，中国宋朝是世界上最早使用纸币的国家。也正因为这样，宋朝的经济在中国历史上是最发达的。但是，在整个中国金融史上，你如果仔细地看一下，除了围绕货币方面的金融创新之外，中国在证券这方面的金融创新从来都不发达。对我们这些研究金融的人来说，我们发现，在中国提到“金融”时人们想到的只是货币和货币政策；而在美国提到“金融”时，人们首先想到的是股票、债券和其他证券市场。这个差别也恰恰反映了在中国历史上我们所经历的都是货币一类的金融技术和金融发展，但是证券一类的金融创新和金融技术却没有在中国历史上发生，一直被我们的社会所忽视。

这里我先讲一下什么是证券或者说金融契约。一般来说，“证券”指的是规定在未来不同时期和不同境况下要发生现金支付的金融契约。比如，“债券”让买方把今天的钱向未来转移，让卖方把未来的收入转移到今天花；“股票”让发行方今天融到创业资本，但他们保证在未来赚到钱后要按股份分给买“股票”的股东；火灾“保险”也是一种金融契约，它是要求在买方的房屋发生火灾时卖方必须给买方支付钱；债券“期货”是一种证券，例如，它要求买方在两年后按照今天确定的5%的利率向期货卖方发售10年期债券。证券种类可以很多很多，为了方便讨论，我们不妨把非大众交易的信贷、保险、退休基金等也都归到广义的"证券"金融合约里。

——金融技术对个人生活的意义

我们先来看看金融技术发展对生活、对个人和家庭的实际影响可能是什么。有意思的是，过去这些年当人们讲到证券市场发展的重要性时，绝大多数都是围绕着企业融资来讲的，是围绕着宏观经济增长来讨论的。也就是说，我们的观点是：为了企业的发展，我们必须去发展金融和资本市场。但我要讲的是，**抛开金融发展对企业、对整体经济本身的影响不管，哪怕只是针对老百姓的生活，金融发展也是非常重要的。**

以住房按揭贷款（mortgage loans）为例，这个金融品种虽然看起来简单，但对老百姓一辈子的生活幸福的影响是非常非常大的。为理解这一点，我们大致可把一个人的财富分为两部分：一部分是流动性资产，比如存款、房地产和股票；另一部分是人力资本（human capital），就是未来工资和其他收入流的总折现值。但这两者是有差别的。举一个简单的例子：张三今年 28 岁，今天拿到金融博士，假设他拿到金融博士后找到一份好工作，未来 30 年里每年的收入预期为 10 万。这些未来收入的折现总值就是张三的人力资本。假设折现后他的人力资本一共为 200 万元，那么即使张三今天没有流动性资产，他今天拥有的人力资本财富是 200 万，他应该觉得已经很富有了。但，问题是这个财富毕竟是不能马上花的，如果没有金融技术的帮助，对张三来说他依旧会感到很穷。

有了金融市场和证券市场，有了金融工具的帮助，这 200 万的人力资本不仅能让张三心理上感到很富，而且这 200 万财富中至少有一部分是他今天就能花的。住房抵押贷款正是这样一种工具。如果没有住房按揭贷款，如果张三想在上海买一个 100 平方米、每平方米价格为 5000 元的房子，那么他在未来 10 年里每年要存 50000 元才能买到这房子。在这种情况下，张三的储蓄压力是很大的，而且要等上 10 年才能买到自己的房子。其结果会如何呢？第一，在他 28 岁最能享受自己房子的时候，他却不能买房；而等他年纪大了享受房子和其他消费的能力不那么高的时候，他偏偏有房子。第二，如果张三这时候在谈恋爱，或许会因为今天买不到房子使他女朋友跟他分手了。第三，也许张三的单位能分给他房子，但条件是他必须先结婚；于是，为了得到房子，他不得不勉强提前结婚，或许留下终生遗憾。

如果有住房按揭贷款，那么由于张三未来的收入流很好，今天可很容易得到按揭贷款，让他马上就能买到自己的房子，刚才讲到的这些问题就都没有了。所以，金融发展对于每个人的生活有着很具体的含义，让张三李四们不必提前结婚就能在年轻时有自己的房子。

从另一个意义上讲，假设张三可以按 30 年还贷 4%的利率借到 50 万元，那么在今天买房以后他每个月只要支付 2300 块钱，一年支付 27600 元，和之前每年 50000 元的存款相比，他的储蓄压力就会小很多。张三由此每个月少存的 1700 块钱又可以供他用于其他消费，让他在最能消费的年轻时候有更多的钱花，提高他一辈子的幸福。对整个经济而言，这会促进整体消费需求的增加，使经济增长得更快。如果整个社会都如此，到最后又会反过来增进人们未来的收入机会，让张三的未来收入预期不再是一年 10 万，而是更多。

说到这里，我也可谈谈自己的感受。回想起来，在二十几年前我读大学的时候，如果那时每天能多 1 块钱的消费，那 1 块钱的消费带给我的满足可能要大大高于今天我每天多花 1000 块钱的满足感。

还有就是，最近我跑过世界许多国家，这要是在二十年前，我会幸福得不得了。在那时候，我要是知道在一个月后有机会去北京或者上海的话，我会非常激动，要激动一个月。为什么呢，因为那时候我很年轻，那时花钱能带来的享受最多，也是最有能力花钱的时候。可遗憾的是，那时却是我最没钱的时候。现在让我去北京或去任何一个地方的话，给我的效用绝对是负效用，不再是享受而是累的感觉；而在二十年前，绝对是提前几个月就很激动了，得到的效用绝对是正的。我说这个话是什么意思呢？我恰恰要说明，**如果没有金融市场的发展，人们很可能陷入这样的困境：你最能花钱、最想花钱的时候反而是你最没钱的时候，而你通过花钱得到的效用最小的时候又恰恰是你钱最多的时候。**

住房按揭贷款的效果是如此，很多其他金融证券发展的效果也会如此，都可帮助我们把一辈子中不同时期的收入流做些更好的安排，使我们不至于在最能也最需要花钱的时候没钱花，而等到年老不想花钱也不需要花钱的时候又偏偏钱很多。**金融证券发展的好处是帮助我们摊平一辈子的消费水平，让我们不至于一会儿饿得要死、一会儿钱多得无处花。金融证券能提高我们整个人生的总体幸福水平，进而提高全社会的福利。**

——金融技术的发展与家庭、社会文化

金融发展与否对个人、对家庭的幸福和不幸福的意义到底在哪里？在现代金融经济学模型中，我们一般都假设已经有很多的证券品种，可随便供你选择，你需要考虑的只是怎么组合搭配这些证券品种，由此安排退休养老、规避未来收入风险、防范未来不测之灾。

过去两年我一直在思考，在美国确实有很多证券产品可供选择，金融证券市场已很发达，你需要做的真的只是做数理分析，为最优组合求解。但是，在传统社会里，你没有什么金融证券产品可供选择，那么在古代或者在现在中国的农村，人们是不是就不需要安排这个消费与投资组合、规避未来风险呢？如果需要，他们又是如何去实现呢？

实际上，**自古以来，不管有没有完备的金融证券市场，人们都不可避免地需要针对退休养老、针对未来收入风险、针对未来不测之灾而提前进行规避，也就是要面对我们在经济学中讲的消费与投资组合问题**。为什么呢？有一个很抽象的架构，比如从今年到明年，我可能运气很好，赚很多钱，也可能是运气不好，亏很多钱，后年也同样是这个样子，由此一年又一年地让命运带着走。在任何一个社会和时代，任何一个人从出生到工作、到晚年都会面对很多的不确定性。传统社会没有汽车，也就没有汽车保险，但会有水灾、旱灾、火灾、地震，或者生病、防老等需要。这些都是从出生开始都不可避免的问题，面对未来的不确定性，每个人都会有风险规避的自然要求。

但问题是，**在传统社会里，没有股票，没有医疗保险和失业保险，也没有退休金和住房按揭贷款，他们是怎么去规避未来风险、安排不同年龄时的生活需要呢？他们靠的是后代，靠的是家族、宗族。如果按照现代金融理论的角度去理解，家庭的后代就是他们的股票、退休金、保险、信贷，这些证券被人格化地表现在后代的身上，后代是这些证券工具的具体替代**。“养子防老”就是一个投资的概念，而且不仅仅是一个投资的概念，还是一个保险、信贷的概念。我今天把钱花在儿子身上，他到时候都要还回来；我今天把所有的保都投到他身上，但是等我老了要靠他。如果是这样理解的话，过去传统社会里的证券并非不存在，而恰恰是以人格化的形式被具体地表现在后代身上。

我们今天讨论的公司治理、股东权益保障问题，强调的是要用外部性的法律、法院和行政手段去保护投资者的利益。如果我们把这些概念套在传统的家庭理念上，那会怎么样呢？父母亲作为投资方，作为保险的购买者，他们以后的利益，或者说传统社会中父母投在后代身上的养老金、保险金、信贷等，靠什么机制来保证呢？靠什么机制保证父母亲作为投资者能有所回报呢？传统社会里没有可靠的法院，你不可能要求法官来维护你的合法权益，你可以投诉到县太爷，但那些县太爷没有工夫搭理你。

后代作为父母养老金、保险金、信贷的替身，这些都是隐性金融合约，它们的执行机制不是靠法官、检察院、警察，也不靠县太爷，而是靠文化。也就是说，社会与家庭文化的内容必须作相应的发展，以此来保证这些隐性金融合约的执行，文化是一个因经济需要而内生的隐性合约执行机制。

比如，中国家庭里，老子说话时，孩子不可以还嘴。你从小就得养成这个习惯，每个父母亲在孩子出生之后就有责任给他们灌输这个概念：你要孝敬，要听话，哪怕这话是不合理的，你也只能听，不能还嘴。否则的话，等你长大之后你不是要无法无天、要随意犯上了吗？那不是让那些隐性金融合约未来难以执行了吗？——这些隐性的金融合约都是靠内疚来执行的，靠后代的内疚感来保证对上一代人的经济利益回报，而后代能不能有内疚感又恰恰是文化的东西。也就是说，父母必须让自己的孩子从小就对每一个违背长辈意愿的言行都感到很内疚。如果能达到这个效果的话，等孩子长大以后父母就不用太担心自己的投资者权益了。我们从小吸收的中国文化实际上是为了确保隐性金融合约的执行而来的。还比如，《三字经》里说，“父母在，不远游”。父母的未来都砸在孩子身上了，如果我的孩子随便远行，那我的投资利益就很难有保障了，我作为“股东”的权益就可能要受侵犯了。**传统文化必须为了克服金融的不发展而内生。**

那么，这种文化的直接后果是什么呢？一个典型中国人的一辈子实际上是不幸的：小时候你必须无条件地听父母亲的话；年轻时最能花钱但却没钱花；等到真正有钱的中年时候又不可能幸福，因为首先要四世同堂，没有个人的空间，也要负担父母的生活；老了以后也是很不幸的，如果只有一个孩子，那个孩子可能看着父母亲时会想：“他怎么还这么健康，我还要养他。”如果有两个孩子，他们看着年老的父母就会互相推诿，做父母亲的就会想：“我怎么还不死？我怎么要靠他们的施舍来给我生存的保证？”后代看到老年人感觉是负担，老年人看着后代又感觉要看很多面子，也处于一个更不幸福的状态。不管是这些年还是在很久以前，报纸上和我们生活周围都充满了这类不幸故事。我不是说不鼓励孝敬，孝敬应该是一种自愿的选择，是一种美德，但不应该是老年人的唯一养老途径。

在很多美国家庭里，父母和孩子往往是一个平等交流的关系，是一种以感情为主线的关系。因为，美国的父母亲自己已经有很多的经济保障，他们不需要把孩子看作未来的保障，他们已通过金融产品的组合安排好了自己未来的方方面面，没必要把孩子培养得对自己言听计从，没必要把孩子训导得对每一个违背长辈意愿的言行都感到很内疚。因此，他们没必要背上传统中国家庭文化这种包袱。

两年前，我在耶鲁带的一个朝鲜族博士生，跑来跟我说，他必须搬回洛杉矶陪他父亲，因为他母亲死了两年以后，他父亲已经没法和他妹妹过了。我就问他：“你有没有意识到传统亚洲文化给你造成了什么影响？因为等你几年以后回来读这个博士学位，就没有什么老师愿意带你了，因为你随时可能跑掉。”这个学生的潜力是非常强的，但由于他父亲要他必须回去，那就意味着他未来的职业发展肯定不会是最优的了。如果我们沿着这个思路再想下去，那么以后我这个博士生也会这么要求他的孩子，一代代下去都会如此。长此以往，每一代人的职业追求和他们的潜能发挥肯定都不会最优了，这是传统亚洲社会的共同特点，是金融不发展造成的后果之一。由此可见，美国的金融发展也从这个角度使其整个社会效率那么高，因为在金融市场发达以后，父母亲不需要为了自己未来的保障而要求孩子无条件地和自己生活在一起，不会因为经济的原因要求孩子“父母在，不远游”。在美国家庭里，父母会支持孩子去任何一个最有利于孩子自身发展的地方，让他最好地发挥自己的职业潜能。

这样看来，**金融证券品种的发展不发展，最终不仅仅影响到GDP 的增长快不快，而且会影响到我们到底娶什么样的媳妇，嫁什么样的丈夫，有多少自己的自主权和个人尊严。金融市场的发展，可以解放我们的个人发展空间**。现在想起来，“五四”主张的“打倒孔家店”以及个人的自由和独立，这些愿望当然很好，但是如果没有金融市场的发达，那你实现这些愿望的工具就不存在。你“打倒孔家店”之后，回到家里还得面对如何规避未来不确定性的需要，结果在金融市场不发达的情况下我们还得重建“孔家店”。

我简单地看了一下，**美国也好，其他国家也好，到底是个人主义盛行还是集体主义盛行，在很大程度上取决于金融市场的发展程度。如果一个国家的金融市场不够发达，那么它即使想鼓励个人主义，也是不可能实现的，因为没有相配的金融市场的支持**。可以想象，之所以那么多的传统社会都推崇集体主义文化，那也是没得选择之举。

只有推崇集体主义文化让每个人都忘了自我，才能让那些人格化了的隐性金融合约有得以实现的基础。

研究公司金融的人有时会把企业的外部资本市场和企业内部资本市场做一个区分。在缺乏外部资本市场所需要的制度机制的这些国家里，企业往往更多地依赖其内部资本市场，这就出现集团公司等结构，在集团内的子公司之间调配资金，其资本成本毕竟要低得多。其实，在家庭层面也是这样的，当整个社会的外部金融证券市场不发达的时候，家族和宗族作为一个内部金融证券市场就至关重要。宗族是一个无形的金融交易市场，交易的内容往往是看不见摸不着的隐性许诺。这些许诺当然可以很值钱，也可以一文不值，关键取决于双方是否互相信任，使这些承诺被当成一回事。而家族中的血缘关系恰恰可帮助这些承诺更好地在家族这个小范围之内执行。

在我老家那个地方，当家族里有哪家娶媳妇或者盖房子等这类一次性的大额开支出现时，其亲戚就会觉得应该尽最大可能借给那家钱，帮助他摊平这种大额开支所带来的短期财务冲击。但，这样做有一个前提，就是等我盖房子的时候他也会借钱给我。另外，这个钱他当然是会还的，因为他还有很多地方要依靠我们。有了血缘关系和相配的家族文化，家族的内部金融市场就有了比较可靠的金融合约执行架构。但是，超出家族之外诚信就成了很大的问题。

从清华大学秦晖教授所收集的资料看，近代沿海地区的宗族发达程度是最高的，而中原等内地却很低。我的一个解释是，沿海地区由于比较早地介入对外贸易，经济比较发达，很早就出现了融资以及规避经济风险的需求。但是，以前，外部资本市场和金融市场又没有（甚至到今天也不发达），因此他们都转向家族内部的金融市场，到家族内部找资金，这就促使其家族结构的发展。发达的家族结构又反过来使他们的风险规避能力和融资能力进一步发展，使沿海地区的经济上升到一个新的层面。这个过程长此以往下去，其结果是不仅沿海地区的经济远胜于内地，而且其家族结构也更发达。

以前我做金融数学模型的研究，当初以为这些模型和理论对中国的情况不适用，但后来又发现并不是这些抽象的理论对中国没有意义，只是我们所讲的金融证券的表现形式在传统社会与现代社会是不一样的。在现代金融理论里我们研究的是一些外部化了的证券品种，但在传统中国社会里，这些证券以一种人格化了的隐性形式一直都是存在的。只是这些人格化了的证券所能够提供的效用和产生的效果是很差的。比如说，不管家族、宗族有多大，宗族内的隐性相互保险市场所能够达到的风险配置效果是很有局限性的，不可能达到在更大范围内的保险市场所能取得的风险配置效果，所以效率会很低。只有以全社会为基础的外部金融市场才能实现最大化的金融配置效果，而外部金融交易又要求有可靠的、独立的外部法治架构，以内疚为契约执行方式的文化是已经不够用了。

——以金融技术解读近代史

金融证券技术不仅对个人、社会以及对企业的意义重大，而且对国家的发展和国家生存都如此。现在大家对大国兴衰的兴趣很高，那么金融证券技术对中国未来发展的意义究竟在哪里？我们来看一下历史，看金融技术发展与否对不同国家带来的后果是什么。比如说，为什么在 18 世纪到 19 世纪的欧洲竞争中，英国最后战胜了法国？这段历史可以从很多不同的角度去讲，我要讲的是金融技术和金融市场给这两个国家带来了什么样的机会，对最后所创造的历史有什么样的贡献。

英国之所以在18世纪开始远远超过法国，并最终在18世纪末期的战争中战胜法国，其关键就在于英国有更发达的金融技术和金融市场。道理很简单，中世纪的欧洲战争不断，慢慢地大家都要靠借国债发展军力，谁能借到更多、更便宜的钱，谁就能拥有更强的军队，特别是海军。1752年时，英国政府的公债利率大约为2.5%，而法国公债利率是5%左右。1752年到1832年期间，法国政府支付的公债利息基本都是英国政府公债利息的两倍以上，这种差别有何意义呢？要知道18世纪中，英国每年的财政收入有一半是用来支付国债利息的，也就是说，假如那时英国的国债利息跟法国的一样高，那么要么英国必须减少借债、要么使英国每年的所有财政收入都用来支付利息，前者会使英国的军力下降，而后者会使其政府破产。两种可能的结局中，哪种都不好。但正因为英国有着比法国远为发达的证券市场，使英国不仅能融到更多国债资金发展国力，而且需要支付的融资成本也比法国的低一半。较低的利息负担使英国可以筹到更多的钱用于发展军事和国家实力，使英国从18世纪到20世纪初都一直拥有世界最强大的海军，使不到两千万人口的英国主宰世界两个多世纪。谁能以更低的成本借到更多的钱花，谁就能在未来拥有更多的发展机会，这也正是英法战争中英国之所以能战胜法国的关键因素。因此，证券融资不只是简单地把未来的收入提前花，而且能为未来创造更多的发展空间，也会决定在国际竞争中谁会赢。

之所以当时英国的国债融资成本比法国的低一半，其证券市场也比法国更发达，根本原因与1688年英国光荣革命之后所建立的宪政制衡有关，那次革命之后英国王权受到议会的制约，使许多国家权力转移到议会，国王不能随意征税、不能侵犯私人财产，财产税等决策只能由议会立法。由于议会更能代表社会的利益，并且其立法与决策过程也非常透明，这使证券投资者对英国政府有充分的信任，因此很愿意买英国的国债，而且要求的投资回报率（融资成本）也不高。相比之下，法国的王权不受制约，国王的决策过程又不透明，在 18 世纪多次对其国债赖账、拖欠利息，这些都无法让投资者对法国政府的信用有信心，其结果可想而知。

那中国的近代经历又怎样呢？中国的经历比法国更糟，法国的 5%国债利息跟英国比虽然很高，但他们至少能在本国融到国债资金，而中国则到 20 世纪 30 年代之前政府根本就融不到资金。甲午战争和八国联军打进北京都给清政府带来巨额的赔款，两次赔款加起来约 6 亿两银子。如果清政府也能按 5%的年利息从本国融资，而且清政府也能拿当时每年约一亿两银子的财政收入的一半来支付利息（像英国那样），那么晚清政府可承受约 10 亿两银子的国债，因此或许那两次赔款不至于使清政府破产。这当然是假设，晚清中国根本没有像样的本国资本市场，也就无法通过本国资本市场的融资来为这些巨额赔款做出一次性的支付，因而只能向其他金融市场比较发达的国家借款。

我们不妨想象一下，如果投资者是外国人或者是外国银行，发债的一方是中国的晚清政府，那么什么是双方都可以接受的债务抵押品呢？当晚清政府不能够还债的时候外方投资者的权益如何得到保护呢？首先想到的是用土地作为抵押。如果发行的是主权债，发债的主体是一国政府，那么这个政府拿土地（比如说，拿辽东半岛）做抵押或许是容易想到的一个方案。但是，我们知道这对于全国老百姓来说肯定是不能接受的。所以，用土地做抵押不可行。那么，假如用其他的有形资产（比如故宫）来做抵押呢？那当然也行不通。

所以，当时在中国整个金融市场不完善的情况下，拿未来的税收作为国债抵押品，差不多是唯一可以做出的一种安排。我们能想象，在当时给清政府做完全的信用贷款是很难的，没有投资者会愿意。

最近一些研究发现，一般的投资者对上市公司管理层侵吞公司有形资产的行为，往往是绝对不可以接受的，这牵涉到财产权问题。但是，如果管理层侵占公司未来的收入流的话，那么在多数国家里对外部投资者来说这不会是一个太大的问题。比如说，如果你把公司的一幢楼据为己有，那是大家都看得到的，也就不可能接受。但，如果你把这个楼的未来租金收入据为己有，对外部投资者来说这就相对容易接受得多吧！

所以，现在回过头来看，当时庚子赔款和甲午赔款的借债以中国海关关税做抵押的确是唯一可让双方接受的安排。从证券设计的角度看，当时这样的抵押安排，从政治上、意识形态上以及外方投资者的心态角度讲都可以理解，或者说是唯一可以让中国老百姓接受的安排。

但，在把海关收入做抵押之后，随之而来的合约条款的执行和监督又成为了一个很严重的问题，从外国投资者的角度讲，怎么能确保海关收入不会被派作他用呢？当时的清政府连最基本的会计财务制度都没有，根本没有能力保证这种合约安排的顺利实现。如果合约条款无法让另一方监督，那么海关关税做抵押的条款就没办法实现。于是，后来就强迫清政府让一个英国人担任海关总长，这是我们中国人当时和现在都没办法接受的安排。退一步讲，其根本原因还是中国没有发展自己的金融技术。在当时，如果中国要从国外借债，就可能只能做这种让步。那几次外债从根本上决定了晚清朝廷必然要破产，也决定了此后的中国历史。如果从乾隆时代或者鸦片战争之后就致力于发展本国的证券市场，那中国的近代史会怎样呢？历史真是难以设想。

为什么中国历史上围绕货币金融的发展做得很好，而围绕债券和其他证券的发展一直都没有跟上来呢？我认为主要还是与我们的观念有关。1898 年，晚清政府发行“昭信股份”募集国债资金。这实际上是清政府第一次在国内发行公债，目标是一亿两白银，几个月后发现总的需求不到一千万两，仅完成目标的十分之一，后来被迫放弃从国内融资。

出现这个局面的主要原因是我们的传统观念。**在我们的传统观念里，借钱花是一件很丢脸的事，当然如果一个政府借钱花那就更丢脸了。而可能正是这样一种观念造成了屈辱的中国近代史。**比如，即使到鸦片战争失败以后，当时的清政府还是天天想多往国库里存钱。以我们现在的观点看，如果当时有正确的观念，鸦片战争后应该做的恰恰不是往国库里存钱，而是要想法借很多国债，把国家未来的收入提前到鸦片战争后的 30 年不断地去花，去发展国力，由此来把未来中国的可选择机会空间大大地扩大。

当然，实际看到的情况则正好相反：在其他国家把未来五十年的收入通过借钱拿到当时来花的时候，我们中国的晚清政府却还一个劲地往国库里存钱。1842 年，清政府的财政盈余为 150 多万两银子，1847 年的财政盈余超过 380 万两（参见张国辉《中国金融通史》第二卷）。把这些钱存在国库有何意义？等着让八国联军取走吗？结果，由于西方国家敢通过其证券市场把未来的收入拿到现在来花，强者愈强，而我们国家则总想把当时的收入存起来，留给未来花，弱者就愈弱。到甲午战争的时候，中国的实力已完全不能与其他国家相抗衡。到那时，清政府确实想花钱了，但已经没有机会了。

由此我们看出，**能否通过金融证券帮助把未来的收入提前花，进而反过来拓宽自己未来的发展空间，这对于一个国家来说是至关重要的。一个核心的观念问题就是我们是不是愿意借钱花，是不是愿意通过证券、债券把未来的收入提前到现在来花，使自己今天就强大，这个核心的观念也直接影响着中国金融市场的发展。**

——发展证券金融是中国唯一的出路

因金融证券的不发达而带来的负面后果还远非如此。例如，正因为证券金融不发达，我们中国人赚到钱后，恨不得每一分钱都存下来。我们总认为这是中国人勤俭节约的美德。我要说的是，这个美德其实并不是我们想象的那么“美”。过分地强调勤俭节约，一个是不能让我们的资本和证券市场得到发展，另外呢，还带来很多其他后果。

喜欢存钱是一回事，但把积蓄的财富放到哪里呢？在证券市场不发达时，我们只能把储蓄存放到银行。如果银行也拿这些存款去做投资，同时这些投资又为未来的 GDP 增长带来贡献，那问题也有，但不会那么严重，这一点在此就不细谈。但实际的情况是，中国的银行已经有太多的呆坏账，银行拿着这些存款不愿意去做新的投资了。这在某种意义上又逼着政府为了促进内需而发行国债，对银行来说正是求之不得，买政府公债成了银行存款的主要去向，这样银行把老百姓的存款很容易就变成了财政部、发改委可以控制的钱。那这又有什么问题呢？既然老百姓不愿意花钱，那么政府就来代替老百姓花钱，这似乎不失为一种比较好的办法。

但是，由政府来花别人的钱和老百姓自己花自己的钱，其效果是

两码事。花自己的钱才心痛，才知道怎么花，才会花在最有价值的地方。政府替老百姓花钱存在很多的问题。首先，许多官僚拿着老百姓的钱做自己的政绩工程。花老百姓的钱是不会被老百姓问责的，即使有问责，由另一个官僚来评价我这个官僚的政绩的时候，他也要向其他官僚交代，他也会根据我这个钱是不是花在这些看得见摸得着的硬件上来判断，一层扣一层大家都只会把钱花在看得见摸得着的硬件上。

比如，这些年投入大学的经费，原意往往是让这些大学改进教学和研究，但实际情况是相当多的投入都变成了大楼。当然，大楼也重要，但不能成为主要的去向。这里，关键的问题在如何衡量“好的教育”、“好的研究”上，什么是“好的教育”？什么是“好的研究”？北大和清华的教育水平，谁的更好？假如以这两个学校学生毕业后的起薪来衡量的话，那么如果北大的高很多，我们可能就认为北大的教育水平比较高。——如果真如此，有人就会说不能这样衡量，这太短浅。所以什么是好的教育，除了受教育者自己之外别人是很难判断的，是看不见摸不着的东西。相比之下，如果把教育投入用来盖房子，崭新的大楼是谁都看得见摸得到的，政绩显而易见。

你想想，如果我是任何大学的校长，假如我真的把经费都花在提高教学质量和研究水平上，那我才是笨蛋。为什么呢？如果你做这些投入，由于你的任期是非常有限的，五年或十年，暂且把这个放在一边不说，即使我未来二十年都是某校长，我也不应该把 10 亿、20 亿的投入花到改善教育内容、教学质量这些虚无缥缈的东西上。如果我真的这样做，那我的政绩，别人是看不到的。相比之下，如果我把这 10 个亿、20 亿都拿去盖一栋栋大楼，而且不断地盖新楼，每一来访者就会说：你的大学真的变化很大！你真是一个好校长！

如果我是某市的市长，假如我真的把资金用在改进人民生活质量上，那我也是笨蛋。什么叫“更好的”人民生活质量？这也是别人看不见摸不着的。而如果我把钱都用来盖更多、更新的大楼，不管这些楼有没有用、有没有人要，这些都不重要，关键是我会有更好的政绩，那样谁到我的城市都会说：你的城市变化真大，这才是时代的进步，你真是有成就的好市长！——那么，我就能升官了。由此产生的结果，显而易见是资源的流失和浪费。

由政府代替老百姓花钱的其他后果也非常多，例如，这些年政府投入公路的资金最多，这本身是好事，但是过多的资金也带来了过多的腐败问题。如果调查一下，你会发现各省市交通厅管公路建设的厅长、处长们因贪污受贿而坐牢的特别多，被判死刑的也相对最多，你觉得这奇怪吗？

而如果我花自己的钱，花得好还是不好，划算不划算，我不必向任何人交代，只要我自己觉得应该花就行，不需要做表面功夫，就不会浪费。

单就经济效率的损失角度讲，“大政府”的后果非常严重，而金融的不发展又恰恰逼着政府只能更大。由此看来现今社会的许多弊病，在很大程度上也和证券市场的不发达有密切的联系。如果我们的资本市场很发达的话，那老百姓可以利用不同的金融产品，把钱投到银行之外的证券投资品种上，也不至于逼着政府去浪费。另一方面，如果资本市场很发达，老百姓自己也可去向未来的收入借钱，自己就可以更好地安排消费，让每一分钱用到对他来说最重要的事情上面。这比把钱都交给银行，交给政府，让政府去花的结果要好很多。

编辑说明

本书在编辑时对原文做了一些调整，现在此对写作情况、发表时间作一说明。

第一章主要内容刊登于 2007 年 6 月 19 日《经济观察报》。其中部分内容来源于作者 2007 年 4 月 16 日发表于《证券市场周刊》上的《中国的钱为什么这么多》。

第二章根据作者发表于 2007 年 7 月 14 日《证券市场周刊》的同名文章改写而成。

第三章原文刊登于 2006 年 8 月 7 日《证券市场周刊》。

第四章原文刊登于 2006 年 9 月 4 日《证券市场周刊》。作者特别感谢韦森、龙登高、汪姜维、袁为鹏、彭凯翔给本文提出的宝贵意见。

第五章原文刊登于 2006 年 8 月 4 日《第一财经日报》。

第六章全文刊登于 2006 年 10 月 23 日《经济观察报》。其中第一部分曾刊登在 2006 年 9 月 30 日《证券市场周刊》。作者特别感谢彭凯翔、袁为鹏、韦森、刘光临、龙登高、杨培鸿、李利明、李健、李凌峰、汪姜维、岑科在本文写作和修改过程中提供的帮助与建议。

第七章原文刊登于 2009 年 4 月 27 日《经济观察报》。

第八章原文刊登于 2006 年 9 月《新财富》。

第九章原文刊登于 2005 年 8 月《新财富》。

第十章写于 2006 年 7 月 11 日。

第十一章是作者 2007 年为李利明、曾人雄著的《中国金融大变革》写的序。

第十二章原文刊登于 2008 年 5 月 10 日《21 世纪经济报道》。

第十三章原文刊登于 2008 年 11 月 17 日《经济观察报》。

第十四章原文刊登于 2008 年 9 月 28 日《南方都市报》。

第十五章部分内容刊登于 2008 年 9 月 28 日《潇湘晨报》。

第十六章原文刊登于 2007 年 6 月 18 日《证券市场周刊》。

第十七章原文刊登于 2006 年 8 月 25 日《产权市场》。

第十八章是根据 2003 年作者发表在 *China Economic Review* 上的"Capital Markets and Legal Development：the China Case"一文翻译改写而成，王勇华提供了最初的翻译稿。这里特别感谢 Donald Clarke，Belton Fleisher，Andrei Shleifer 给本文提出的建议，也感谢王勇华、石明磊、熊鹏和周锋等为本文提供的大量数据和案例。

第十九章的部分内容刊登于 2006 年 11 月 13 日的《中国新闻周刊》。作者特别感谢杜俊林、袁为鹏、曹辉宁、茅于轼、李利明、韦森、文贯中、龙登高、李健、Helen Siu、周年洋、周克成、杨培鸿、鲁西奇在本文写作过程中提供的帮助与建议。

第二十章原文刊登于 2006 年 12 月《新财富》。在本课题的研究与写作过程中，作者多次与许多学者和朋友谈论、交流，受益匪浅，特别感谢袁为鹏、曹辉宁、茅于轼、袁伟时、李利明、韦森、文贯中、龙登高、周年洋、黄少安、岑科、周克成、杜俊林等提供的建议。

第二十一章原文刊登于 2007 年 4 月《二十一世纪》，作者特别感谢袁为鹏给本文提出的宝贵意见。

第二十二章原文刊登于 2007 年 11 月 22 日《南方周末》，记者陈敏采写。

“最后的话”是根据作者 2005 年 3 月 9 日在上海财经大学的讲演整理而成，作者特别感谢上海财经大学的骆玉鼎和李健教授以及张英同学在整理本文中所作的努力。

致谢

本书收集了我在 2008 年末之前写的相关文章，都是围绕金融、关于金融。各章节在结构上相对独立，因此，即使挑着章节读，基本不影响其可读性。由于这些文章起初是为不同媒体而写，因此除了注释所用数据资料的来源之外，基本没有能够一一给出相关参考资料和文献，这是本书的最大遗憾，希望各位同仁能够谅解。

在本书各章的写作中分别得到了很多朋友和同仁的帮助，比如，李利明、文贯中、龙登高、郭宇宽、曾人雄、张磊、朱武祥、王永华、张维迎、林毅夫、卢峰、陈平、熊鹏、石明磊、韦森、陈雨露、梁晶、吴冲锋、李玉、谢平、王巍、徐林、周年洋、汪姜维、张信东、李云龙、周程、刘凌云、冯玉、赵灵敏、谷重庆、曹惠宁、范文仲、李健、张宏、岳峥、袁为鹏、彭凯翔、孙涛、周克成、岑科、宋澄宇、张福山、高平阳、杜凯等等，还有许多其他朋友，这些朋友时常是我文章的第一读者，他们因为是我的朋友而付出了很多代价，在此一并向他们致谢。茅于轼、吴敬琏、袁伟时、朱学勤等老前辈也时常给后学以指导，这是本人一辈子的荣幸，也不胜感谢。另外，特别感谢李利明，他是本书各章的总编辑，纠正了本书初稿中的众多错字，提高了可读性。当然，我也要感谢《经济观察报》、《新财富》、《财经》、《证券市场周刊》、《南风窗》、《南方周末》、《21世纪经济报道》、《证券日报》等杂志与报纸读者的支持。

最后感谢我夫人王蓓、女儿陈晓（Tiffany）和陈笛（D. J）多年的支持，感谢在湖南老家以及南京岳父母家的多位亲戚，他们总是我靠得住的粉丝。

新版后记

2009 年 8 月，《金融的逻辑》一书问世，当时正值全球金融危机深谷，中国经济也在忙于应对危机冲击。回头来看，本书的出版真可谓恰逢其时，因为一方面社会各界对金融普遍持负面态度，主流媒体铺天盖地给以华尔街为代表的金融业贴上了“贪婪”、“掠夺”等标签，另一方面人们也因此对“什么是金融”、“金融为什么”等话题特别好奇：既然金融市场已经发展了几百年，也经历了一次次金融危机，但每次危机之后人们不仅没有放弃金融，反而从每次危机中吸取教训，使接下来的金融发展得更健康、更深化，这背后的道理、缘故是什么呢？许多读者朋友怀着求知探索的热望，从各种严肃的金融学术读物和通俗的金融普及读物中寻找答案。在这个大背景下，《金融的逻辑》获得了众多读者朋友的认同，他们纷纷表示通过本书增进了对金融的认识和了解。我对读者朋友们的支持和认同表示感谢！

金融危机虽然为本书的出版提供了一个很好的契机，但是危机本身也强化了一些固有的错误观念，形成了一些错误、片面的说法。一个流行说法是“虚拟经济必须服务于实体经济”，另一个流行说法是“实体经济才是重点”。我想说的是，这些说法的大行其道，甚至影响到决策层中的许多人，对中国企业、个人和国家的长期竞争力提升是非常不利的。

这些话听起来有道理，尤其是在金融危机后更让人觉得很有道理，因为从表面上看，我们人类赖以生存的都是吃穿住行这些看得见摸得着的“实”东西，金融交易这些“虚”东西既不能填饱肚子，又不能提供温暖，所以，只有那些生产实物的实体经济活动才是真实的产出，这种劳动才创造价值！金融活动不创造价值！生产型经济当然才是发展的重点，而金融这样的“虚”行业也当然必须为实体经济服务！——这些观点的广为流行说明，社会大众距离真正理解金融、理解经济学原理，还有漫长的道路要走。

首先，没有游离于实体经济之外的金融业，金融也是实体经济。在这里，我们应该看到，任何经济活动的目的都是为了让作为消费者与生产者的人过得“好”、过得幸福。只要我们做的会给人增加幸福或说增加效用，那就是在创造价值。也就是说，我们应该以人的效用增加来定义价值、定位价值，而不是以是否生产实物来判断价值创造。农民种粮食，工人造汽车，我们知道他们在创造价值，因为他们给人提供了粮食、交通工具，帮助解决了人们的吃和行。另一方面，医生虽然没有生产实物，可是治好病给人带来健康，使人的效用增加，所以，医生当然也在创造价值。

那么，金融家的活动是否创造价值呢？我们还是按照金融是否改善人的效用为标准进行判断。就以灾害保险为例。现在有了财产的灾害险，即使发生火灾水灾，房产毁了，保险公司可以赔付，不用担心一家人是否还能活下去，更不用担心哪一天被逼得走投无路只好靠卖妻卖女求得活路，因此，心里有安全感。相比之下，在传统中国社会，因为没有保险等避险金融市场，一旦发生灾害，众多家庭往往无家可归，面临生存挑战，甚至被迫卖妻卖女，把妻女作为避险资产使用，以求得一家其他老小活下去的机会。在这个意义上，金融市场带来的不只是更多人的心里更安全踏实、睡好觉，而且把女性从避险工具和相配的妇道约束中解放出来，使女性得到了解放。从更一般的意义上讲，金融虽然不直接增加物质的总产出，但是通过给人们提供丰富的跨期配置收入与消费、平滑风险事件给生活带来的冲击的工具，让人们不至于一时饿得难有生路、一时收入多得无处可花，使每个人一辈子的总体效用达到最高。金融交易虽然没有直接生产更多看得见摸得着的物质，却使人类社会的整体幸福感、整体效用大大增加。

在我们看来，什么是实体经济不应该由是否生产实物来定义，而应由是否增加人的效用来定义。工人、农民、企业家通过生产实物，提升人的效用，而金融家通过提供跨期配置风险、跨期配置收入的工具，也提升人的效用。只要是在从事增加人类效用的经济活动，就都是实体经济的重要组成部分。所以，根本没有工业和农业是实体经济而金融等服务行业是虚拟经济这回事！

那么，为什么这么多人难以走出“生产东西的行业才是实体经济”、“金融是虚拟经济”这种误区呢？这当然有其历史背景。在传统农业社会或者更早时期，生存、温饱一直是人们面临的最大挑战，之所以如此，就是因为物质生产能力始终低于人的需求，供不应求，短缺一直困扰着人类。于是，人们在判断什么活动创造价值、什么经济活动最重要的时候，自然以你是否在生产粮食、生产看得见摸得着的实物作为主要甚至唯一的价值判断标准。换言之，当物质供给始终不足、许多人处于饥饿或饥饿边缘的时候，物质生产的边际价值最高，于是，帮助解决温饱、让人活下来是最重要的，其他像金融这样的经济活动虽然也重要，但只能是第二、第三位的，因为物质生产首先是解决今天的短缺问题，是为今天能活下去直接服务的，而金融更多的是解决跨时间、跨空间价值交换的问题；如果今天的生存还没解决好，人类社会当然顾不上考虑明天、后天是否能活得好了；所以，在传统农业社会、在物质短缺的社会里，物质生产的边际价值最高，金融活动的边际价值相对较低，人们自然以你是否在“生产东西”来判断你是否在做正事、是否在给社会做贡献，社会盛行“唯实物经济”价值观就不足为奇。也正因为这种价值观和物质短缺的现实，农业社会几乎只有实物生产经济，没有金融经济，人们把从事金融的人或商品交易的人视为“不务正业”，甚至视为“剥削者”。

好在 1780 年左右开启的工业革命改变了人类社会。工业革命首先发生在英国，到 19 世纪上半叶慢慢扩散到欧洲大陆和美国，它通过机器代替人工，使每个人每天的物质产出大大提升。其结果是，到了 19 世纪后半期，美国许多行业的物质产能开始超过需求，在那时开始出现“市场营销”、“大众广告”这些新型职业。试想，当社会处于物质短缺的时候，是消费者自己去寻找商品，是卖方“俏”买方“贱”，卖方当然不需要花钱做广告、做“市场营销”了；可是，随着物质生产能力于 19 世纪后半期超过需求，买方就走俏了，卖方就必须在竞争中通过广告获得消费者的注意，所以，相当程度上，大众广告的出现标志着率先进入工业革命的社会开始走出短缺的时代，向物质过剩的时代迈进。

到了 20 世纪，特别是随着中国于 1978 年后开始改革开放，工业革命的力量不仅使先发达的国家走出短缺，而且使中国、印度这些人口大国也快速走出短缺，进入产能过剩时代。20 世纪 90 年代以来，中国过剩的物质生产通过出口市场找到了销路，如今出口市场渐渐饱和，物质过剩除了削减产能之外，已无其他出路。在这个时候，与产能严重过剩形成最大反差的是中国社会的金融供给严重不足，金融服务供不应求。经济学的常识告诉我们，当局面是物质产能过剩的同时金融产能短缺时，那就说明物质生产的总体边际价值为负值，而金融服务的边际价值为最高！也就是说，此时需要重点发展的不是传统的“实体经济”或“实物经济”，而是金融行业，因为后者的边际价值最高，金融业的发展能快速增加社会的整体效用。

因此，真正理解经济学、理解金融的逻辑的决策人，应该说的是“要重点发展金融经济，放缓发展实物经济”，而不是“实体经济为主，金融经济为辅”。当然，现在的主流政策还是“以实体经济为主，金融业必须为实体经济服务”，如果再这样继续下去，从上面谈到的经济学逻辑我们能够看到，这会继续强化资源错误配置，恶化经济结构扭曲，最终带来经济困难甚至危机。

正是因为这些错误说法的大行其道，我希望《金融的逻辑》第二版的出版，能够继续帮助社会公众消除对金融的误解。因为金融作为现代社会、现代经济不可或缺的重要组成部分，不仅不会因为一次或几次危机而中断或者消失，恰恰相反，危机有时甚至是金融业必要的清毒、消毒过程，为其接下来更健康、更深入的发展奠定基础。退一步讲，金融业伴随各发达经济体存在并深化发展了多个世纪，这一事实本身就证明了金融对社会的正面价值。在看到并认同这个结论的同时，我们还有必要认清金融背后的逻辑。

陈志武

2014 年 9 月 15 日